Kollektiv Polylog

Das ist meine Geschichte

UNRAST

Das Kollektiv Polylog ist ein Zusammenschluss von Frauen, die geflüchtet sind, aus Syrien, dem Iran, dem Irak, aus Aserbaidschan; Studierenden und Dozierenden am Institut für Sozial- und Kulturanthropologie der Freien Universität Berlin sowie Mitgliedern des International Women Space, einer aktivistischen Gruppe von Frauen mit und ohne Migrationserfahrungen.

بولي لوج Polylog (أو حوار متعدد المتحدثين): هو تجمع نسائي للاجئات هربن من سوريا وإيران والعراق وأذربيجان؛ إضافة إلى مجموعة من طلاب وأساتذة معهد الأنثروبولوجيا الثقافية والاجتماعية في جامعة برلين الحرة وأعضاء من »مؤسسة المرأة الدولية« (International Women Space) التي تضم نساء ناشطات خضن تجربة الهجرة وأخريات لم يخضنها.

Kollektiv Polylog

Das ist meine Geschichte

Frauen im Gespräch über Flucht und Ankommen

كوليكتيف بولي لوج

هذه قصتي

نساء في حوار عن اللجوء و الوصول

UNRAST

Bibliografische Information der Deutschen Bibliothek
Die Deutsche Bibliothek verzeichnet diese Publikation in der Deutschen Nationalbibliografie; detaillierte bibliografische Daten sind im Internet über http://dnb.ddb.de abrufbar.

Kollektiv Polylog:
Das ist meine Geschichte
Frauen im Gespräch über Flucht und Ankommen

1. Auflage, Mai 2019
ISBN 978-3-89771-255-3

www.unrast-verlag.de – kontakt@unrast-verlag.de
Mitglied in der assoziation Linker Verlage (aLiVe)

Umschlag: Huda Takriti, Wien
Satz: Huda Takriti, Wien
Druck: Multiprint, Kostinbrod

Inhaltsverzeichnis

Vorwort 8

Einleitung 16

Nour und Valentina T.
»Ich wünsche mir, dass ich ankomme, ein Leben finde, mich selbst finde« 32

Mouna Aleek und Saloua Nyazy
»Leider haben viele eine falsche Vorstellung von uns« 62

Amal, Avin, Entesar und Farah
»Was schadet es den Leuten, wenn wir Hijab tragen?« 88

Sara Bf.
»Mein Frau-Sein wurde hier zur größten Schwierigkeit meines Lebens« 128

Djamila Valiyeva und Sozan Ibrahim
»Das Wichtigste ist, dass man die Hoffnung nicht verliert« 153

Oum Ahmed und Mari
»Unsere Aufenthaltsgenehmigung ist zugleich das Problem und die Lösung« 162

Vera
»Wir sind gekommen, um hier in Frieden zu leben« 179

Glossar 189

Danksagungen 210

Kollektiv Polylog 214

Nachworte 216

المحتوى

تمهيد ٩

المقدمة ١٥

نور وفالنتينا .ت
»أتمنى أن أصل. أن أعثر على الحياة. أن أجد نفسي« ٢٧

منى العيق وسلوى نيازي
»للأسف! الكثيرون لديهم فكرة خاطئة عنا« ٤٥

أمل، أفين، انتصار، فرح
»ما الضرر الذي سيلحق الناس إذا ارتدينا الحجاب؟« ٦٣

جميلة فاليافا وسوزان ابراهيم
»من المهم ألا يفقد الإنسان الأمل« ٨٧

أم أحمد وماري
»تصريح الإقامة هو المشكلة، وهو أيضا الحل« ٩٩

فيرا
»جئنا إلى هنا لنعيش بسلام« ١١٩

المصطلحات ١٢٩

شكر وتقدير ١٤٩

مجموعة بولي لوج ٢١٤

الكلمات الختامية ٢١٦

Vorwort

Denise Garcia Bergt,
International Women Space

»Die Reise war sehr schwierig und gefährlich.«

»Meine Reise war viel einfacher. Ich kam mit dem Flugzeug.«

»Das Wetter hier ist melancholisch. Es kommt mir vor, als wäre es immer Winter.«

»Ich genieße die Kälte hier.«

»Egal, wohin ich gehe, fühle ich mich dumm, weil ich die Sprache nicht kann.«

»Ich habe meine Kindheit in Deutschland verbracht und nicht in Aserbaidschan. Als Kind kannte ich nur die deutsche Sprache.«

»Mein Mann hat mich dazu gebracht, mein Leben zu hassen. Vor sieben Monaten habe ich mich von ihm getrennt.«

»Mein Mann kommt auch aus Syrien, aber wir haben uns erst in Deutschland kennengelernt.«

»Zuerst wohnten wir einige Tage in einer Geflüchtetenunterkunft, wo es eine Leiche gab, die seit zwei Wochen stank, aber niemand wusste davon.«

Dies sind Auszüge aus einer Reihe von Gesprächen, die geflüchtete Frauen des Kollektivs Polylog für das vorliegende Buch miteinander geführt haben. »Das ist meine Geschichte« ist bereits die zweite Zusammenarbeit von Studierenden und Dozierenden des Instituts für Sozial- und Kulturanthropologie der Freien Universität Berlin

تمهيد

دينيس جارسيا بيرجيت
مؤسسة النساء الدولية International Women Space (IWS)

»كانت الرحلة بالغة الصعوبة وخطيرة«

»كانت رحلتي أسهل بكثير. جئت على متن الطائرة«

»الطقس هنا كئيب. يبدو لي أنه شتوي على الدوام«

»أنا أستمتع بالبرد هنا«

»بغض النظر عن المكان الذي أذهب اليه هنا، يتملكني دائما شعور بالغباء لأنني لا أجيد اللغة الالمانية«

»لقد أمضيت طفولتي في ألمانيا وليس في أذربيجان لذلك فإني أجيد اللغة الألمانية فقط«

»زوجي جعلني أكره حياتي. لقد انفصلت عنه قبل سبعة أشهر«

»زوجي أيضا من سوريا، لكننا التقينا لأول مرة في ألمانيا«

»في البداية، كنا نعيش في مسكن للاجئين لبضعة أيام، وكانت هناك جثة متعفنة لما يقارب أسبوعين ولا أحد يعلم بالأمر«

إن الجمل المذكورة أعلاه، عبارة عن مقتطفات من الحوارات التي تمت بين النساء اللاجئات في »مجموعة »بولي لوج Kollektiv Polylog«. وقد اقتُبست هذه المقتطفات من سلسلة حوارات أجريت لأجل هذا الكتاب، المعنون بـ »هذه قصتي«. جاء النص نتاجا للتعاون بين معهد الأنثروبولوجيا الاجتماعية والثقافية في جامعة برلين الحرة (FU-Berlin) ومؤسسة النساء الدولية International Women Space (IWS). كما شارك في هذا المشروع مجموعة النساء الناطقات باللغة العربية من مجموعة النساء في مشروع LouLou - ملتقى الجيران القدامى والجدد في المنظمة الغير ربحية StadtRand gGmbH في برلين - موابيت Moabit.

(FU Berlin) und dem International Women Space (IWS). Beteiligt an diesem Projekt war zudem die arabischsprachige Frauengruppe von »LouLou – Begegnungsort für alte und neue Nachbar*innen« des Trägers StadtRand gGmbH in Berlin-Moabit.

Ich erinnere mich noch gut an den regnerischen Winternachmittag, an dem zwei von uns vom IWS in einem Neuköllner Imbiss saßen und auf zwei Studierende der FU warteten. Wir wollten sie darum bitten, eine Forschung durchzuführen, die wir selbst nicht verwirklichen konnten. Das war im Jahr 2015, als improvisierte Notunterkünfte überall in der Stadt wie Pilze aus dem Boden schossen. Wir hätten diese Orte gerne besucht und mit den dort lebenden Frauen gesprochen, aber meist wurde uns der Zutritt verwehrt. Oft reichte schon unser gebrochenes Deutsch mitsamt unserer fremden Erscheinung aus, um die Heimleitungen dieser Orte so sehr zu stören, dass sie drohten, die Polizei zu rufen (oder diese tatsächlich riefen), wenn wir ihr Grundstück nicht verließen. Was sollten wir tun? Nun, dachten wir, wenn wir nicht selbst hereinkommen, dann lasst uns doch einige Freund*innen fragen, die an der Universität studieren. Die Mitarbeiter*innen der Unterkünfte werden sie bestimmt nicht so schlecht behandeln wie uns. Und wenn die Studierenden mitmachen, werden wir endlich erfahren, was mit den Frauen innerhalb dieser massiven, gefängnisähnlichen Hallen ohne Privatsphäre passiert.

Tatsächlich nahm eine Gruppe von Studierenden die Herausforderung an und veröffentlichte unter Begleitung von Prof. Hansjörg Dilger und Kristina Dohrn am Ende sogar ein Buch über ihre Ergebnisse: »Living in Refugee Camps in Berlin. Women's Perspectives and Experiences« (Weißensee Verlag 2016). Im Sommer 2017 erhielt unser Forschungskollektiv, das sich damals noch »Frauen und Flucht« nannte, den Margherita-von-Brentano-Preis der FU Berlin, der das Projekt »Das ist meine Geschichte« zum großen Teil finanzierte.

مازلت أذكر الأمسية الشتوية الممطرة عندما اجتمعت اثنتان منا من منظمة IWS في مطعم للوجبات الخفيفة في نويكولن Neukölln بإنتظار طالبتينا من جامعة FU. أردنا حينها أن نطلب منهما إجراء بحث لم نستطع نحن تحقيقه. كان ذلك في عام ٢٠١٥ حين بدأت فكرة ملاجئ الطوارئ تنتشر بلمح البصر. أردنا زيارة هذه الأماكن والتحدث مع النساء اللواتي كنّ يعشن هناك، لكن تم منع البعض منا من الدخول إلى المكان. كما أن لغتنا الالمانية الركيكة ومظهرنا الأجنبي كان سببا كافيا لازعاج مدراء هذه الأماكن ودفعهم لتهديدنا بالاتصال بالشرطة (ولقد قاموا فعلا بذلك) وإخراجنا فوريا من المكان. في هذه اللحظة لم نعلم مالذي يتوجب علينا فعله. هكذا، فكرنا أنه إذا لم نتمكن من الدخول، فيمكننا أن نستعين ببعض الصديقات اللواتي يدرسن في الجامعة، ذاك أن لا أحد من موظفي وموظفات مساكن اللاجئين سيعاملهن على نحو سيء، كما عكس ما حصل معنا. بمجرد انضمام الطالبات، سيصبح الطريق أسهل أمامنا وعندها سنعلم ما يحدث للنساء داخل هذه القاعات الضخمة الشبيهة بالسجون والعديمة الخصوصية.

تمكنت مجموعة الطالبات من مواجهة التحدي، بل ونشر كتاب برفقة البروفيسور هانزيورج ديلكر وكريستينا دورن عن نتائج تجربة »العيش في مخيمات اللاجئين في برلين (وجهات نظر وتجارب النساء)« Living in Refugee Camps in Berlin. Women's Perspectives and Experiences (Weißensee Verlag 2016).

في صيف عام ٢٠١٧ حصل فريقنا البحثي الذي كان لا يزال يطلق على نفسه اسم النساء واللجوء على جائزة - مارجيريتا فون برينتانو -. من جامعة برلين الحرة التي ساهمت بشكل كبير في تمويل مشروع »هذه قصتي« قررنا في هذا العمل التعاوني الثاني أن تقوم المشاركات اللاجئات بمقابلة بعضهن البعض والحديث بلغتهن ونمطهن الخاص بهن. أما الطلاب/ات فقد تولوا بشكل رئيسي مسؤولية تنظيم جلسات النقاش وتوفير مساحة للحوار ومعالجة النصوص المترجمة. ليتم في النهاية، تحديد ومناقشة المعالجات التحريرية بشكل جماعي مع أعضاء المجموعة.

قلما يتم إجراء مقابلة مع النساء المهاجرات في وسائل الإعلام. وغالباً ما تمر أصواتهن مرور الكرام بالنسبة للمجتمع في ألمانيا. وبينما تنشغل بعض المنظمات الإنسانية بجمع بيانات عن - النساء والهجرة - إلا أنها تميل إلى تجاهل وعيهن النسوي ولاحتياجاتهن المجتمعية وقابليتهن لفهم كيفية إدارة وتنظيم وتحسين مآوي اللاجئين.

كان المسار الذي تم اختياره لمشروع »هذه قصتي« هو خلق قصص بديلة، تكسر فكرة الرواية الرسمية التي تميل إلى تصوير جميع النساء اللاجئات كمجموعة متجانسة دون مراعاة الفروق الشخصية والفردية. ليس من الممكن اعتبار اللاجئين بشكل عام، والنساء اللاجئات بشكل خاص، ضحايا سلبيين ولا مجموعة واحدة ذات منظور متجانس. إنهن نساء ناضلن وما زلن يناضلن من أجل أن يصبحن مستقلات بذاتهن، وهن من يحددن بأنفسهن الاتجاه الذي تسير فيه حياتهن. لقد فر العديد منهن من الحروب و/أو بسبب أشكال مختلفة من الاضطهاد والتحيز ضد المرأة واتخذن مسارات هددت حياتهن. إنهن من بين أولئك المحظوظات بما يكفي للبقاء على قيد الحياة.

Für diese zweite Zusammenarbeit wurde beschlossen, dass die geflüchteten Teilnehmerinnen sich gegenseitig interviewen, in ihrer eigenen Sprache und ihrem eigenen Rhythmus. Die Studierenden wären hauptsächlich dafür verantwortlich, die Diskussionsrunden zu organisieren, Räume für die Begegnungen zur Verfügung zu stellen und die übersetzten Gespräche zu bearbeiten. Editoriale Änderungen würden wir zum Schluss kollektiv beschließen und mit allen Mitgliedern des Kollektivs diskutieren.

Migrantische Frauen werden nur selten durch Medien interviewt. In Deutschland gehen ihre Stimmen oft ungehört an der Gesellschaft vorbei. Zwar erfassen humanitäre Organisationen eine Reihe von Daten zum Thema Frauen und Migration, doch meist beachten sie dabei weder das eigene Wissen der Frauen über die Bedürfnisse und Stärken ihrer Communities noch ihr Verständnis davon, wie Geflüchtetenunterkünfte verwaltet, organisiert und ihre Bedingungen verbessert werden könnten.

Es ist die Intention des Projekts »Das ist meine Geschichte«, einem alternativen Narrativ Raum zu bieten, das mit der in der Öffentlichkeit gängigen Vorstellung bricht, alle geflüchteten Frauen seien eine homogene Gruppe. Dabei sind diese, anders als häufig dargestellt, weder passive Opfer noch eine einheitliche Gruppe mit gleichen Wertvorstellungen, sondern Frauen, die dafür gekämpft haben und auch weiterhin dafür kämpfen, unabhängige Akteurinnen zu sein, die selbst über die Richtung bestimmen, in der ihr Leben verläuft. Viele von ihnen sind vor Krieg und/oder verschiedenen Formen geschlechtsspezifischer Verfolgung geflohen, haben lebensbedrohliche Wege auf sich genommen und gehören zu denen, die das Glück hatten zu überleben.

Es ist kontraproduktiv und höchst problematisch, den Stimmen geflüchteter Frauen, die nach Deutschland gekommen sind, um Schutz zu suchen, kein Gehör zu schenken. Denn durch Isolation,

إن إسكات أصوات اللاجئات اللواتي جئن إلى ألمانيا لطلب الحماية أمر غير مجدي ومَدعاة للمزيد من المشاكل، ذلك أن العزلة والتهميش وتجريم اللاجئين/ات في ألمانيا والعديد من الدول الأوروبية الأخرى لم يؤد إلا إلى تأجيج لغة الكراهية.

تؤدي الهجمات اللفظية والجسدية التي يواجهها اللاجئين/ات إلى تأسيس نظام لجوء لا إنساني مما يجعل من الصعب عليهم العيش في مجتمع كهذا، كما يدفعهم لإيجاد مكانهم الخاص. ووما يزيد الأمر سوءا، أنهم غالبا ما يُتهمون من قبل جهات ومجموعات معينة بالاضافة إلى السلطات بعدم أحقيتهم للحصول على الحماية، والتشكيك في أسباب تقديم طلبات اللجوء. إن هذه الفكرة المبتذلة »غير جدير/ة« بطلب الحماية ليست ظاهرة جديدة. ففضلاً عنها، نجد العنصرية والتحيز الجنسي Sexismus اللذان كانا دوما جزءا من علاقات القوة الاجتماعية التي شكّلت ولا تزال النقاش العام بالإضافة إلى التشريعات، والتي حتى وقت قريب ظلت مخفية بلغة مهذبة غير قابلة للتوضيح إلا من خلال أبواب مغلقة.

ولكن هذا الزمن قد ولى، ذلك أن لغة الكراهية أصبحت من الوضوح، بحيث من المستحيل تجاهلها. إن السيطرة المتزايدة المشهودة الآن لليمين المحافظ على الخطاب العام، وتزايد أصواتهم وتواجدهم بأعداد كبيرة أثناء الاحتجاجات العامة في بعض المدن الألمانية، ومطالبتهم بترحيل اللاجئين/ات بغض النظر عما إذا كان هؤلاء في مرحلة انتظار إكمال إجراءات اللجوء أو حتى إذا ما كان هناك بلد يعودون إليه. ومما يزيد الطين بلة، أن اليميني المحافظ في بعض الحالات يتجرأ على تقديم نفسه على أنه داعم لحقوق المرأة. إن هذا الكتاب، »هذه قصتي«، دليل يثبت أن المرأة ليست تابعة لأحد، بل إنها هي من يصنع تاريخها الشخصي. وما سطور هذا الكتاب إلا حافز للتفكير في أهمية مشاركة اللاجئات في حياتنا السياسية بشكل كامل، وما يمكن أن ينتج عن هذه المشاركة من تشكيل للعالم الذي نود حقا أن نعيش فيه معاً.

Marginalisierung und Kriminalisierung geflüchteter Menschen wurde in Deutschland und vielen anderen europäischen Ländern bisher nur Hass geschürt. Verbale und körperliche Angriffe auf geflüchtete Menschen gehen dabei mit einem inhumanen Asylsystem einher, welches es ihnen erschwert, in dieser Gesellschaft zu leben und einen Platz zu finden. Geflüchteten Menschen wird dabei häufig von Akteur*innen und Gruppen der Gesellschaft, aber auch von Behörden unterstellt, der Anerkennung ihrer Schutzbedürftigkeit unwürdig zu sein – nicht selten werden ihre Gründe, Asyl zu beantragen, angezweifelt. Dieser Topos des ›unwürdigen‹ Schutzsuchenden ist kein neues Phänomen. Ebenso wie Rassismus und Sexismus war er immer schon Teil der gesellschaftlichen Machtverhältnisse, die die öffentliche Diskussion und auch die Gesetzgebungen prägten und noch heute prägen – nur blieb er bis vor kurzem verborgen in einer höflichen Sprache und wurde lediglich hinter verschlossenen Türen offen artikuliert.

Aber diese Zeiten sind vorbei. Zunehmend dominiert die rechts-konservative Szene den öffentlichen Diskurs. In einigen deutschen Städten wird sie immer lauter, ist in großer Zahl bei öffentlichen Protesten präsent, macht sich wichtig und fordert schreiend die Abschiebung aller geflüchteten Menschen – ganz egal, ob für diese vielleicht noch ein Asylverfahren aussteht oder ob es überhaupt ein Land gäbe, in das sie zurückkehren könnten. Zuweilen hat die patriarchale rechts-konservative Szene sogar die Dreistigkeit, sich als Fürsprecher der Frauenrechte darzustellen.

Das Buch »Das ist meine Geschichte« zeigt, dass Frauen nicht länger Subalterne sind, sondern Subjekte ihrer eigenen Geschichte. Es möchte zum Nachdenken darüber anregen, wie die vollständige Teilhabe und Sichtbarkeit geflüchteter Frauen in unserem gemeinsamen politischen Leben dazu beitragen kann, die Welt zu gestalten, in der wir zusammenleben wollen.

مقدمة

مجموعة بولي لوج *Kollektiv Polylog*

تخيلوا، أن المكان الذي عشتم فيه طوال حياتكم لم يعد موجودا وأن عليكم أن تبدأوا من الصفر في مكان غريب.

تخيلوا، أنكم بعد طول التعود على نمطكم الخاص من اللباس، تصبحون فجأة عرضة للتهجم والتهديد بسببه.

تخيلوا، ان لديكم أطفالا، لا تعرفون متى ستلتقون بهم مجددا.

تخيلوا، أن عليكم العيش في مساحات محددة مع ثلاث مئة شخص غريب لمدة عامين.

تخيلوا، لو أن مصير حياتكم بأيدي المهربين/ات.

تخيلوا، لو أن مصير حياتكم متوقف على محادثة واحدة مع مؤسسة حكومية.

تخيلوا، أنكم تريدون مشاركة قصتكم لكن لا يوجد من يسمعكم هنا.

يوثق هذا الكتاب محادثات وقصص نساء اضطررن للفرار من موطنهن والعيش الآن في ألمانيا. يتحدثن في هذا الكتاب عن حياتهن وكيف وصلن إلى برلين والتأثير الكبير الذي كان لتشديد قانون اللجوء أو لتقييد لم شمل الأسرة على حياتهن، بالاضافة إلى تحديات اللغة والتأقلم في بيئة جديدة. كما يصفن ما تعرضن له من انعدام الآمان وما يشغلهن من رغبات وتوقعات متعلقة بمستقبلهن ووضعهن القانوني والعقبات الإدارية التي تنتظرهن، وما يتعرضن له من عنصرية في الحياة اليومية. كما يعرضن للتجارب التي مررن بها للهروب من بلادهن.

نتمنى من القراء الأعزاء والقارئات العزيزات أن ينظروا إلى هذه القصص بانفتاح واحترام وتعاطف، ذلك أنها قصص فردية تعكس تجارب شاقة، ولكنها أيضا قصص جميلة. في بعض الأحيان ليس من السهل مشاركة مثل هذه الأمور، ولكن من المهم القيام بذلك من أجل التعلم، ومن أجل الوقوف جنبا الى جنب في مجتمع يزداد فيه العنف ضد الأشخاص الذين يتعرضون للعنصرية لأسباب عرقية (PoC) أو بسبب لون بشرتهم.

نحن مجموعة النساء في مجموعة بولي لوج Kollektiv Polylog هربنا من سوريا وإيران والعراق و أذربيجان. نحن طلاب/ات وأساتذة/ات في معهد الأنثروبولوجيا الاجتماعية والثقافية في جامعة برلين الحرة

Einleitung

Kollektiv Polylog

Stell dir vor, der Ort, an dem du dein ganzes Leben lang gelebt hast, existiert nicht mehr und du musst an einem fremden Ort komplett von vorne anfangen.

Stell dir vor, für die Art, wie du dich immer gekleidet hast, wirst du plötzlich angefeindet und bedroht.

Stell dir vor, du hast Kinder und weißt nicht, wann du sie wiedersehen wirst.

Stell dir vor, du musst mit 300 Unbekannten zusammen auf engstem Raum leben – zwei Jahre lang.

Stell dir vor, dein Leben liegt in den Händen von Menschenschmuggler*innen.

Stell dir vor, dein ganzes Leben hängt an einem einzigen Gespräch in einer staatlichen Behörde.

Stell dir vor, du möchtest deine Geschichte teilen, aber niemand hört zu.

Dieses Buch dokumentiert Gespräche und Erzählungen von Frauen, die aus ihrer Heimat fliehen mussten und nun seit einiger Zeit in Deutschland leben. Sie berichten von ihrem Leben und ihrem Ankommen in Berlin – und davon, wie sich Verschärfungen im Asylrecht, die Einschränkung der Familienzusammenführung oder die Herausforderung, sich in einer neuen Sprache und Umgebung zurechtzufinden, auswirken. Die Frauen erzählen von ihren Unsicherheiten und Wünschen in Bezug auf ihre Zukunft und ihren rechtlichen Aufenthaltsstatus, von administrativen

FU-Berlin نحن اعضاء في المجموعة النسوية الناشطة International Women Space ممن لديهن/ أو ليس لديهن تجربة الهجرة.

اجتمعنا لأول مرة في خريف ٢٠١٧ كجزء من ندوة نظمها الطلاب/ات في جامعة برلين الحرة. واستمررنا لعدة أشهر ومن خلال تعاون وثيق مع مجموعات صغيرة قمنا بإعداد وتسجيل المحادثات التي يضمها هذا الكتاب؛ محادثات كانت سببا في إقامة صداقات وعلاقات طيبة نأمل أن تستمر طويلا. اسم المجموعة يعبر على المعنى الجوهري الذي نراه في فضاءات اللقاء الخلاقة التي تضم تجارب أناس مختلفين سواء أ كانوا قد عاشوا أم لم يعيشوا تجربة اللجوء. إذ فقط، من خلال التبادل والحوار بين أناس متعددين ذوي تجارب ومواقف مختلفة (بولي لوج). على هذا النحو، يمكننا خلق قاعدة للعيش سوية وضمان التفاهم المستقبلي لقد استطعنا من خلال الحوار فهم بعضنا البعض على الرغم من اختلاف خلفياتنا الثقافية، ومع ذلك فإن كل مشاركة ارتبطت بموضوع محدد. وبينما قام البعض منا بالحديث عن تجارب اللجوء كشاهد/ة عيان على ما يحدث في عصرنا، قام البعض الاخر بالمساهمة في عملية نشر هذه التجارب على نطاق أوسع.

محور هذا الكتاب هو نحن النساء صاحبات تجربة اللجوء

في نص مشروعنا المشترك هذا، نركز على تجارب اللجوء كنساء ذوات إرادة وقوة، اضطُرِرنا للهروب من أوطاننا والعيش الآن في ألمانيا. إننا نسعى من خلال قصصنا إلى إيصال قلقنا وهمومنا وآمالنا. كما نعرض تجربتنا في سبيل الوصول إلى برلين على الرغم من التمييز العنصري الذي تعرضنا له والذي جعل من مشاركتنا في الحياة الاجتماعية أكثر صعوبة. كل فصل من فصول الكتاب عبارة عن لقطة توضح كيف نقدم نحن -الذين نتحدث إلى بعضنا البعض هنا- قصصنا ووجهات نظرنا الخاصة. نخبر بعضنا البعض عن التجارب التي خضناها بانفسنا ومع ذلك هناك بعض الثيمات التي تتكرر باستمرار والتي نشتركها جميعا لأن هناك شيء واحد يربطنا.

إننا كنساء لاجئات في ألمانيا نتعرض لظلم قاهر له الاثر الكبير في تشكيل تجاربنا. تتمثل أحد أهداف هذا الكتاب في تسليط الضوء إلى عدة قضايا مهمة، من أهمها انعدام المساواة والضغوط المتعددة الخاصة بنظام اللجوء ومساكن الطوارئ والمساكن المشتركة، بالاضافة إلى تجاربنا مع العنصرية سواء من السلطات العامة أو في الحياة الاجتماعية، وكذلك الصعوبات المتعلقة باللغة. باختصار، يتعرض الكتاب لظروف لا تعد ولا تحصى نمر بها كل يوم تجعل من الصعب علينا أن نختار حياتنا الخاصة ونصبح مستقلات في هذا المكان الجديد ليتضح من ثمة، أن قصصنا الحاضرة في هذا الكتاب جزء من وضع سياسي بحت، ينعدم فيه الترحيب بالنساء اللاجئات في بلد مثل ألمانيا، بالاضافة إلى حالات العزلة والتفرقة التي يتعرضن لها على الدوام. يُدين هذا الكتاب سياسات الهجرة الأوروبية الغير الإنسانية والقمعية الممارسة على الفارين أو المهاجرين إلى أوروبا، كما يسلط الضوء على حالات الطوارئ التي تستجيب لها ألمانيا و أوروبا في السنوات الأخيرة بنوع من العزلة و الإنغلاق. ترتكز هذه السياسات على نظام نمى ضمن سياق الاستعمارية والمستعمرات الحديثة والهياكل الرأسمالية للحكم والتسلسل الهرمي التاريخي للأقاليم والدول. إن سياسات الهجرة الأوروبية القمعية الحالية تدعم هذا النظام وتقيد من ثمة الحق الأساسي في حرية الحركة في جميع أنحاء العالم.

Hürden, Diskriminierung im Alltag, aber auch von den Erfahrungen, die sie während ihrer Flucht gemacht haben.

Wir wünschen uns, dass sich die Leser*innen diesen Berichten mit Offenheit, Respekt und Empathie nähern. Es sind individuelle Lebensgeschichten, Erzählungen von schweren, zuweilen aber auch schönen Erfahrungen. Derlei zu teilen, fällt nicht immer leicht – es ist aber wichtig, in einer Gesellschaft, in der Gewalt gegen People of Color (PoC) und Schwarze Menschen stetig zunimmt, gemeinsam voneinander zu lernen und füreinander einzustehen.

Wir, das Kollektiv Polylog, sind Frauen, die geflüchtet sind, aus Syrien, dem Iran, dem Irak, aus Aserbaidschan; wir sind Studierende und Dozierende am Institut für Sozial- und Kulturanthropologie der Freien Universität Berlin; wir sind Mitglieder des International Women Space, einer aktivistischen Gruppe von Frauen mit und ohne Migrationserfahrungen. Unser Kollektiv fand im Herbst 2017 zusammen, im Rahmen eines studentisch organisierten Seminars an der Freien Universität Berlin. Mehrere Monate lang haben wir in vertrauter und enger Zusammenarbeit in Kleingruppen die Gespräche, die in diesem Buch zu lesen sind, vorbereitet und aufgezeichnet. Im Laufe dieser Zeit knüpften wir Beziehungen und Freundschaften, die hoffentlich noch lange halten werden. Der Name des Kollektivs steht dabei für die zentrale Bedeutung, die wir solchen gemeinsam gestalteten Begegnungs- und Erfahrungsräumen von Menschen mit und ohne Flucht- beziehungsweise Migrationserfahrungen zumessen: Nur durch den Austausch und durch Gespräche zwischen einer Vielzahl von Personen mit diversen Erfahrungen und Positionen (Polylog) können wir die Grundlage für ein gesellschaftliches Zusammenleben und Verstehen in der Zukunft schaffen.

Wir sind ein Kollektiv, das sich als *eine* Gruppe versteht – egal, welche Hintergründe wir jeweils haben. Dennoch war die Teilnahme aller Beteiligten an ihre spezifischen Positionalitäten gebunden. Während

الوصول إلى ألمانيا وأوروبا في سياق سياسات الهجرة القمعية

إن الطريقة التي تقدم ألمانيا نفسها بها والاتحاد الأوروبي كذلك للعامة تهيمن عليها صورة الوعي الانساني ومبدأ الدول المستنيرة التي ترتكز سياساتها الخاصة باللاجئين/ات واللجوء على الإعلان العالمي لحقوق الإنسان. لكن الواقع مختلف، كما يمكن أن نتبين من سياسات اللجوء الألمانية والأوروبية الغارقة في القوانين العنصرية والكلاسيكية والقومية والتمييز الجندري وتقديم الحماية المتزايدة للحدود على حماية الأرواح البشرية.

أدى تشديد قانون اللجوء وسياسات العزل على المستوى الألماني والأوروبي بين عامي ٢٠٠٠ و ٢٠١٤ إلى عدد مهول وصل الى ٢٣٠٠٠ شخص من الذين فقدوا حياتهم في محاولة للجوء إلى أوروبا[1]. ومنذ ذلك الحين تفاقم الوضع، ووفقاً للمفوض السامي للأمم المتحدة لشؤون اللاجئين فإن أكثر من ٥٠٠٠ شخص فقد حياته في البحر الأبيض المتوسط في عام ٢٠١٦ أو ما زال مفقودا إلى يومنا هذا[2].

بدأت الحركات الشعوبية اليمينية في جميع أنحاء أوربا بتهيئة محيط اجتماعي أصبحت فيه الاعتداءات الجسدية واللفظية أكثر شيوعا على الأشخاص الذين لجؤوا إلى أوروبا و/أو على أولئك الذين يعيشون في أوروبا لانحدارهم من أسر مهاجرة، وبسبب تكرار هذه الاعتداءات أصبحت من العادة إلى درجة أن المجتمع والوضع السياسي غدى متسامحا معها. غالبا ما تضع حكومات الدول المعنية نفسها خارج هذه الحركات أو تحتمي بسياسات غير واضحة بما يكفي ضد هذه الهجمات. بدلا من ذلك فإن بعض السياسيين/ات والأحزاب تأخذ على عاتقها مطالب وعقائد الجماعات اليمينية وتشعل لغة وسائل الإعلام والمحيط الاجتماعي عن طريق استخدام مصطلحات مثل Asyltourismus (مصطلح قدحي يشكك في نوايا اللاجئين، وفي حاجتهم للحماية، إذ ربما لم يأتوا ـ حسب هذا المصطلح ـ إلا ليبحثوا عن الرفاه).

منذ عام ٢٠١٥، التاريخ الذي تصرفت فيه ألمانيا »كمساعد« و»منقذ« في ذروة مايسمى بـ »أزمة اللاجئين«، ازدادت حالات تشديد ومازالت على قانون اللجوء. لقد تطورت في خارج وداخل الاتحاد الأوروبي أشكال جديدة من المخيمات التي تحمل مسميات مثل Hot-Spots, Transitzentren, Ankerzentren او Ausschiffungsplattformen. إن الهدف من هذه المخيمات هو التعجيل من عملية البث في طلبات اللجوء لتتم في أسرع وقت ممكن، وربما حتى ترحيل أولئك الذين رفضوا إذا لزم الأمر. لم تعد تدابير الدفاع والعزل تتم تحت نظر الأوروبيين مباشرة، ذاك أن الاستراتيجية القائمة والنابعة من حكومات أوربية مختلفة تسعى لنقل هؤلاء الأشخاص إلى دول ثالثة خارج الاتحاد الأوروبي و »حدود« الدول الأعضاء. تزامنت هذه النقلة الجغرافية، مع ميل الأوروبيين لتجاهل مسؤوليتهم تجاه هذه الانتهاكات المذكورة لحقوق الإنسان، وإظهار القليل من التعاطف تجاه مصير المتضررين.

---

[1] Pro Asyl (2014): Neue Schätzung: Mindestens 23.000 tote Flüchtlinge seit dem Jahr 2000. Online: https://www.proasyl.de/news/neue-schaetzung-mindestens-23-000-tote-fluechtlinge-seit-dem-jahr-2000/ (05.01.2019).

[2] UNHCR (2018): Arrivals in Europe – Mediterranean. In: *Europe Key Data Q1+Q2 2018*. Online: http://data2.unhcr.org/en/situations/mediterranean (05.01.2019).

die Fluchterfahrungen einige von uns zu wichtigen Zeuginnen der Geschehnisse unserer Zeit machten, bestand die Beteiligung anderer Personen in erster Linie darin, an der Veröffentlichung dieser Erfahrungen mitzuwirken.

Im Mittelpunkt dieses Buches stehen *wir*: Frauen mit Fluchterfahrungen

Im Mittelpunkt unseres gemeinsamen Projekts stehen *wir*: Frauen, die direkte Erfahrungen mit Flucht gemacht haben, starke Frauen, die aus ihrer Heimat fliehen mussten und nun seit einiger Zeit in Deutschland leben. Es sind unsere Geschichten, die dem Anliegen des ganzen Kollektivs in der Öffentlichkeit Gehör verschaffen sollen. Wir erzählen von unseren Versuchen, trotz diskriminierender Strukturen, die uns die gesellschaftliche Teilhabe erschweren, in Berlin anzukommen. Jedes der Kapitel ist eine Momentaufnahme, die zeigt, wie wir im Gespräch miteinander, also in der direkten Begegnung, unsere eigenen Geschichten und Sichtweisen wahrnehmen. Auch wenn es ganz individuelle Erfahrungen sind, über die wir reden, so gibt es doch einige Themen, die unentwegt wiederkehren und die wir miteinander teilen.

Denn als geflüchtete Frauen in Deutschland unterliegen wir tiefen strukturellen Ungerechtigkeiten, die unsere Erfahrungen wie Leitmotive prägen. Diese Ungerechtigkeiten in ihrer hartnäckigen Wiederkehr aufzuzeigen, ist ein weiteres Ziel unseres Buches. Sie äußern sich in dem vielfachen Druck des Asylsystems, in dem unerträglichen Zustand der Not- und Gemeinschaftsunterkünfte, in dem alltäglichen und strukturellen Rassismus in Behörden und bei gesellschaftlichen Begegnungen, in den Schwierigkeiten der sprachlichen Verständigung – kurz: in zahllosen Umständen, die es uns schwer machen, unser Leben an diesem neuen Ort selbstbestimmt zu gestalten.

في الخطاب العام غالباً ما يتم تجاهل أن أوروبا لم تكن أبداً مجموعة موحدة تقع تحت إطار القيم الأوروبية، فقد عرف تاريخها الكثير من الهجرات والتعايش بين أناس ذوي انتماءات متنوعة. غالباً ما يفشل النقاش في توضيح أن التنمية الاجتماعية والثقافية والاقتصادية ممكنة فقط من خلال التبادلات العالمية والمشاركة المستمرة للأفكار والقيم الجديدة. كما لا يجب أن ننسى تاريخ أوروبا الاستعماري وكذلك سياسات التسلح والاقتصاد الاستغلالي، لم بسهم في العقود الاخيرة إلا في تدهور الاحوال المعيشية بشكل مزر في أنحاء كثيرة من العالم.

لقد لقي اللاجئون/ات قدرا كبيرا من الاهتمام في مناقشات وسائل الإعلام العامة في السنوات الأخيرة، لكن نادرا ما سنحت الفرصة لهم/ن للتحدث عن أنفسهم/ن، ذاك أن العبارات المحايدة جنسيا والرسمية مثل »لاجئين« جعلت منهم مجموعة متجانسة دائما ما تخاطب بصيغة المذكر. في معظم التقارير الإعلامية لا يتم حتى ذكر النساء أو حتى تصويرهن كضحايا لقمع المجتمع الذكوري - الذي يتعلم في ألمانيا لأول مرة عن حقوق المرأة والتحرر-. هكذا لم تجد قصصهن وحياتهن ووجهات نظرهن حول »اللجوء« إلا في النادر مساحة لها.

نسرد نحن النساء قصصنا

يقدم هذا الكتاب أصواتنا وتجاربنا نحن النساء في هذا التجمع الثقافي الناتج عن الهروب من بلادنا، كما يوضح أننا لسنا مجموعة متجانسة متشابهة، بل لنا خلفيات مختلفة وكل منا تتحدث بطريقتها الخاصة فيما يتعلق بتجربة »الوصول« إلى ألمانيا. لقد أتاح لنا هذا الكتاب، نحن النساء اللواتي عشن هذه التجربة، المساحة للعمل كأفراد لتحديد ذاتنا ونشاطنا، ذاك أننا لسنا مجرد ضحايا، وفي الآن ذاته لسنا »الآخر الخطير«. إننا اكثر من مجرد ارقام تظهر في احصاءات »الهجرة غير النظامية« أو في الصورة النمطية لـ »لاجئة« التي عادة ما تُذكر في التقارير الإعلامية. إننا نتحدث هنا بثقة ذاتية كشهادات عيان وبشكل مباشر عن تجاربنا مع نظام اللجوء الألماني وعن رغباتنا وآمالنا ومشاكلنا، فنحن كجزء من فئة اجتماعية نتولى مسؤولية مشاركة تجاربنا وواقعنا في الحياة العامة. هكذا وكأشخاص مستقلين، نتحدث إلى بعضنا ونناقش الأمور في حوار متكافئ. إننا لا نريد العيش تحت سيطرة الرجال ولا نريد أن نُجبر على لعب دور الضحية. ما نريده هو فقط إظهار امكانياتنا وإبراز أننا أكثر نشاطاً مما تعرضه وسائل الإعلام.

إن القصص والتجارب التي سردناها في هذا الكتاب لبعضنا البعض اخترناها حسب مواضيع معينة لمناقشاتنا الخاصة، كما كنا نحن من قرر كيفية نشر قصصنا وتجاربنا، على اختلافنا اللغوي الظاهر في النصوص الحاضرة باللغة الالمانية والفارسية والتركية والعربية، وهي اللغات الأصلية للحوارات التي جمعتنا. على هذا النحو نتحاور ونحكي قصصنا لبعضنا ولغيرنا ممن لديهم تجربة في اللجوء إلى ألمانيا، بالإضافة إلى أفراد المجتمع.

Damit sind unsere in diesem Buch erzählten Geschichten Teil einer umfassenden politischen Situation, in der geflüchtete Frauen nicht ganz selbstverständlich willkommen, sondern einem wachsenden Klima der Abschottung und Abgrenzung ausgesetzt sind. Unser Buch verurteilt die Unmenschlichkeit repressiver europäischer Migrationspolitiken gegenüber Menschen, die nach Europa geflüchtet oder migriert sind – und auf deren Notlagen Deutschland und Europa nun schon seit Jahren in erster Linie mit Abwehr reagieren. Diese Politik basiert auf einer Ordnung, die in kolonialen und neokolonialen Zusammenhängen, kapitalistischen Herrschaftsstrukturen sowie historisch etablierten Hierarchisierungen von Regionen und Staaten gewachsen ist. Die derzeitigen repressiven europäischen Migrationspolitiken halten diese Ordnung aufrecht und schränken dabei das Grundrecht auf weltweite Bewegungsfreiheit nachhaltig ein.

Ankommen in Deutschland und Europa im Kontext repressiver Migrationspolitiken

In der öffentlichen Selbstdarstellung Deutschlands und der Europäischen Union dominieren Selbstverständnisse humanitärer, aufgeklärter Staaten, deren Flucht- und Asylpolitiken an der Allgemeinen Erklärung der Menschenrechte orientiert sind. De facto sind deutsche und europäische Asylpolitiken jedoch durchdrungen von rassistischen, klassistischen, nationalistischen und sexistischen Herrschaftsverhältnissen und stellen den Schutz von Grenzen immer vehementer über den Schutz von Menschenleben.

Zwischen 2000 und 2014 haben Verschärfungen des Asylrechts und Politiken der Abschottung auf deutscher und europäischer Ebene zum Tod von mehr als 23.000 Menschen geführt, die auf der Flucht nach Europa ihr Leben verloren haben[1]. Seitdem hat sich die Lage immer

[1] Pro Asyl (2014): Neue Schätzung: Mindestens 23.000 tote Flüchtlinge seit dem Jahr 2000. Online: https://www.proasyl.de/news/neue-schaetzung-mindestens-23-000-tote-fluechtlinge-seit-dem-jahr-2000/ (05.01.2019).

في محور هذا المشروع تكمن القضية

جاءت كل واحدة من هذه القصص مرفوقة بصورة توضيحية من الفنانة التشكيلية هدى تكريتي. ولدت تكريتي في دمشق وتعيش وتعمل الآن في فيينا. أما عملها الاخير فيركز على القضايا الاجتماعية ويسائل بتجريد العلاقات بين الناس والتاريخ والحاضر. تمت هذه الرسومات بشكل عفوي، إذ تغيت تصوير المشاعر التي اثارتها قراءة نصوص الكاتبات في الفنانة، لتطلق من ثمة العنان لقلمها ليرسم ما اختلجها نفسها من مشاعر مسترشدة بقصص هاته اللاجئات. وكما هو الحال مع المشروع بأكمله، كانت المشاعر العفوية هي محور المشروع. وكما أدت مناقشاتنا إلى ظهور أسلوب خاص وفرداني نابع من وحي اللحظة والتجربة، فكذلك لم تظهر رسومات التكريتي إلا في لحظة تواصلها مع هذه القصص. إن التفاعل بين هاته القصص والرسوم التوضيحية هو ما نريد أن ننقله من خلال هذا الكتاب:

هذه قصص عن نساء يعملن معا ويجدن طُرقا.

هذه قصص لنساء متحررات لم يفقدن الأمل.

هذه قصص عن نساء لا يسمحن لأحد ان يفرض عليهن ما يريد، بل إنهن يشكلن حياتهن بأنفسهن.

هذه قصص عن نساء لا يقبلن الاندراج في قالب معين، بل يصررن على قدرتهن على الرسم وعلى إظهار صورتهن المختلفة والخاصة بهن.

هذه قصص عن نساء يقدّرن الصداقة.

هذه قصص عن نساء يعشقن الضحك.

هذه قصص عن نساء يجدن القوة في الكلمات.

weiter zugespitzt: Allein 2016 sind laut Angaben des *United Nations High Commissioner for Refugees* (UNHCR) über 5.000 Menschen beim Versuch, nach Europa zu gelangen, im Mittelmeer ums Leben gekommen oder werden bis heute vermisst[2].

Quer durch Europa erstarken aktuell rechtspopulistische Bewegungen und schaffen ein gesellschaftliches Klima, in dem körperliche und verbale Angriffe auf Menschen mit Flucht- und/oder Migrationsgeschichte immer alltäglicher und sowohl auf gesellschaftlicher wie auf politischer Ebene zunehmend toleriert werden. Die Regierungen der jeweiligen Länder positionieren sich häufig gar nicht oder nicht deutlich genug gegen diese Angriffe. Mehr noch übernehmen einige Politiker*innen und Parteien Forderungen und Ideologien rechter Gruppen und heizen durch die Verwendung von Begriffen wie »Asyltourismus« das sprachlich-mediale und gesellschaftliche Klima zusätzlich auf.

Seit 2015 – dem Zeitpunkt, als Deutschland sich auf dem Höhepunkt der sogenannten ›Flüchtlingskrise‹ als Helfer und Retter inszenierte – ist das Asylrecht kontinuierlich verschärft worden. Außerhalb und innerhalb der Europäischen Union (EU) werden immer neue Formen von Lagern entwickelt, die Bezeichnungen tragen wie »Hot-Spots«, »Transitzentren«, »Ausschiffungsplattformen« oder »Ankerzentren«. Sie haben allesamt das Ziel, Menschen auf der Flucht möglichst früh zu selektieren und gegebenenfalls schnell wieder abzuschieben. Es ist die politische Absicht verschiedener europäischer Regierungen, die Abwehr- und Abschottungsmaßnahmen dem direkten Blick der Europäer*innen zu entziehen, indem sie an die ›Ränder‹ ihrer eigenen Mitgliedsstaaten – oder besser noch in Drittstaaten außerhalb der EU – verlagert werden. Diese räumliche Verlagerung geht dabei häufig Hand in Hand mit der Tendenz, dass sich auch viele Europäer*innen für diese Menschenrechtsverletzungen nicht verantwortlich fühlen und gegenüber den Schicksalen der Betroffenen nur wenig Mitgefühl aufbringen.

---

[2] UNHCR (2018): Arrivals in Europe – Mediterranean. In: *Europe Key Data Q1+Q2 2018*. Online: http://data2.unhcr.org/en/situations/mediterranean (05.01.2019).

Wald / غابة
Orman / طبیعت

Im öffentlichen Diskurs wird dabei häufig ausgeblendet, dass Europa niemals eine einheitliche Wertegemeinschaft war und in seiner gesamten Geschichte durch Migrationsprozesse sowie das Zusammenleben von Menschen unterschiedlichster Zugehörigkeiten geprägt wurde. Auch wird in der Debatte oft nicht deutlich genug darauf hingewiesen, dass gesellschaftliche, kulturelle und wirtschaftliche Entwicklung nur durch globalen Austausch und eine ständige Auseinandersetzung mit neuen Gedanken und Werten möglich ist – und dass gerade Europa vor dem Hintergrund seiner Kolonialgeschichte sowie seiner ausbeutenden Rüstungs- und Wirtschaftspolitiken der letzten Jahrzehnte die Lebensbedingungen in vielen Teilen der Welt erst erheblich verschlechtert hat.

Geflüchtete Menschen erhalten in öffentlich-medialen Debatten der letzten Jahre zwar eine hohe Aufmerksamkeit – jedoch kommen sie dabei selten selbst zu Wort. Geschlechtsneutrale und unpersönliche Begriffe wie ›Flüchtlinge‹ führen dazu, dass Menschen, die geflüchtet sind, häufig als homogene – zudem in erster Linie als männlich imaginierte – Gruppe wahrgenommen werden. In den meisten Medienberichten werden Frauen entweder gar nicht erst erwähnt oder aber sie werden als unterdrückte Opfer einer patriarchalen Gesellschaft dargestellt, die in Deutschland zum ersten Mal mit Frauenrechten und Emanzipation in Kontakt kommen. Ihre eigenen Geschichten und Perspektiven auf das Thema Flucht und auf ihr Leben finden hier nur äußerst selten einen Raum.

Wir erzählen unsere eigenen Geschichten

Im Vordergrund dieses Buches stehen die eigenen Stimmen und Erfahrungen von uns, den Frauen im Kollektiv, die aus ihrem Land fliehen mussten. Wir zeigen, dass wir keine homogene Gruppe sind, sondern ganz unterschiedliche Hintergründe haben und mit den Erfahrungen des Ankommens in Deutschland in unserer jeweils eigenen Weise umgehen. Mit diesem Buch nehmen wir uns den Raum, um als

»أتمنى أن أصل. أن أعثر على الحياة. أن أجد نفسي«

نور أم عزباء ومعلمة من سورية.

فالنتينا ت. جاءت من سورية بدورها، وأم وربة منزل تحب وتستمتع بالحياة.

فالنتينا: احكِ لي يا نور. كيف كان طريق رحلتكِ إلى ألمانيا؟

نور: لقد كان طريقا طويلا وصعبا (تقهقه) واجه جميع الناس صعوبات على طول الطريق منذ مغادرتهم سوريا لكن حالتي كانت أصعب فقد علقت في اليونان واحتُجزت هناك لمدة عشرة أشهر. بقينا لمدة خمسة أشهر في جزيرة، وخمسة أشهر أخرى في أثينا، إذ بمجرد وصولنا إلى الجزيرة وضعونا في سجن كبير وسط الغابة، ولم يكن بامكاننا ترك المخيم حتى لأغراض شخصية كشراء الطعام لنا ولأولادنا، وفي المقابل كانوا يعطوننا الخبز السيء والجبن الفاسد مما جعل الأطفال يعانون الجوع على الدوام.

فالنتينا: هذا تصرف غير إنساني.

نور: نعم، غير إنساني. قضينا كل الوقت جالسين في الخيمة، إذ أعطونا خيمتين صغيرتين لخمسة أشخاص، إلى أن حدث أمر جعلنا نريد الرحيل. كنت في الخيمة مع أقاربي وطفلتهم الصغيرة البالغة من العمر أربعة اشهر. لم نعرف ما حدث ولا لماذا، ولكن الطفلة توفيت فجأة. معظم الناس يموتون هناك بسبب البرد. حدث ذات يوم أن الجو كان ممطراً والمياه تحيط بنا، إلا أننا لم نملك خياراً آخراً سوى أن ننام تحت المطر، بدون حتى بطانيات كافية للتدفئة.

فالنتينا: لقد واجهتم اسوأ معاملة هناك.

نور: كانت أسوأ معاملة ولكن بعدها جاء »أطباء بلا حدود« وأخذونا إلى فندق ومكثنا هناك لمدة ثلاثة أشهر. بعد ذلك تم أخذنا إلى أثينا والقوا بنا في الشارع. لم تستلمنا أي منظمة حتى مخيمات اللاجئين لم تأخذنا فقد كانت كلها ممتلئة.

فالنتينا: وأين قضيتكم أيامكم هناك؟

نور: طفنا في الشوارع و بقينا حوالي عشرة أيام في خيمة على الطريق قرب الميناء. حتى جاء اليوم الذي التقينا فيه بسوري كردي يعيش في أثينا لفترة طويلة عرّفنا على شخص يوناني أعطانا غرفة تقع فوق حانة. شعر بالأسى على حالنا، بسبب إصابة ابني اصابه بداء الربو حين وصلنا إلى الجزيرة. صحيح أن الغرفة لم تكن ملائمة، إذ كانت عبارة عن مخزن، لكنها حتما كانت أحسن لنا من البقاء في الشارع. بقينا هناك حتى

selbstbestimmte, aktive Individuen aufzutreten, die weder passive Opfer noch ›gefährliche Andere‹ sind. Wir zeigen, dass wir mehr sind als nur Nummern in Statistiken zur ›irregulären Migration‹ oder ein Stereotyp des ›Flüchtlings‹, wie es in verkürzten Medienberichten oft gezeichnet wird. Wir treten selbstbewusst als Zeuginnen auf, die aus erster Hand von ihren Erfahrungen mit dem deutschen Asylsystem, von ihren Wünschen, Hoffnungen und Problemen sprechen. Wir übernehmen damit als Teil eines größeren Kollektivs die Kontrolle über die Darstellung unserer Erfahrungen und Lebensrealitäten im öffentlichen Raum. Als eigenständige Personen treten wir uns gegenüber und kommen auf Augenhöhe miteinander ins Gespräch. Wir möchten nicht von lauten Männern übertönt werden; wir möchten nicht in eine Opferrolle gedrängt werden; denn wir sind stärker und aktiver, als wir in den Medien oft dargestellt werden.

Wir haben die Themen für unsere Gespräche selbst ausgewählt und entschieden, auf welche Weise unsere Erzählungen veröffentlicht werden. Die Texte erscheinen sowohl in der deutschen Übersetzung als auch auf Arabisch, Türkisch und Farsi, unseren Muttersprachen. Auf diese Weise erzählen wir uns unsere Geschichten gegenseitig – und können darüber hinaus auch andere Menschen mit Fluchterfahrung, die in Deutschland ankommen, sowie die weitere gesellschaftliche Öffentlichkeit an ihnen teilhaben lassen.

Im Zentrum des Projektes steht der Prozess

Illustriert wurden die Geschichten von Huda Takriti. Geboren in Damaskus, lebt und arbeitet die Künstlerin heute in Wien. Ihre jüngsten Arbeiten widmen sich sozialen Themen und stellen die Beziehung zwischen Menschen, Geschichte und Gegenwart infrage. Die Zeichnungen für dieses Buch sind spontan entstanden. Es sind Momentaufnahmen von Gefühlen, die die Berichte der geflüchteten Frauen hervorgerufen haben – und von denen Takriti sich hat leiten lassen. Damit stand bei ihr, wie auch in dem gesamten Projekt, der

حصلنا على ملجأ غير قانوني تابع للحزب اليساري. مكثنا هناك بشكل غير قانوني كان أفضل عموما من الشارع الذي كان الخيار الوحيد المتاح أمامنا. هكذا لم يكن لنا من حل آخر سوى تقديم اللجوء هناك، فقد كنا عالقين على كل حال ولا نعرف ما نفعل حيال الامر. ومع ذلك فإن الدولة اليونانية لم تقدم لنا ولا لغيرنا من الاجئين الاخرين الكثير، فحتى الاشياء التي كانت توزع علينا، كانت توزع بدون نظام.

فالنتينا: لقد عانيتِ الكثير.

نور: بالفعل لقد واجهتنا حياة قاسية في اليونان، لقد كان لديّ الكثير من المال من أجل سفرنا إلى المانيا لكننا انفقناه كله في اليونان جراء الوضع الذي كنا فيه.

فالنتينا: بالطبع فعشرة أشهر لم تكن بالقليلة.

نور: عشرة أشهر ومعي طفل صغير بحاجة للحليب والحفاظات. كان معي أولادي وهم بحاجة للطعام. وأنا لا حق لي في العمل. لم يكن لدينا حل آخر سوى ايجاد طريق للهروب، ففكرنا بسلوك طريق غير مباشر عن طريق عبور دول أخرى وصولا إلى ألمانيا. وصلنا إلى فنلندا وهناك تم احتجازنا في سجن المطار تحت الارض، كما تم اجبرنا على تقديم اللجوء هناك وتمت معاملتنا بشكل سيء. كان حرس الحدود مخيفين جدا مما أصابني بحالة ذعر أدت إلى آلام في ظهري. وأخيرا، رُفض طلب لجوئنا. أخبرونا: »لا يحق لكم البقاء في فنلندا لأن لديكم إقامة يونانية وسوف يتم ترحيلكم إلى اليونان«. أخذوا جوازات السفر وجميع الوثائق الشخصية، لذلك لم يكن لديّ أي شيء يثبت هويتي، عندما وصلت الى ألمانيا.

فالنتينا: كيف استرددتها لاحقا؟

نور: لم استردها. لديّ فقط نسخة مصورة تثبت أن الأوراق الشخصية موجودة لدى السلطة الفنلندية. حين وصلت إلى ألمانيا قدمت على طلب اللجوء ليُرفض مرة أخرى، لانني حسب ما قاله رجل لي، قدمت للجوء في دولتين أوربيتين. على الرغم من أنني شرحت لهم أنني لم آتي إلى هنا، إلا بعد ما عانيته في اليونان التي لم تدعمنا بشيء والتي لم نتمكن من بناء حياتنا فيها. الآن ننتظر قرار إجراءات اللجوء هنا.

فالنتينا: إن شاء الله تجدين حلا وتحصلين على قرار جيد.

نور: إن شاء الله. وكيف كانت طريقكِ أنتِ إلى ألمانيا؟

فالنتينا: لم اعاني مثلما عانيتِ أنت، لكن طريق العبور كان عذابا، أقصد البحر الذي كان علينا عبوره من تركيا إلى اليونان. بسبب سفينة كبيرة، كان قاربنا المطاطي سينقلب. لن أنسى هذه اللحظة حين أوشك القارب على الانقلاب بنا في البحر. ما زالت أشعر بهذه الصدمة إلى اليوم.

وصلنا في أكتوبر، في البرودة والمطر. لقد عانينا الكثير وكنا متعبين جدا. لم يكن الأمر مهما بالنسبة لنا، لقد كانت سلامة الأولاد أهم شيء حينها. نحن ككبار يمكننا الصمود، لكن الأطفال ماذنبهم؟ ما حدث لبلدنا أجبرنا على جعل أطفالنا يواجهون هذه الحقيقة. كان لدينا الخيار إما أن نخرجهم من البلاد أو نبقى كما نحن إلى أن يصيبنا مكروه ما. عند بداية وصولنا فقدت السلطات ألمانية أوراقنا، وعلى مدار أسبوع كنا نسعى لإيجاد أوراقنا. كنا نغادر في وقت مبكر في الخامسة صباحا ونعود إلى مخيم اللاجئين في الثامنة مساءا. إلى أن وجدوا أوراقنا. ولكن إلى اليوم لم نستلم جوازات سفرنا والهويات الشخصية من السلطة. لكن الحمد لله ماعانيته أرحم بكثير من الذي واجهته لمدة عشرة أشهر.

ما الذي دفعك للمجيء إلى ألمانيا؟ كيف توصلتِ إلى هذا القرار؟

unmittelbare Prozess im Mittelpunkt: So wie sich die Richtungen der einzelnen Erzählungen erst im Verlauf unserer Gespräche ergeben haben, so sind auch Takritis Zeichnungen erst im Moment der Beschäftigung mit den Geschichten entstanden. Das Zusammenspiel der Erzählungen und der Illustrationen bringt zum Ausdruck, was wir mit diesem Buch vermitteln wollen:

Dies sind Geschichten von Frauen, die sich gemeinsam stark machen und Wege finden.

Dies sind Geschichten von emanzipierten Frauen, die ihre Hoffnung nicht aufgeben.

Dies sind Geschichten von Frauen, die sich ihr Leben nicht diktieren lassen, sondern es mitformen.

Dies sind Geschichten von Frauen, die sich nicht in eine Schublade stecken lassen, sondern darauf bestehen, ihr eigenes, vielfältiges Bild von sich zu malen und zu zeigen.

Dies sind Geschichten von Frauen, für die Freundschaft wichtig ist.

Dies sind Geschichten von Frauen, die gerne lachen.

Dies sind Geschichten von Frauen, die Kraft in Worten finden.

نور: حسناً نحن أيضا مثلكِ من حلب. كادت ابنتي تُقتل مرتين تقريبا بسبب سقوط الصواريخ عليها. في المرة الأولى توفي ٥٠ طفلاً وطفلةً في المدرسة. بفضل الله، كانت في منتصف مبنى المدرسة ولم تنزل إلى القبو، لكن الأطفال الذين كانوا فيه ماتوا جميعاً. أما في المرة الثانية، فقد كانت في طريقها إلى المدرسة عندما ضربت الصواريخ الشارع. كنت خائفة جدا على اطفالي! ابنتي الآن لديها رهاب، تصوري فتاة في السادسة من عمرها تخاف النزول إلى الشوارع بسبب ما عانته. من الصعب جداً على طفل أن ينسى شيئاً كهذا. أما ابني الكبير فيعاني من اضطرابات عقلية مذ كان طفلاً صغيراً، وبعدها حدثت الحرب وشهِد كيف كانت تتاسقط الصواريخ، والناس التي تموت جراء ذلك. ذات يوم كان هناك قصف شديد وأخبرني أنه خاف من البقاء في المنزل ففتح الباب ليخرج، وفجاة جاءني مسرعاً وقال لي: »أمي لقد رأيت أناسا تتطاير في الهواء جراء القصف«. في مرحلة ما لم تبق هناك مدارس أخرى، ولم يبق هناك أي شيء آخر. حينها قررت الرحيل، فقد دمرت حلب بالكامل تقريباً.

فالنتينا: لقد واجهتنا نفس الظروف كذلك، أقصد الصواريخ والقنابل اليومية في حلب. لم يذهب الأطفال إلى المدرسة لمدة عام فأضاعوا عاما دارسيا كاملا بسبب الحرب. كانت ابنتي في الصف التاسع لكنها لم تستطع الذهاب إلى المدرسة لخوفها من القنابل التي من الممكن أن تسقط على مدرستها، بالضبط كما حدث لمدرسة ابنتكِ. بقيت في حلب إلى أن أنهت الامتحانات، لذا أرسلتها مع والدها إلى تركيا لكي تخرج من هذه الحالة. كانت منطقتنا تتعرض للضربات يوميا، حتى أننا قضينا أياما ننام تحت ضجيج القذائف والقتال إلى أن بلغنا مرحلة لم نتمكن فيها من تمييز الليل من النهار. وطوال هذا الوقت، لم يكن لدينا ماء أو كهرباء. حُرمنا من كل شيء. كل شيء. لقد كان جحيما ما ممرنا به

نور: لشهر كامل لم يكن لدينا ماء وكهرباء.

فالنتينا: حقاً. لو كان شهرا فحسب، لكنا تحملنا ذلك، لكن الامر بقي مستمراً معنا. الماء والكهرباء كان من الممكن تحمل غيابهما، ولكن ماذا عن ذلك القصف المستمر؛ هذا ما لم نكن نستطع تحمله للأبد. لقد شهدنا أياما لا يوجد أتعس منها. مرت علينا أيام لن أنساها ما حييت. مرة، في رمضان فزعنا من النوم على صوت شيء يسقط، حيث تحطم صاروخ مقابل البناية التي نسكن فيها. رغم كوني امرأة بالغة لكن لم تكن لديّ أدنى فكرة كيف أستطيع السيطرة على الامر. ما أتحدث به الآن لا يصور حجم الكارثة التي شهدتها تلك اللحظة. تخيلي أن القذائف تضرب المبنى المقابل للمنزل، وفي لحظة، من الممكن أن ينهار كل شيء وأنتِ مازلت في المنزل. الحمد لله لم يحدث شيء لي ولا لأولادي، لكن ابنتي الصغيرة كانت في الثالثة من عمرها وعلى أثر ما جرى أصيبت بالذعر، وكلما سمعت أصواتا عالية تشرع في الارتجاف والبكاء. مهما حاولت تهدئتها، لم تكن محاولاتي لتجدي نفعا، فهي طفلى صغيرة ولا تستطيع إدراك ما يحدث لها. كانت تلك اللحظة التي لم أتمكن حينها من تحمل الأمر، بعد ذلك اتصلت بزوجي وأخبرته أن الوضع سيء (تبكي) لقد حدثت أشياء كثيرة ولم أعد أستطيع تحملها. قال لي: »تعالي مع الأطفال إلى تركيا، لا تبقي في المنزل ولا ساعة«. لكن المشكلة أن الأطفال لم يكن لديهم مستقبل في تركيا، لم يكن لدينا خيار اخر سوى الذهاب إلى ألمانيا. والآن كل ما أتمناه هو أن يتمكن الأطفال من نسيان ذكريات الحرب. عندما جئت إلى هنا حاولت إخراج ابنتي من الحالة التي كانت بها والآن هي بوضع أفضل، لكن ما شهدته في سوريا سيبقى في ذاكرتها، وهي إلى الآن تتذكر ما حدث. أتمنى إن شاء الله أن يجعلها الوقت تنسى كل هذه الأحداث، خاصة وأن

»Ich wünsche mir, dass ich ankomme, ein Leben finde, mich selbst finde«

Nour ist alleinerziehende Mutter und Lehrerin aus Syrien.

Valentina T. kommt auch aus Syrien. Sie ist Mutter und Hausfrau und sie liebt und genießt das Leben.

Valentina: Erzähl mal, Nour, wie war dein Weg nach Deutschland?
Nour: Uff ... Es war ein langer und schwerer Weg [lacht]. Alle Leute hatten Schwierigkeiten auf dem Weg, seit sie aus Syrien aufgebrochen sind. Aber bei mir war das Schwierige, dass ich in Griechenland festsaß und dort zehn Monate lang festgehalten wurde. Wir waren fünf Monate auf einer Insel und noch einmal fünf oder sechs Monate in Athen. Als ich auf der Insel angekommen war, haben sie uns als Erstes in ein großes Gefängnis mitten in einem Wald gesteckt. Wir durften das Camp nicht verlassen, noch nicht einmal, um persönliche Sachen für uns oder Essen für unsere Kinder zu kaufen. Es wurde uns verschimmeltes Brot und verdorbener Käse gegeben, und die Kinder sind die ganze Zeit hungrig geblieben.
Valentina: Das ist keine menschenwürdige Behandlung.
Nour: Überhaupt nicht menschenwürdig. Die meiste Zeit saßen wir im Zelt. Sie haben uns nur zwei kleine Zelte für fünf Personen gegeben. Bis etwas bei uns passiert ist. Wir wollten gerade aufbrechen – wir, unsere Verwandten und die Tochter einer Verwandten. Die Kleine war erst vier Monate alt. Wir wussten nicht, was passiert war. Niemand wusste warum, aber plötzlich war das Mädchen tot. Meistens sterben

الفترة التي قضينها في مخيم اللاجئين لم تجعل من النيسان أمرا ممكنا.

كيف هي الحياة بالنسبة لكِ في مخيم اللاجئين الذي تعيشين فيه منذ وصولك إلى هنا؟

نور: العيش في مخيم لاجئين أفضل من مكان آخر، أفضل حتى من اليونان. لكن، لا أملك هنا أي حرية، إذ أن المسكن هو عبارة عن فرع قديم لشركة C&A، ومن ثمة لا توجد غرف فردية ولا باب ولا حتى سقف يفصلك عن الأشخاص الذين يسكنون بجانبك، كل ما هنالك، حائط قصير. مما يؤدي إلى خلافات دائمة مع الجيران/ات بسبب انعدام الخصوصية، لكن مع ذلك الوضع أفضل من اليونان، ومن تلك الخيمة التي كنا نعيش فيها. لكن تبقى أمنيتي أن أجد سكنا لي ولأولادي. أنا وزوجي منفصلان منذ كنا في حلب بسبب كثرة المشاكل بيننا ومع ذلك جئنا سوية من أجل أطفالنا إلى ألمانيا، ولكن الآن، أعيش وحدي مع أبنائي في مخيم اللاجئين وهذا الامر صعب جدا.

فالنتينا: إن شاء الله تتحسن أوضاعكم.

نور: عن قريب سأكون أتممت سنة هنا في مخيم اللاجئين.

فالنتينا: لقد عشت لمدة سنة ونصف في مخيم للاجئين! سنة ونصف! إن هذا عذاب. من الصعب إيجاد طريقة لتنظيم حياة الأطفال. إن السكن في المخيم مشكلة، خصوصا مع الأولاد الذين لا يمكن السيطرة عليهم، إنهم دائما ما يريدون اللعب مع أقرانهم في الخارج حتى وإن حان موعد نومهم، بالإضافة طبعا للضجيج الذي يجعل من نومهم مسألة مستعصية. وهنا تكمن المشاكل.

نور: هذا عقاب! (تضحك).

فالنتينا: بالفعل انه عقاب لمدة سنة ونصف. وهنا على الشخص أن يأكل ما هو موجود بغض النظر عما إذا كان يحب هذا الطعام أو لا، والمصيبة الكبرى أن نفس الطعام يُقدم باستمرار، وبالطبع لا يمكن تحمل ذلك أبدا. يمكن التحمل لشهرين، ثلاثة، خمسة ولكن سنة ونصف! هذا كثير. لا يمكننا طهي الطعام بأنفسنا لأنه أمر ممنوع، حتى أنهم (الأشخاص الذين يعملون في مخيم اللاجئين) يأتون مرة كل أسبوع للقيام بدورية في جميع الغرف، لمعرفة ما إذا كان هناك وابور غاز أو شيء يعمل بالكهرباء، لأن هذا ممنوع أيضا. هذه مشكلة حقيقية.

نور: بالنسبة لنا، لا نملك كهرباء في الغرف. لا توجد إضاءة ولا كهرباء ولا أي شيء. ابني تعرض للاحتراق في الليل بسبب انعدام الضوء حيث لا يمكن الرؤية جيدا. في الساعة التاسعة صباحاً يقومون بتشغيل الأضواء

فالنتينا: يشغلون الإنارة في التاسعة؟ عندنا لم يكن الامر كذلك. فبالنسبة لنا، حتى وإن كان لدينا ضوء في الغرفة فهم لا يتدخلون بالامر.

نور: وفي نهاية الأمر وضعوا اللوم علينا، لأننا استخدمنا سلكا كهربائيا طويلا لكي نستطيع توصيل الكهرباء من خارج الغرفة إلى داخلها حتى نتمكن من شحن هواتفنا المحمولة. لقد تعرضت للسرقة ذات مرة؛ سُرِق هاتفي لأنه كان يُشحن خارج الغرفة. وحتى لا يتكرر الموضوع اشتريت مدادة للكهرباء ولكن الإدارة أخذتها مني. مع أنه من المفروض، أنه من الممنوع على الأشخاص العاملين في المخيم الدخول إلى أماكننا الخاصة.

فالنتينا: في مخيمنا ايضا تم حظر أسلاك التمديد وموزع الكهرباء، كما كانت هناك مشكلة سوء الحمامات التي كان يشتركها الجميع. تخيلي، إذا كنتِ تريدين الاستحمام عليكِ الانتظار حتى يأتي دوركِ. كما كانت أوقات الاستحمام محدودة، إذ تُغلق عند الساعة الثالثة مساءا، وبعد ذلك يمنع عليك الاستحمام. في بعض

Menschen dort aufgrund der Kälte. Es hat geregnet, wir waren von Wasser umgeben und haben im Wasser geschlafen. Außerdem gab es nicht genug Decken, um sich zu wärmen.

Valentina: Ihr habt dort die schlimmste Behandlung erfahren.

Nour: Es war die schlimmste Behandlung. Dann sind »Ärzte ohne Grenzen« gekommen und haben uns in ein Hotel gebracht. Dort blieben wir drei Monate. Danach wurden wir nach Athen gebracht und einfach auf der Straße abgesetzt. Keine Organisation hat uns empfangen, selbst die Flüchtlingslager haben uns nicht aufgenommen, sie waren alle voll.

Valentina: Wo habt ihr dann die Tage verbracht?

Nour: Wir sind in den Straßen herumgelaufen. Ungefähr zehn Tage blieben wir in einem Zelt auf der Straße beim Hafen. Bis zu dem Tag, an dem wir einen kurdischen Syrer kennenlernten, der schon lange in Athen lebte und der uns mit einem Griechen bekannt machte. Der Grieche brachte uns in einem Zimmer über einer Bar unter. Er hatte Mitleid mit uns, weil mein Sohn auf der griechischen Insel Asthma bekommen hatte. Natürlich war dieses Zimmer nicht passend, es war ein Lagerraum. Aber wir haben uns gesagt: Alles ist besser, als weiter auf der Straße zu bleiben. Dort blieben wir, bis er uns einen Platz in einer illegalen Unterkunft besorgen konnte, in einem von Linken besetzten Hotel. Eine illegale Besetzung – rechtswidrig. Aber auch das war besser als auf der Straße zu sitzen, es war die einzige Möglichkeit für uns. Wir saßen dort fest und waren gezwungen, Asyl zu beantragen. Und dennoch hat der griechische Staat uns und den anderen Geflüchteten dort nicht viel gegeben – sie haben Dinge nach dem Lotterieprinzip verteilt.

Valentina: Du hast sehr gelitten.

Nour: Ja, wir haben ein sehr schweres Leben dort geführt. Ich hatte so viel Geld mitgenommen, dass es für unseren Weg bis nach Deutschland reichen sollte. Aber alles Geld, was wir bei uns hatten, mussten wir für das Überleben auf der Insel ausgeben.

Valentina: Zehn Monate sind ja auch nicht wenig.

الأحيان يحدث أن هناك خمس أو ست نساء ينتظرن لأن واحدة من النساء تستغرق ساعة كاملة في الحمام وعليكِ الانتظار حتى تنتهي، ولكن إذا كان لديكِ موعد أو تريدين الذهاب إلى المدرسة فلا يمكنكِ الانتظار كل هذا الوقت. هذه واحدة من الاشياء المزعجة التي تحدث لي باستمرار هنا.

نور: وإذا وجدت الفرصة للاستحمام، فإنك تجدين الحمام متسخا.

فالنتينا: بالإضافة إلى برودة الماء.

نور: ليس الأمر كذلك بالنسبة لنا فالماء يبقى دافئاً لكن الحمامات غالباً ما تكون وسخة.

فالنتينا: بالطبع الحمامات متسخة، لا حاجة لذكر ذلك، المخيم برمته متسخ والمراحيض في منتهى السوء والنتانة، إذ لا تستطعين الدخول دون وضع قناع واقي على أنفك (تضحك).

نور: آخذ معي المطهر ضد الجراثيم دائما عندما أود الذهاب إلى المرافق (تضحك).

فالنتينا: نعم، إنه لأمر سيء جدا ولا يجب أن يكون كذلك! وجود مطهر الجراثيم هام جدا! لقد أمضينا حقا أياماً سيئة في مخيم اللاجئين، فلمدة سنة ونصف عشنا نحن الثمانية في غرفة واحدة بدون حتى ستار يفصلنا، بدون أي شيء. وكما قلت لكِ، يمكن تحمل كل شيء باستثناء الحمامات والطعام الذي قدموه لنا. أننا نعيش في شقة لوحدنا الآن، أمر كاف لإشعاري بالراحة! (تضحك). بالفعل، كان هذا حلما بالنسبة لنا، إذ من الصعب أن يجد المرء شقة في برلين. و لكن بعد سنة و نصف، تحقق الخلاص أخيرا، استطعنا العثور عليها لكن أخبريني، بغض النظر عن مخيم اللاجئين، كيف تختلف حياتكِ في ألمانيا عما كانت عليه حياتك في سوريا؟

نور: ما لم يتغير كثيرا، هو أنني في سوريا كنت المسؤولة الوحيدة عن أبنائي. أخبرتكِ مسبقا أنني انفصلت عن زوجي في حلب وكنت أعمل حينها و أتحمل مسؤولية كل شيء لوحدي. طبعا، الأمر مختلف من بلد لآخر، بسبب العادات ونمط الحياة، لكن سواء هنا أو هناك، بالنسبة لي تبقى المسؤولية نفسها.

فالنتينا: بالنسبة لي، كان الأمر مختلفا، لأنني كنت ربة منزل في سوريا. كنت مسؤولة عن المنزل وأولادي وزوجي. اعتدت أن أكون في المنزل طوال الوقت لرعاية أطفالي. كان وقتي لي، لم يكن لدي نفس الالتزامات التي لي الآن. الآن الأمر مختلف، فمدرسة اللغة على سبيل المثال، تلزمني أن آتي وأغادر في أوقات محددةأ أما أطفالي فلم أعد أستطيع أن أمنحهم الكثير من الوقت، لأننا لم نعد نلتقي كالمعتاد. أنا و زوجي لا نرى بعضنا البعض كثيراً لأن أوقاتنا لا تتطابق، لكننا راضون. طالما أن الأطفال بخير فهذا يكفي.

كيف هي حياتكِ اليومية في برلين؟

نور: بما أنني أم لثلاثة أطفال ومسؤولة عنهم بمفردي، فإنني أستيقظ في الصباح الباكر و أصطحبهم إلى المدرسة التي تقع بعيداً جدا عن سكننا. وبعدها يكون عليّ إتمام ما لديّ من ارتباطات مثل موعد الطبيب/ة او مواعيد أخرى، لذا عادة ما أكون مشغولة أثناء اليوم و بالطبع لا أستطيع الذهاب إلى مدرسة لغة لان لديّ طفلا صغيرا كيف. هو الحال معكِ؟

فالنتينا: نفس الأمر، فيما يخص الأولاد، أنا أيضا استيقظ في الصباح الباكر واصطحب ابنتي إلى الحضانة وعند الظهيرة يعود بها والدها، ثم أذهب إلى مدرسة اللغة و عند الرجوع أعد الطعام للاطفال و عندما انتهي من أموري أذهب إلى شبراخ كافيه (Sprachcafé).

نور: صحيح، الشبراخ كافيه. (Sprachcafé) حاولت ان أتعرف على الألمان عن طريق الشبراخ كافيه لكيّ أستطيع تعلم اللغة! »إني أحاول تعلمها« (تقهقه). في الشهر الاول من وصولي إلى ألمانيا تعرفت على صديقة

Nour: Zehn Monate, in denen ich ein kleines Kind bei mir hatte, das Milch und Windeln brauchte. Ich hatte Kinder bei mir, die essen wollten. Es war verboten, zu arbeiten und so gab es keine andere Lösung für uns, als wieder aufzubrechen. Wir dachten, es sei notwendig, indirekt – also über ein anderes Land – nach Deutschland einzureisen. Deshalb sind wir zuerst nach Finnland gegangen. Dort haben sie uns direkt am Flughafen festgenommen, befragt und gezwungen, wieder Asyl zu beantragen. Wir wurden im Gefängnis des Flughafens, bei den Grenzkontrollen, für acht Stunden unter der Erde festgehalten. Danach wurden wir in eine Unterkunft im Stadtzentrum gebracht. Dort wurden wir sehr schlecht behandelt – die Wachleute waren angsteinflößend. Ich bekam eine Panikattacke, und der Schmerz wanderte in den Rücken, von der Nervosität. Schließlich haben sie unseren Asylantrag abgelehnt. Sie sagten uns: »Ihr dürft nicht in Finnland bleiben, weil ihr griechische Aufenthaltstitel habt, und wir werden euch nach Griechenland abschieben.« Sie nahmen mir die Reisepässe und alle persönlichen Dokumente ab. Ich hatte nichts bei mir, das meine Identität beweist, als ich schließlich hier in Deutschland ankam.

Valentina: Wie hast du sie später wiederbekommen?

Nour: Ich habe sie nicht bekommen. Ich habe eine Kopie, auf der steht, dass meine persönlichen Dokumente bei den finnischen Behörden sind. Als ich hierher kam, habe ich einen Asylantrag gestellt und wieder eine Ablehnung erhalten, weil ich in zwei europäischen Ländern gewesen war, sagte man mir. Und das, obwohl ich ihnen erklärt habe, dass ich hierhergekommen bin, weil Griechenland uns nicht unterstützt hat und wir uns dort einfach kein Leben aufbauen konnten. Jetzt warten wir auf die Entscheidung unseres Asylverfahrens.

Valentina: Insha'allah wird es sich lösen, insha'allah wird der positive Bescheid kommen.

Nour: Insha'allah. Und wie war dein Weg nach Deutschland?

Valentina: Ich musste nicht solche Qualen erleiden wie du. Der Weg an sich war trotzdem eine Qual – insbesondere das Meer, das wir von der

ألمانية وكنا نقضي الوقت معا وعادة ما نذهب في مشاوير سوية أو نزور بعضنا. إنها إنسانة لطيفة جدا وكذلك زوجها وأنا أحبهم كثيرا، ولكن الأهم أنهم يحبونني أيضا (تقهقه).

فالنتينا: بالفعل إن التعرف على الآخرين يجعلكِ تنسين قليلاً أنكِ غريبة، إذ لا نشعر مع الأصحاب أننا غرباء. كما أن الكثير من الناس على استعداد لتقديم المساعدة، وإذا ذهبتِ إلى مكانٍ ما، يمكنكِ سؤال أي شخص مباشرة. بصراحة، حتى الآن لم أشهد ما يقوله الناس حول »إنهم لا يتقبلوننا«، على العكس، فبعض الاحيان الابتسامة كافية بالنسبة لي، فهم يبتسمون بوجهكِ وهم لا يعرفونكِ. هل لدينا اصدقاء وصديقات؟ بالطبع! فلا يمكن العيش بدون أصدقاء أو صديقات.

نور: لا يمكن العيش بدون أصدقاء وصديقات في بلد غريب. لكن حدثيني كيف يتعامل أطفالكِ مع النظام المدرسي الألماني؟ هل تستطعين مساعدتهم في الواجبات المدرسية؟

فالنتينا: بالنسبة للتعلم، فأنا لا أستطيع أن أساعد أطفالي كما كنت أفعل من قبل بحكم اللغة، كل ما أستطيعه، هو سؤالهم: »ماذا فعلتم، ماذا تعلمتم وما هي الدروس التي أعطوكم إياها؟«. لا أستطيع أن أعلمهم فهو أمر صعب مع اللغة . وكيف هو الحال معكِ؟

نور: لا أستطيع مساعدتهم في حل واجباتهم المدرسية ولا يوجد أحد لمساعدتهم في ذلك، لكن هناك دورة ألمانية لأطفالي. هناك يذهبون مرة واحدة في الأسبوع لتحسين لغتهم وهناك أظهر المعلمون/ات الكثير من التعاطف معهم لكوني وحيدة بدون زوج.

فالنتينا: في هذا الصدد لا يمكن للمرء التذمر.

نور: بالفعل. وقد تفهموا وضع ابني الذي يجد صعوبة في التعامل مع الأطفال الآخرين، ويتعاملون معه بطريقة لطيفة جداً. هناك علاقة طيبة وتفاهم بيننا وبينهم، ودائما ما يقولون لي: »نحن نتفهم أنك وحيدة بدون زوج« وانا سعيدة مع هذه المدرسة ولا أريد تغييرها لانني اشعر بالراحة معهم.

فالنتينا: أتمنى أن يديم الله عليهم صحتهم. لكن ما أتمناه هو أن أتمكن من الجلوس مع أطفالي مرة أخرى كما هو الحال في سوريا ومساعدتهم في الدراسة وتعليمهم. لقد اعتدت أن أجالسهم واحد بعد الاخر وأعلمهم، وهذا لم يعد ممكنا الآن بسبب اللغة. لكن، الحمد لله، الامور تسير بشكل جيد معهم، ومعلموهم ومعلماتهم يعاملونهم في المدرسة بشكل جيد. بدأ الخوف الذي كان لديهم بسبب الحرب يختفي تدريجيا. بدأوا بالاستقرار وأصبحوا بحالٍ أفضل ولديهم أصدقاء ألمان. كيف هو الحال معكِ بالنسبة لتعلم اللغة الألمانية؟

نور: أحاول أن أكون مجتهدة وأحاول حفظ أشياء بسيطة، وإذا كان هناك شيئاً لا أعرفه أسأل. لكني لا أذهب إلى دروس اللغة لأن ابني ما زال صغيرا. وأنتِ كيف هو الامر لكِ؟

فالنتينا: من الصعب بعض الشيء بالنسبة لي لأن مسؤوليتي كبيرة. من الصعب أيضاً تعلم لغة جديدة بعد سنوات عديدة فنحن لسنا صغارا بعد الآن. يتعلم الأطفال بسرعة لكننا لم نعد صغاراً. المشكلة هي أن هناك دائماً شيئاً يمنعكِ من التعلم. ومع ذلك أحاول دائماً - قدر الإمكان - التدرب على اللغة عن طريق اليوتيوب وبمساعدة المدرسة. حتى ولو لم يكن لديّ سوى نصف ساعة في المساء، فإني أستغلها لتعلم اللغة، لأن هناك العديد من الاسباب التي تحتم تعلمها.

نور: اووووف! هذا صحيح هناك الكثير من الامور التي تجعلكِ ترغبين بتعلم اللغة وأول شيء انه من الجميل تعلم لغة جديدة.

Türkei nach Griechenland überqueren mussten. Wegen eines größeren Schiffs ist unser Schlauchboot fast umgekippt. Diesen Moment werde ich nie in meinem Leben vergessen, diesen Moment, als das Boot sich Sekunde um Sekunde drehte und fast umgekippt wäre. Den Schock spüre ich bis heute. Wir kamen im Oktober an, es war kalt und regnete. Wir haben viel mitgemacht und waren erschöpft. Es geht ja nicht um uns, sondern um die Kinder. Wir können das aushalten, aber die Kinder – welche Schuld trifft sie? Das, was mit unserem Land passiert ist, hat uns dazu gezwungen, sie der Realität auszusetzen. Unsere einzige Wahl war: Entweder bringen wir sie aus dem Land heraus oder ihnen stößt etwas Schlimmes zu. Am Anfang haben die Behörden hier in Deutschland auch unsere Papiere verloren – eine Woche lang, eine komplette Woche sind wir hin- und hergelaufen; früh um fünf sind wir los und abends um acht ins Heim zurückgekehrt ... so lange, bis sie unsere Papiere wiedergefunden hatten. Jedoch sind die Ausweise, die sie uns ausgestellt haben, bis heute nicht bei uns angekommen. Aber Gott sei Dank waren es nicht solche Qualen, wie du sie zehn Monate lang erlitten hast. – Was sind deine persönlichen Gründe gewesen, nach Deutschland zu kommen? Wie hast du diese Entscheidung getroffen?

Nour: Also, wir kommen aus Aleppo, so wie du auch. Meine Tochter wurde zweimal beinahe getötet, zweimal fielen Raketen auf sie. Beim ersten Mal starben dabei 50 Kinder in der Schule, ihre Mitschüler*innen. Gott sei Dank war sie mitten im Schulgebäude und ging nicht nach unten in den Keller – die Kinder, die unten waren, starben alle. Das zweite Mal war sie auf dem Weg zur Schule, als Raketen auf die Straße fielen. Ich hatte so große Angst um meine Kinder! Meine Tochter bekam eine Angststörung, ein sechsjähriges Mädchen, das Angst hat, auf die Straße zu gehen, wegen dem, was sie erlebt hat. Es ist sehr schwer für ein Kind, so etwas zu vergessen. Und mein großer Sohn hat psychische Probleme, schon seit er ein kleiner Junge ist und dann sieht er den Krieg, die Raketen, die fallen, Menschen, die durch die Luft fliegen. Er erzählte mir, dass er Angst hat, im Haus gefangen zu

فالنتينا: لغة ثانية تعني شخصا ثانيا. هذا ما يفعله تعلم لغة جديدة بنا، إذ يصبح المرء شخصاً اخراً بلغة أخرى.

نور: نعم هذا شيء جميل، وأنا أحب اللغة الالمانية أعتقد أنها جميلة سهلة الهضم (تقهقه). أريد التحدث بهذه اللغة لأن السبب الاول هو التعرف على عالم جديد من خلال لغة وحياة جديدة وثقافة جديدة لم تكن مألوفة مسبقاً. والسبب الثاني أن المرء قد يواجه مشاكل كثيرة في ألمانيا حين لا يتمكن من التعامل مع الاشخاص مباشرة لأنه لا يعرف لغتهم، وأنا أريد التغلب على هذا الحاجز حتى أتمكن من التعامل مع الناس بسهولة أكبر. كما أن تعلم اللغة يفيدني لأنه في مرحلة ما سأتمكن من العثور على وظيفة أو عمل. ذلك أن العمل يعني إمكانية بناء حياة جيدة لأولادك.

فالنتينا: اللغة هي مفتاح البلد بالنسبة لي. فكما قلت مسبقاً لكي يستطيع المرء العيش وسط المجتمع فمن الجيد تعلم اللغة. ربما لأننا نحب الأشخاص الذين يتحدثون هذه اللغة، وبالتالي فنحن أيضاً نحب اللغة. حين تتعلمين اللغة يمكنكِ أن تكوني على اتصال مباشر مع الناس دون الحاجة إلى من يترجم لكِ، وحتى يمكنكِ التحدث مباشرة عن الأشياء التي تريدين أن ترويها. فإذا كنتِ ترغبين في العمل أو كنت تريدين الذهاب إلى متجر او حتى السؤال عن مكان متجر فأنتِ بحاجة إلى اللغة. لأي شيء ولكل شيء عليكِ أن تتعلمي اللغة. هل شعرتِ بالراحة والهدوء حين وصلت إلى ألمانيا، بغض النظر عن مشاكل اللغة؟

نور: بمجرد وصولي إلى ألمانيا شعرت بالاسترخاء النفسي. لأنني على الأقل وصلت إلى مكان أشعر فيه بالأمان مع أطفالي؛ مكان يمكنكهم فيه العودة إلى المدرسة. كنت دائما أحلم باليوم الذ يصبح فيه أبنائي مهندسين/ات أو أطباء وطبيبات. لكن شيئا فشيئا، بدأ هذا الحلم يتلاشى حتى اختفى في لحظة من اللحظة. كان من الصعب الإبقاء على أمل تحقق هذا الحلم، بعد أن ظلوا لسنوات دون أي تعليم بسبب الحرب. حاولت تعليمهم في البيت لكن هذا التعليم لم يكن معترفاً به رسمياً. منذ سنة، عادوا إلى الصف، وأنا سعيدة جداً الآن لأن أطفالي يتعلمون. أشعر أنني أستطيع إيجاد الأمن في هذا البلد.

فالنتينا: هل أنتِ سعيدة؟

نور: هناك أمور تجعلني أشعر بالسعادة وهناك أمور تجعلني أشعر... بأنني لست بحالة جيدة. ما يجعلني أشعر بالراحة هو أننا تخطينا مرحلة الخطر والحرب ورحلة الهروب القاسية، أما ما يجعلني أشعر بالسوء فهو اننا لم نحصل بعد على قبول طلب الإقامة في ألمانيا بعد. إن كونك جديدة على هذا المكان، يدفعك للخضوع لأشياء وقوانين قد لا يخضع لها أولئك الذين عاشوا هنا لفترة طويلة.

فالنتينا: إن شاء الله تتحسن الأمور.

نور: ألمانيا لا ترغب بي رغم حبي لها.

فالنتينا: إن شاء الله تتحسن الأمور. أنا سعيدة طالما أن أطفالي يستيقظون كل يوم وليس هناك هجمات بالقنابل ولا ضجيج بسبب قتال الشوارع ولا صوت القذائف. حتى الآن لا تزال الظروف صعبة للغاية لكن يكفي أن يكون أطفالي سعداء. إذا رأيتِ أطفالك سعداء فستكونين سعيدة.

نور: لكنكِ ما تزالين في مقتبل العمر.

فالنتينا: لا، فات الوقت بالنسبة لي الآن عليّ التفكير بمستقبل أولادي.

نور: كنا مجرد أرقام في بلادنا بسبب الحرب، وسواء توفي شخص أو إثنان أو مائة فإن ذلك لا يُحدث فارقاً فقد أصبح أمراً يومياً.

bleiben und er öffnete die Tür, um nach draußen zu gehen und sagte zu mir: »Mama, ich sehe Menschen fliegen.« Irgendwann gab es keine Schulen mehr, es gab nichts mehr. Als ich den Entschluss gefasst habe wegzugehen, war Aleppo fast komplett zerstört.

Valentina: Bei uns waren es die gleichen Gründe, also die täglichen Raketen und Bomben in Aleppo. Die Kinder sind ein Jahr lang nicht zur Schule gegangen, ein komplettes Schuljahr konnten sie nicht am Unterricht teilnehmen. Meine Tochter ging in die neunte Klasse. Sie bekam auch Angst vor Granaten, die auf ihre Schule fallen könnten, die gleiche Situation wie bei euch. Sie blieb in Aleppo, bis sie ihre Prüfungen beendet hatte, und es ging so weit, dass die Angst ihr Herz einnahm … [weint]. Ich schickte sie zu ihrem Vater in die Türkei, damit sie aus dieser Umgebung herauskam.

Unsere Region wurde täglich getroffen, täglich – und auch die Nächte verbrachten wir beim Lärm der Granaten und Kämpfe – wir konnten unsere Nacht nicht vom Tag unterscheiden. Und andauernd fehlte das Wasser und der Strom: alles, alles, alles zusammen. Qualen über Qualen, Qualen über Qualen haben wir durchgemacht.

Nour: Einen kompletten Monat gab es kein Wasser und keinen Strom.

Valentina: Ja, ach, wäre es doch nur ein Monat gewesen. Einen Monat ertragen wir, aber bei uns war es ständig so. Wir haben es ertragen, kein Wasser – kein Problem; kein Strom – kein Problem. Aber die täglichen Kämpfe, das geht doch nicht, das ist eine Dummheit! Wir verbrachten Tage, wie es sie schlimmer nicht gibt. Tage, die verstrichen, die ich in meinem Leben nicht vergessen werde. Im Ramadan wachten wir dann zum Geräusch von etwas auf, das herabfiel. Eine Rakete stürzte auf das Gebäude gegenüber. Das Problem war, dass ich die Erwachsene war, und ich hatte keine Ahnung, wie ich es stoppen konnte. Darüber zu reden ist nicht das Gleiche, wie es mit den eigenen Augen zu sehen. Stell dir vor, die Rakete schlägt in dem Gebäude direkt gegenüber ein, bringt es zum Einstürzen, und du bist in deinem Haus. Gott sei Dank ist mir und meinen Kindern nichts passiert. Aber meine kleine Tochter – sie war damals drei – hat große Angst bekommen. Immer wenn sie

فالنتينا: هذا صحيح بالفعل.

نور: لكن عند وصولنا إلى هنا، بدأنا نشعر بأننا بشر من جديد.

فالنتينا: هذا صحيح وخصوصا أن لدينا حقوق مختلفة هنا كنساء.

نور: بالضبط، فبالنسبة لي فقد واجهت صعوبات في بلدي لكوني مطلقة. بالنسبة لهم (أنتِ مطلقة، اذا أنت لستِ امرأة جيدة). وحقيقة أنكِ تريدين أن تعيشي بمفردكِ مع أطفالكِ سوف يسبب في نهاية الامر مشاكل لعائلتكِ ولنفسكِ ولأطفالكِ.

فالنتينا: والبقاء معه، يجعلكِ تحت ضغط نفسي رغم عنك، بسبب المجتمع

نور: على الرغم من أن عائلتي ليسوا محافظين إلا أنهم جعلوني أشعر وكأنني مشكلة كبيرة في حياتهم، لا سيما بسبب الناس من حولنا وما يضعونه من الضغوط علينا. لو كنت في بلدي، كان حقي وحق أطفالي سيضيعان مع الطلاق، ولكن هنا أعطوني حق الحضانة لأن زوجي السابق هدد بخطف الأطفال وإعادتهم إلى سوريا أو العودة إلى تركيا أو اليونان. عندما رفعت دعوى ضده، تم تقديم الحماية لي ولأولادي، وهذا الجميل لن انساه ابداً.

فالنتينا: الحمد لله لم يكن لديّ أي ضغط هناك. زوجي وأنا نعيش في مودّة لمدة عشرين عاما وليس لدينا أي مشاكل. بالنسبة للمستقبل آمل لزوجي أن يجد وظيفة وآمل أن أجدها بدوري حتى نتمكن من إعالة الاسرة وتوفير سبل العيش الكريم. يمكن لأطفالنا أن يتعلموا جيداً هنا، أما في سوريا فحتى هذه اللحظة لا توجد مدارس. أتمنى أن أرى أطفالي في أفضل المواقف وأن يدرسوا ويدركوا هنا ما لا يمكنهم إدراكه في بلدنا حتى وإن أضاعوا سنة في الدراسة أم لا. فأنا أحمد الله دائما لكوننا جميعاً بخير وأتمنى أيضا أن أرى عائلتي وأشقائي فانا لا أعلم متى سألتقي بهم. ما هي رغباتكِ للمستقبل يا نور؟

نور: لديّ الكثير من الامنيات. أتمنى أن أتمكن من تعليم أطفالي، وأن يكملوا دراستهم ويحققوا درجات جيدة حتى يحصلوا على مكانة مرموقة في المجتمع. أتمنى أن أصل. أن أعثر على الحياة. أن أجد نفسي لأتمكن من الوقوف بمفردي مرة أخرى وإعادة بناء حياتي.

ein lautes Geräusch hörte, weinte sie und zitterte. Sie ist ein kleines Mädchen, das heißt, wie sehr du es auch versuchst, du kannst sie nicht beruhigen, sie wird es nicht begreifen. Das war der Moment, in dem ich es nicht weiter ertragen konnte. Ich habe meinen Mann angerufen und ihm gesagt, dass die Lage schlecht ist [weint]. So viele Dinge waren passiert, und ich konnte es einfach nicht mehr ertragen. Er sagte zu mir: »Komm in die Türkei und bring die Kinder mit. Du bleibst keine Stunde länger zu Hause.« Aber in der Türkei hatten die Kinder keine Zukunft. Es gab keinen anderen Weg für uns, als nach Deutschland zu gehen. Jetzt habe ich die Hoffnung, dass die Kinder anfangen werden, den Krieg zu vergessen. Als ich hierher kam, versuchte ich alles, um meiner Tochter aus dieser Situation herauszuhelfen. Jetzt geht es ihr besser. Aber das, was sie in Syrien erlebten, bleibt in ihre Gedächtnisse eingebrannt, und bis jetzt können sie sich daran erinnern. Die Zeit wird sie – insha'allah – vergessen lassen, aber das Leben im Heim hat es nicht einfach gemacht. – Wie ist das Leben im Flüchtlingslager denn für dich, seitdem du hier bist?

Nour: Hier im Camp ist es besser als anderswo, besser als in Griechenland ... aber ich habe hier keine Freiheit. Das Camp ist eine ehemalige Filiale von C&A, und es gibt keine privaten Zimmer im Camp, keine Tür, kein Dach als Barriere zwischen dir und den Anderen, den Nachbar*innen. Nur eine niedrige Wand. Das schafft Probleme zwischen den Bewohner*innen, weil es keine Privatsphäre gibt. Aber es ist immer noch besser als in Griechenland, besser als im Zelt zu sitzen, so sehe ich das. Aber ich wünsche mir einen privaten Ort, wo ich meine Kinder großziehen kann. Von meinem Mann habe ich mich schon in Aleppo getrennt, weil ich Probleme mit ihm hatte. Wir sind jedoch gemeinsam aufgebrochen, den Kindern zuliebe, um sie nach Deutschland zu bringen. Aber jetzt bin ich allein mit ihnen, und wir wohnen bis jetzt im Camp. Das ist schwer.

Valentina: Insha'allah werden sich alle deine Angelegenheiten gut entwickeln.

Nour: Bald werde ich seit einem Jahr hier im Heim gewohnt haben.

Dort, in der Heimat / هناك، في المنزل
Memlekette / هیچ در آنجا چه می گذرد؟

Valentina: Ich war anderthalb Jahre im Heim, anderthalb Jahre. Das ist eine Qual – du weißt nicht, wie du eine Struktur für deine Kinder schaffen kannst. Eigentlich ist es eine der einfachsten Sachen, dass du weißt, wann die Zeit reif ist, dass sie schlafen gehen. Aber im Heim wollen sie abends plötzlich nach draußen gehen, mit anderen Kindern spielen. Oder es ist so laut, dass sie nicht einschlafen können. Probleme sind das.

Nour: Es ist eine Bestrafung [lacht].

Valentina: Es ist eine Bestrafung, anderthalb Jahre. Und hier muss man das essen, was es gibt; egal, ob dir dieses Essen gefällt oder nicht. Und immer das Gleiche, das ist das Schlimme, du erträgst es nicht mehr. Also du erträgst es für ein, zwei, drei, fünf Monate. Aber anderthalb Jahre! Du darfst auch nicht kochen, das Kochen ist verboten. Sie (Mitarbeiter*innen der Unterkünfte) kommen sogar einmal in der Woche und machen einen Kontrollgang in allen Zimmern, um zu schauen, ob jemand einen Gaskocher bei sich hat oder etwas mit Strom Betriebenes, denn das ist auch verboten. Das ist wirklich ein Problem.

Nour: Bei uns gibt es gar keinen Strom auf den Zimmern. Keine Beleuchtung, keinen Strom, nichts. Mein Sohn hat sich deswegen schon an einer Kerze verbrannt, die wir angezündet hatten, als es dunkel war. Um neun Uhr morgens machen sie erst das Licht an.

Valentina: Um neun Uhr machen sie es an? Nein, bei uns nicht. Also wenn du eine Lampe in deinem Zimmer hast, mischen sie sich nicht ein.

Nour: Am Ende haben sie uns sogar Vorwürfe gemacht, weil wir ein Verlängerungskabel geholt haben. Wir wollten Strom von draußen nach drinnen legen, damit wir unsere Handys laden können. Mein Handy wurde geklaut, weil ich es nicht in meinem Zimmer aufladen konnte. Damit das nicht noch einmal passiert, habe ich danach eine Ladestation mit auf mein Zimmer gebracht und die haben sie uns auch weggenommen. Dabei ist es eigentlich verboten, dass sie überhaupt in die Zimmer kommen – in unsere Privatsphäre.

Valentina: Bei uns waren Verlängerungskabel und Verteilersteckdosen

»للأسف! كثيرون لديهم فكرة خاطئة عنا«

منى العيق، فلسطينية وأم لخمسة أطفال ومساعدة مهندس معمارية تحب عملها.

سلوى نيازي من سوريا وأم لطفلين. متطوعة التطوع في مشاريع متعددة، تسعى من خلالها إلى التمكين الذاتي للمرأة.

منى: كانت رحلتي إلى ألمانيا متعبة جدا. في بادئ الامر عندما كنا في سوريا هربت من دمشق إلى حماة وكان الانتقال وقتها صعباً جدا بسبب وجود العديد من العقبات. بالاضافة إلى أن ابني كان قد طُلب للخدمة العسكرية، لهذا السبب كان علينا أن نكون حذرين للغاية لكيّ لا تتمكن الحكومة من العثور عليه. إن مجرد الانتقال من مكان لآخر كان مرعبا حقا. وفي طريق هروبنا، جاء بنا شخص إلى حماة ثم مشينا من حماة لفترة حتى استطعنا أن نستقل الباص للذهاب إلى عفرين ومن عفرين استمر طريق سفرنا ...

سلوى: ... إلى تركيا؟

منى: نعم وهناك كانت المأساة. في أول محاولة لنا لعبور تركيا قبض علينا حرس الحدود واعتقلونا ثم اقتادونا وأعادونا إلى الحدود السورية. كان علينا أن نحاول مرة ثانية وهذه المرة انطلقنا على شكل مجموعتين، لكن المحاولة باءت بالفشل مرة أخرى، إذ قبضوا علينا مرة ثانية وكان أول ما فعلوه هو إلقاء القبض على الشباب واحتجازهم وضربهم وأخذ هواتفهم المحمولة، ليعيدونا بعدها إلى سوريا. أما في المرة الثالثة فقد نجح الأمر ولكن بصعوبة بالغة. عندما وصلنا إلى واد (واد جاف) في تركيا أصبت في قدمي وكان عليهم نقلي بالدراجة النارية ورغم جسدي المنهك ورعب الطريق إلا أنني شعرت بالارتياح النفسي عند الوصول إلى تركيا، فقد استطعت أخيرا الهرب من الحرب في سوريا. ومن تركيا أردنا الذهاب إلى اليونان، لكن ذلك كان مستحيلا إلا عن طريق البحر، وهنا بدأ الرعب الحقيقي، إذ من الممكن أن ينتهي الأمر إلى موتنا جميعا وكان الوضع صعباً بشكل لا يمكن لأحد أن يتخيله أو يصدقه.

سلوى: هل جئتم على متن قارب مطاطي؟

منى: نعم. كان بالمحرك عيب، مما أدى إلى توقفه ونحن في منتصف البحر، ولكننا استطعنا بعدها الوصول إلى جزيرة في اليونان، وبعد اجتيازنا هذه العقبة، أصبح الطريق أسهل.

سلوى: الحمد لله.

منى: في طريقنا عبر أوروبا، كان يتم توجيهنا دائما من قبل شرطة الحدود، فكان يتم تسلمينا من شرطة إلى

auch verboten. Schlimm waren auch die Bäder. Sie wurden von allen geteilt. Stell dir vor: Wenn du duschen willst, musst du warten, bis du dran bist. Aber die Duschzeiten waren begrenzt; um drei Uhr wurden die Bäder geschlossen, danach war es verboten zu duschen. Manchmal mussten deswegen fünf oder sechs Frauen warten – weil einige eine Stunde lang duschten. Dann musstest du warten, bis sie fertig sind. Aber wenn du einen Termin hast oder zur Schule gehen willst, kannst du nicht so lange warten. Das sind mitunter die blödesten Sachen, die mir hier passiert sind.

Nour: Und wenn du die Chance hast, duschen zu gehen, findest du die Dusche dreckig vor.

Valentina: Und das Wasser ist kalt.

Nour: Das ist bei uns nicht so. Das Wasser ist warm, aber meistens sind die Duschen dreckig.

Valentina: Sie sind dreckig, darüber brauchst du nicht zu reden. Das ganze Camp ist dreckig. Und die Toiletten, wie schlimm das ist! Du musst dir eine Atemmaske aufsetzen, um da hineingehen zu können [lacht kurz].

Nour: Immer wenn ich auf die Toilette gehe, nehme ich Desinfektionsmittel mit [lacht].

Valentina: Ja, das geht so nicht, das ist schwachsinnig. Dieser Beutel mit Desinfektionsmitteln ist wirklich notwendig. Wir haben wirklich schlechte Tage im Heim verbracht, anderthalb Jahre, acht Personen in einem Raum ohne Trennwand, ohne irgendetwas. Wie ich dir gesagt habe, alles war zu ertragen, außer die Bäder und das Essen, das sie uns gegeben haben. Die größte Entspannung ist, dass ich jetzt fest in einer Wohnung wohne – das allein reicht [lacht]. Wirklich, das allein! Das war ein Traum für uns! In Berlin ist es schwer, eine Wohnung zu finden, aber nach anderthalb Jahren kam endlich die Erlösung, und wir sind umgezogen. – Aber sag mal, wie unterscheidet sich, abgesehen vom Heim, dein Leben in Deutschland von deinem Leben in Syrien?

Nour: Was sich nicht so sehr unterscheidet, ist, dass ich schon in Syrien allein verantwortlich für meine Kinder war. Ich habe ja erzählt,

أخرى، ومن منطقة إلى أخرى سيرا على الأقدام. لا أعرف إن كان من الصائب القول إنه كان من »حظي« أنني أُصبت في الطريق وأن »الصليب الأحمر« ساعدني عبر نقلي بسيارة حتى وصلت إلى المكان المطلوب. وبينما كنت في السيارة، كان ابني يتبعني راكضاً خلف السيارة (تقهقه).

سلوى: هذا سيء.

منى: استغرقنا ستة أيام للوصول إلى ألمانيا وهو أمر لا يُصدق، ولكنه يعني كذلك أنني لم أسترح ولو لثانية واحدة في الطريق في سبيل الوصول بأسرع وقت ممكن. أخبرونا أن الحدود ستغلق، وبما أن وجهتي كانت إلى ألمانيا، لم يكن لدينا وقت للراحة او النوم. عبرنا من حدود إلى أخرى حتى وصلنا إلى النمسا ومن هناك بواسطة السيارة الى ميونخ.

سلوى: الحمد لله.

منى: شعرت أخيرا بالأمان واستطعت الخلود إلى الراحة عند وصولنا إلى ميونخ. في النهاية تم إرسالنا إلى برلين. هكذا كانت رحلتي إلى ألمانيا. أخبريني كيف كانت رحلتكِ انتِ؟ أتمنى أن لم تكن بصعوبة رحلتي.

سلوى: كانت رحلتي نوعا ما أسهل من رحلتكِ، لكننا نحن الاثنتين أُجبرنا على فراق بلادنا. ولهذا نعاني أنا وأنت من نفس المأساة.

منى: هذا صحيح.

سلوى: لكن مع هذا كانت الطريق أسهل بالنسبة لي. كنت حينها في سوريا عندما بدأت الثورة، ولكن بعد أن تم اعتقال ابني وتم إغلاق شركة إنتاج الأفلام الخاصة بزوجي بسبب مشاركاته السياسية اضطرنا للعودة إلى دبي، حيث كنا نقيم من قبل لفترة طويلة. حصلت ابنتي على قبول للدراسة في الجامعة وبعد فترة وجيزة من وصولها إلى ألمانيا قدمت على تأشيرات سياحية لنا، ومن خلال هذه التأشيرات تمكنا من الوصول إلى المانيا وزيارة ابنتنا. وحينها مكثت في ألمانيا، لكن زوجي سافر إلى دبي لاستئناف عمله هناك. ولكن للأسف علمنا أن القناة الحكومية الإماراتية لا يرغب في عودة زوجي إلى وظيفته السابقة لأنه سوري. وبما أن الفرص انعدمت أمامنا في دبي، قررنا أن من الأفضل لنا البقاء في ألمانيا. فكما ترين رحلتي لم تكن بالمعضلة الكبرى.

منى: لم تكن رحلة صعبة في حالتكِ.

سلوى: لا أبدا. كيف كان انطباعكِ عند وصولكِ إلى ألمانيا؟

منى: عند وصولي، وبعد أن تم توزيعنا على مدن مختلفة شعرت كأنني في عالم مختلف تماما. كأنني الآن أعيش حياة جديدة مختلفة. تساءلت مع نفسي: »يا إلهي ماالذي أحضرني إلى هنا؟«. لكن ألمانيا أعجبتني، إذ هناك العديد من الأشياء الجميلة، خاصة شبكات النقل العمومي. لقد اذهلتني حقاً.

سلوى: هذا صحيح إنها رائعة حقا.

منى: ليس لدينا مثل هذه الاشياء في سوريا، حتى أنني كنت أخشى الاقتراب من القطار (تقهقه). في البداية أعجبني التواجد في ألمانيا، لكن بعدها بدأت معاناة مكتب الرعاية الاجتماعية ومخيم اللاجئين مما جعل الأمور أكثر تعقيداً. ولكن في مرحلة ما استطعت أن أحب الأمور على ما هي عليها (تقهقه).

سلوى: نعم نعم! أفهم تماما ما تعنين بخصوص مكتب الرعاية الاجتماعية.

منى: نعم لقد واجه جميع الناس صعوبات كبيرة، ولكنني قررت أن أتأقلم مع الوضع فأنا أريد البقاء في هذا البلد لذا لابد من ايجاد طريقة للتعود عليه. لقد تم إرسالنا إلى برلين وهي مدينة ممتعة بحق، ثم

dass ich schon in Aleppo von meinem Mann getrennt gelebt, gearbeitet und mich allein um alles gekümmert habe. Es unterscheidet sich schon von der Art des Landes, in den Sitten und Gewohnheiten und in der Lebensweise. Aber ob hier oder dort – für mich ist es die gleiche Verantwortung.

Valentina: Bei mir unterscheidet es sich mehr, weil ich in Syrien Hausfrau war. Ich war verantwortlich für das Haus, meine Kinder und meinen Mann. Früher war ich die ganze Zeit zuhause und habe mich um meine Kinder gekümmert. Meine Zeit gehörte mir, ich hatte nicht die gleichen Verpflichtungen wie jetzt. Jetzt ist es etwas anders. Die Sprachschule zum Beispiel: Du musst zu festen Zeiten kommen und gehen. Jetzt kann ich meinen Kindern nicht mehr so viel Zeit geben, weil wir uns nicht mehr wie gewohnt treffen. Ich und mein Mann, wir sehen uns auch nicht viel, weil unsere Zeiten nicht zusammenpassen. Aber wir sind zufrieden. Solange es den Kindern gut geht, reicht das schon. – Wie ist denn dein Alltag in Berlin?

Nour: Da ich Mutter von drei Kindern bin und komplett verantwortlich für sie, stehe ich morgens früh auf und bringe sie zur Schule. Das ist ein sehr weiter Weg. Dann bin ich weiter unterwegs, habe zum Beispiel einen Ärzt*innentermin oder andere Termine. Also ich habe ein paar Sachen zu tun. Ich kann nicht zur Sprachschule gehen, weil ich auch ein kleines Baby habe. – Und wie ist das bei dir?

Valentina: Das Gleiche mit den Kindern: Ich stehe morgens auf und bringe meine Tochter zum Kindergarten, ihr Vater holt sie ab. Dann gehe ich zu meiner Schule, mache Essen für meine Kinder. Wenn ich fertig bin, gehe ich zum Sprachcafé.

Nour: Ja, das Sprachcafé. Ich habe versucht, über das Sprachcafé mit Deutschen in Kontakt zu kommen. Da habe ich direkten Umgang mit ihnen und versuche so, die Sprache zu lernen. Ich versuche es [lacht]. Einen Monat, nachdem ich nach Deutschland gekommen bin, habe ich eine deutsche Freundin kennengelernt. Wir gehen zusammen nach draußen und machen Erledigungen, besuchen uns gegenseitig. Sie sind sehr nett zu mir, sie und ihr Mann. Ich mag sie sehr, und meistens

سجلت في مدرسة لغة وبدأت في التعلم وتدريجيا شعرت بأنني بدأت التعود على المدينة، إلا شيئاً واحداً لم أستطع التعود عليه وهو الطقس (تقهقه).

سلوى: نعم الطقس...

منى: الطقس صعب جدا جدا.

سلوى: لسنا معتادين على مثله، ففي بلادنا الشمس دائما مشرقة.

منى: بالفعل. هنا لا تشرق الشمس دائما، حتى أنني غالبا ما أشعر باعتلال صحتي وأن جسدي مرهق.

سلوى: أتمنى لكِ دوام الصحة.

منى: هناك أشياء جميلة وأخرى تجعلني أعاني وهذا أمر طبيعي في الحياة.

سلوى: بالطبع.

منى: وكيف تشعرين هنا؟

سلوى: في بادئ الأمر لم أفكر بأنني سأعيش أو سأبقى هنا، لانها كانت مجرد زيارة. كانت بالنسبة لي دولة اجنبية حيث توجد أشياء لم أعتد على رؤيتها. إنها ليست بلدي التي عشت فيها لخمسين عاما.

منى: هناك اختلاف ثقافي.

سلوى: هذ صحيح وهذا كان أول انطباع لي. فقد ساءلت نفسي: »ما الذي أحضرني إلى هنا ولماذا أريد البقاء؟« لقد شغلتني هذه الأفكار لفترة، وفي وقت لاحق، عندما أدركت أن لا وجود لحل آخر وأنه من الضروري بالنسبة لي أن أستقر هنا، بدأت بالتأقلم خطوة خطوة والتعود على البلاد.

منى: هذا صحيح.

سلوى: ولقد وجدت أيضا أن هناك معاملة جيدة وأناس طيبين، هكذا قررنا البقاء إذ لم يكن لدينا خيار آخر (تتنهد).

منى: نعم لم يكن لدينا حل سوى أن نترك سوريا. للأسف هنا في المانيا عانيت بسبب الحجاب بالإضافة إلى إجباري على البقاء في مخيم اللاجئين. لحسن الحظ أنكِ لم تواجهي هذه المشاكل.

سلوى: كيف كنتِ تعانين من ذلك؟

منى: لا أعلم هل هو بسبب ارتدائي للحجاب أم لأنني أجنبية. حدث ذات يوم أنني كنت في مترو وجلست بجانب إمرأة ألمانية، وبمجرد جلوسي انتفضت من مكانها وذهبت بعيداً. لقد كانت غاضبة وقالت شيئا ما لا أعلم ماهو، لأنني وقتها لم أكن أفهم الألمانية. بالقرب منا كان يجلس معلم يدرس اللغة الالمانية للاجئين ويتحدث العربية بعض الشيء، قال لي بأنه متأسف لسلوكها.

سلوى: اخخ حسناً.

منى: لقد اعتذر وقال لي أن ليس جميع الألمان من هذا القبيل. في البداية كنت غاضبة ولكن عندما شهدت مثالاً آخراً حول اختلاف الناس قلت لنفسي هذا يعني أن هناك أشخاصاً طيبين في هذه البلاد.

سلوى: وهل مازلتِ تعانين من ردة فعل الالمان بسبب الحجاب؟

منى: نعم مازلت أعاني من ذلك، فمثلا هناك وظائف طُلب مني خلع الحجاب في سبيل الحصول عليها. كما أشعر أن الناس ينظرون إليّ بشكل مختلف بسبب الحجاب.

سلوى: أنا أيضا لاحظت هذه النظرات. أنا لا أرتدي الحجاب لكن أشعر أن طريقة التعامل معي ليس

mögen sie mich auch [lacht].

Valentina: Ja, der Kontakt mit anderen lässt dich ein bisschen vergessen, dass du fremd bist. Wir haben zum Beispiel nicht das Gefühl, dass wir fremd sind. Viele haben die Bereitschaft, dir zu helfen. Wenn du irgendwohin gehst, kannst du direkt Fragen stellen. Ehrlich, bis jetzt habe ich das nicht so erlebt wie andere Leute, also von wegen: »Sie nehmen uns nicht auf.« Im Gegenteil, ich habe das Gefühl, manchmal reicht mir schon ein Lächeln: Wenn sie in dein Gesicht lächeln, auch wenn sie dich nicht kennen. Haben wir Freund*innen? Natürlich! Es geht nicht, es ist Quatsch ohne Freund*innen.

Nour: In einem Land ohne Freund*innen kannst du nicht leben. – Aber wie leben sich deine Kinder ein, kommen sie gut mit dem deutschen Schulsystem zurecht? Bekommen sie Unterstützung bei den Hausaufgaben?

Valentina: Was das Lernen angeht, kann ich meine Kinder nicht mehr so wie früher unterstützen. Ich frage sie: »Was habt ihr gemacht, gelernt, was haben sie euch aufgegeben?« Aber ich kann nicht mit ihnen üben. Das ist das Schwerste. – Und wie ist es bei euch?

Nour: Ich kann ihnen nicht beim Lösen ihrer Hausaufgaben helfen, es gibt niemanden, der ihnen dabei hilft. Aber es gibt einen Deutschkurs für meine Kinder. Dort gehen sie einmal pro Woche hin, um ihre Sprache zu verbessern. Die Lehrer*innen zeigen viel Mitgefühl für sie, weil ich allein bin und keinen Mann habe.

Valentina: Nein, also in dieser Hinsicht kann man wirklich nichts sagen …

Nour: Ja, und auch mit meinem Sohn, der Schwierigkeiten im Umgang mit anderen Kindern hat, zeigen sie Verständnis für seine Situation. Sie gehen mit ihm auf eine sehr schöne Weise um. Es gibt einen schönen Kontakt zwischen uns, es gibt Verständigung, und sie sagen zu mir: »Wir verstehen deine Situation, dass du allein bist.« Sie setzen mich mit nichts unter Druck. Ich bin zufrieden mit der Schule und möchte keine andere, weil ich mich dort wohlfühle.

Valentina: Das ist toll! Mögen diese Menschen Glück im Leben haben!

كتلك التي يتعامل بها الألمان مع بعضهم، بالإضافة إلى دهشة الناس لأنني من سوريا ولا أرتدي الحجاب.

منى: بالتأكيد.

سلوى: ذات يوم حدث معي موقف في المصعد في البناية التي أسكن فيها. كان هناك اثنان من الألمان معي في المصعد وسألني أحدهما: »من أين انتِ؟ هل أنتِ جارتنا؟« قلت: »نعم« فسألني مرة أخرى: »من أين انتِ؟« فأجبته: »أنا من سوريا« وفجأة اعتلت ملامح الدهشة وجهه، كان مذهولاً واتخذ عدة خطوات للابتعاد عني، وبمجرد وصوله إلى طابق شقته ركض مسرعا من المصعد. أنا أتفهم موقفهم، فهذه أرضهم وهم بدورهم خائفون منا لكوننا مسلمين ولمجيئنا إلى هذه البلاد. لكنني أتمنى أن يفهموا أيضا، أننا لم نرغب في ترك بلادنا، لولا الحرب.

منى: لديهم فكرة سلبية عن اللاجئين و بصراحة لا أعرف ما سبب ذلك. هناك أشخاص سيئون منا، ولكن الغالبية من الناس طيبو القلب.

سلوى: كما هو الحال مع جميع سكان العالم.

منى: للآسف! كثيرون لديهم فكرة خاطئة عنا، أعتقد أن هذا ما يجعل الكثير من الألمان ينأون بأنفسهم عن اللاجئين.

سلوى: صحيح لكن أتمنى أن يفهموا بأن هذا ليس خطأنا.

منى: هذه هي مهمتنا نحن كلاجئين أن نظهر لهم صورة جيدة عنا.

سلوى: وهذا ما نحاول فعله، أن نريهم كيف نحب معاملتهم بطريقة طيبة (تتنهد).

منى: أصحيح أن لديكِ تواصل مع الألمان؟

سلوى: هناك مركز في الحي الذي أقطنه، شتادت سينتروم مارتسان Stadtzentrum Marzahn حيث يمكنني مقابلة الألمان. قبل أن أباشر دروس اللغة كنت أذهب هناك يوميا للقائهم سواء أفهمتهم أم لا، فما هو مهم بالنسبة لي هو أن أستمع إليهم بينما يتحدثون. كنت أذهب وأجلس مع الناس خصوصا مع نساء ألمانيات كبيرات في السن لكيّ تعتاد أُذنيّ على اللغة. اللغة غريبة جدا بالنسبة لي وجديدة، هكذا، كنت تجدينني في أي نشاط يقام هناك، حتى بدأت أشعر إنني مثل الكومبرس الذي يُستدعى في كل مكان. ففي أي نشاط تجديني حتما هناك. وماذا عنكِ هل لديكِ تواصل مع الألمان؟

منى: ليس لديّ الكثير من التواصل فأنا أخشى اللغة.

سلوى: لديكِ خوف من التحدث؟

منى: نعم أخشى التحدث وعندما ألتقي بألمان يتحتم عليّ الحديث. لذلك أحاول دائما التقليل من هذا التواصل. عادة ما أحضر فعاليات وأذهب إلى المقهى وكذلك صديقاتي الألمان يأتون لزيارتي في المنزل لكنني دائمة القلق لكوني لا استخدم اللغة كثيراً. لست واثقة حيال هذا الامر.

سلوى: أتفق معكِ بالكامل، لكن ما اكتشفته هو أن الالمان يشعرون بالبهجة عندما تتحدثين بلغتهم حتى لو كنت ترتكبين أخطاء.

منى: هذا صحيح.

سلوى: هذه هي الوسيلة التي ساعدني بها الألمان، إذ كانوا يقولون: »تحدثي نحن نفهمك«.

منى: ابني دائما يحثني على التحدث. بالطبع أنا أستطيع التحدث لكن الخوف دائما هو العائق الأكبر، مع

Aber jetzt wünsche ich mir, dass ich mich wieder wie in Syrien mit meinen Kindern hinsetzen und ihnen beim Lernen helfen kann, ihnen etwas beibringen kann. Früher habe ich mich einzeln mit ihnen hingesetzt, sie nacheinander unterrichtet, gleichberechtigt. Das geht jetzt nicht mehr, wegen der Sprache. Aber Gott sei Dank, es läuft okay für sie, und alle ihre Lehrer*innen in der Schule behandeln sie gut. Die Angst, die sie hatten, weicht nach und nach von ihnen. Sie haben angefangen, sich einzuleben. Es geht ihnen gut, und sie haben jetzt deutsche Freund*innen. – Und wie ist das Deutschlernen für dich?
Nour: Ich versuche, fleißig zu sein und für mich allein einfache Sachen auswendig zu lernen. Wenn es etwas gibt, das ich nicht weiß, frage ich. Aber einen geregelten Sprachunterricht habe ich nicht, weil mein Sohn noch klein ist. – Und du?
Valentina: Für mich ist es ein bisschen schwer, weil ich viel Verantwortung habe. Es ist auch schwer, nach so vielen Jahren nochmal eine neue Sprache zu lernen. Wir sind nicht mehr jung. Die Kinder lernen schnell, aber wir sind nicht mehr jung. Das Problem ist, dass es immer etwas gibt, das dich vom Lernen abhält. Trotzdem versuche ich – soweit es geht – immer zu üben, mit YouTube und mit Hilfe der Sprachschule. Und wenn es auch nur eine halbe Stunde am Abend ist. So wird es etwas besser. Ich finde es wichtig, Deutsch zu lernen. Es gibt da viele Gründe.
Nour: Uff, ja, es gibt viele Dinge, die dich dazu bringen, dass du lernen möchtest. Zuerst einmal ist das Lernen einer Sprache sehr schön.
Valentina: Eine zweite Sprache, ein zweiter Mensch. Wer eine zweite Sprache lernt, wird auch ein zweiter Mensch.
Nour: Ja, das ist schön. Und ich mag sie, die Sprache. Ich finde sie schön, gut verdaulich, schmackhaft [lacht]. Ich möchte diese Sprache beherrschen. Das Erste ist, dass du durch eine Sprache eine neue Welt kennenlernst. Ein neues Leben, eine neue Kultur, die du vorher nicht kanntest. Das Zweite ist, dass du hier in Deutschland manchmal Problemen begegnest, wenn du nicht direkt mit den Menschen umgehen kannst, weil du ihre Sprache nicht sprichst. Ich möchte diese

انني مجتهدة، ولكن هذا الموضوع يحملني ثقلاً كبيراً.

سلوى: أنا طبعا أتحدث بطريقة مضحكة، وربما هم يضحكون بداخلهم لكنني أستمر بالحديث (تقهقه).

منى: إلى هذا اللحظة ليس لديّ أي شجاعة، على الرغم من أنني اجتزت المستوى المتوسط B1 في اللغة. وقد عانيت كثيرا بسبب اللغة. كان ابني معي بنفس الصف.

سلوى: جميل (تقهقه).

منى: يستغرق ابني دقائق لحل واجبات اللغة أما أنا فأقضي ساعتين أو ثلاث لكي أحل الواجب، بالإضافة إلى الجهد الذي يستنفذني بينما أحاول فهم معنى كلمة.

سلوى: الأمر نفسه بالنسبة لي.

منى: لديّ شعور بأن كل ما أتعلمه أنساه بسرعة - أتعلم ثم أنسى- وهذا ما أعاني منه.

سلوى: هذا بسبب العمر، إذ لم نعد صغارا مثل السابق.

منى: عندما اتصلوا بي وقالوا لي إنني نجحت والآن أنا في المستوى المتوسط B1 ، لم أتمكن من تصديق ذلك فقد كنت سعيدة جدا. لكن عندما أخبروني في مركز العمل أنه عليّ أن أكمل فحص المستوى المتوسط الأعلى B2 أيضًا، عندها رفضت ذلك.

سلوى: قطعا؟

منى: رفضا قطعيا. قلت لهم حينها: »أعيدوني إلى سوريا« (تقهقه).

سلوى: هذا صحيح إذا كنت لا ترغبين في الدراسة في الجامعة فإنكِ لست بحاجة إلى المستوى المتوسط الأعلى B2.

منى: ابني يرغب بالدراسة في الجامعة لكن ليس أنا. الآن أفكر في إنشاء تواصل مع الألمان لكيّ أتحلى بالشجاعة وأتحدث. قلت للموظفة الادارية في مركز العمل بأن لدي الكثير من الضغط النفسي ولا أريد الآن أن أقع تحت ضغط الدراسة. الآن أرسل لي مركز العمل عقدا للعمل كراعية للمسنين لكي أستطيع التواصل أكثر مع الألمان.

سلوى: هممم ليس باليد حيلة. للأسف تم فرض هذه الظروف علينا ونحن لم نعد صغاراً في السن ولو أتينا إلى هنا في الماضي لكان أفضل لنا، فهذا البلد يحتاج إلى شباب لا لكبار السن.

منى: نعم هذا صحيح. كيف تتعاملين مع البيروقراطية في ألمانيا؟

سلوى: ألمانيا بلد البيروقراطية.

منى: بالتأكيد (تقهقه).

سلوى: شيء فظيع كان جميع معاملاتهم الإدارية تتوقف على الاوراق. لم أملك في حياتي مجلدا كبيراً للاوراق كالذي لديّ الآن، فقد كان كل ما أملكه عبارة عن ملف للوثائق، ولكن كل شيء هنا يسير كتابياً، بالرغم من أن ألمانيا بلد متقدم فهي ببساطة أرض الإنترنت. لماذا كل شيء على الورق إذن؟ أ هو الامر كذلك بالنسبة لكِ؟

منى: نعم. لقد لاحظت فرقاً كبيراً ففي سوريا كانت الإجراءات الإدارية تسري بشكل أسهل.

سلوى: هذا صحيح. إنها تسير بشكل أسرع.

منى: كل شيء هنا يحتاج إلى ورق بالإضافة إلى الانتظار في سبيل الحصول على موعد. عندما أحصل على بريد من مركز العمل أشعر بالخوف (تقهقه سلوى). أشعر بالقلق لأن القضايا في مركز العمل تسبب لي

Barriere überwinden, damit ich leichter mit den Menschen umgehen kann. Und das Lernen der Sprache nützt mir auch, weil ich irgendwann eine Arbeit, einen Job finden kann. Du arbeitest, baust dein Leben auf, ein Leben für deine Kinder.
Valentina: Die Sprache ist für mich der Schlüssel zum Land. Um inmitten der Gesellschaft leben zu können, ist es gut, die Sprache zu lernen, wie du schon gesagt hast. Vielleicht, weil wir die Menschen lieben, die diese Sprache sprechen, lieben wir auch die Sprache. Du lernst die Sprache, damit du mit ihnen in direktem Kontakt sein kannst, ohne dass du dich an jemanden wenden musst, der für dich übersetzt. Und damit du selbst direkt über die Sachen sprechen kannst, die du erzählen willst. Wenn du arbeiten willst, wenn du in einen Laden gehen willst, um überhaupt den Laden zu finden – du brauchst die Sprache. Für jede beliebige Sache musst du die Sprache lernen. – Hast du schnell Entspannung und Ruhe gefühlt, trotz der Sprachprobleme?
Nour: Also ich habe gefühlt, dass ich mich, als ich in Deutschland angekommen bin, psychisch entspannt habe. Zumindest bin ich an einem Ort angekommen, wo ich mich mit meinen Kindern in Sicherheit fühle. Sie können auch wieder zur Schule gehen. Ich habe früher immer davon geträumt, dass ich meinen Kindern etwas beibringen kann, dass sie Ingenieur*innen oder Ärzt*innen werden. Doch Stück für Stück schwand diese Hoffnung, dieser Traum, verblasste immer mehr. Bis ich die Hoffnung aufgab, dass meine Kinder lernen könnten. Jahrelang bekamen sie wegen des Krieges keine Bildung. Ich habe zwar versucht, sie zu unterrichten, aber ihre Bildung wurde offiziell nicht anerkannt. Jetzt nehmen sie seit einem Jahr wieder am Unterricht teil, und ich bin sehr glücklich, dass meine Kinder lernen. Also ich fühle, dass ich Sicherheit in diesem Land finden kann.
Valentina: Bist du glücklich?
Nour: Es gibt Sachen, die mich glücklich machen. Und es gibt Sachen, die mich ... mit denen ich mich nicht wohlfühle. Also, was mich glücklich sein lässt, ist, dass wir die Phase der Gefahr, die Zeit des Krieges, die Zeit der Flucht hinter uns gelassen haben. Was mich nicht glücklich

مشاكل وهذا سبّب لي أزمة نفسية في حياتي.

سلوى: ما الذي ترغبين في القيام به هنا؟

منى: (تأخذ نفساً) بصراحة إن أهم شيء بالنسبة لي هو أن أتجرأ على التحدث باللغة الألمانية (تقهقه) أي أن أتحدث بطلاقة.

سلوى: لا تنسي أن الألمانية هي ثالث أصعب لغة في العالم. فهي ليست لغة سهلة على الإطلاق.

منى: دائما ما يحدث لي حين التقي بألمان أن أرغب بشدة في التحدث والنقاش حول موضوع معين، وألا أكتفي فقط بسؤال وجواب. أود التحدث عن الكثير من المواضيع المهمة التي تخصنا، لكنني لا أستطيع القيام بكل ذلك، لديّ شعور بأنهم لا يملكون الفكرة الصحيحة عنا وأنا أحاول ما استطعت تصليح هذه الفكرة

سلوى: يمكنكِ إيصال الفكرة أيضا عن طريق أسلوب تعاملكِ مع الناس.

منى: رغبتي في التواصل، ولكن عدم قدرتي على التحدث بطلاقة؟

سلوى: معكِ الحق.

منى: أمنيتي الثانية هي أن أجد شقة لكي تتحقق الأمنية الثالثة، ويتمكن أبنائي من المجيء إلى ألمانيا لنعيش جميعنا في هذه الشقة.

سلوى: أين هم أبنائكِ؟

منى: أنا هنا مع أحد أبنائي لكن ما زال لديّ ثلاثة أبناء ولي ابنة متزوجة وما يزال جميعهم يعيشون في سوريا. إلى الآن للآسف لم تنجح عملية جلبهم إلى هنا، بسبب مشاكل مع السفارة الألمانية في لبنان. كان لديّ تصريح إقامة لمدة عام. قدمت محاميتي طلب استثناء لإجراء مقابلة مع أولادي لكن السفارة رفضت ذلك. والان لديّ تصريح اقامة لمدة ثلاث سنوات وبمساعدة المحامية نستطيع أن نغير من وضعنا.

سلوى: إن شاء الله.

منى: أمنيتي الأخيرة هي أن أعمل وأكون فعالة في المجتمع. كل شيء يتم إنجازه خطوة بخطوة ولكن هذا يستغرق وقتاً.

سلوى: هذا صحيح.

منى: أكيد أمنياتكِ تختلف (تقهقه).

سلوى: لدينا جميعا نفس الرغبة وهي تعلم اللغة وفي الوقت نفسه أتمنى أن أعمل وأن يكون لديّ دخل، لأصبح مستقلة مالياً. يعتقد العديد من الألمان أنهم يدفعون الضرائب لكي يتم دفعها لنا، ولكنني مستعدة للعمل وبعمري هذا لكيّ لا احصل على المال من ضرائبهم. بالرغم من رغبتي الشديدة إلا أن فرصة العمل صعبة، فإذا كان الشباب لا يتمكنون من العثور على عمل فكيف لمن في عمري أن العثور عليه؟

منى: أتفق معكِ.

سلوى: إن شاء الله. بالنسبة لي ليس لديّ مشاكل شخصية مع السلطات، ولكن مع ابني. لقد تعرض للاعتقال من قبل النظام السوري وعذبوه ورموه في منطقة جبلية مليئة بالدم ورائحة الموت تفوح من أرجائه. حدث ذلك عندما كان يدرس طب الأسنان في اسنة الجامعية الأولى وكان مايزال في تسعة عشرة من عمره. لم يخض غمار الحياة بعد لهذا أجبرناه على ترك الجامعة والسفر بعدها إلى مصر. كان هنالك مشاكل سياسية كثيرة هنالك ولم يشعر بالأمان، وكنت أنا بدوري أعاني لأنني لم أستطع أن أقدم له أي شيء، وطوال ست

macht, ist, dass Deutschland mich bis jetzt rechtlich nicht akzeptiert hat. Du bist in diesem Land anderen Dingen und Gesetzen unterworfen als die Menschen, die schon lange hier leben.

Valentina: Insha'allah wird es gut werden, insha'allah.

Nour: Deutschland liebt mich nicht so, wie ich es liebe.

Valentina: Insha'allah wird es besser, insha'allah ... Ich bin glücklich, glücklich, solange meine Kinder jeden Tag aufwachen und es keine Bombeneinschläge gibt, keinen Lärm von Straßenkämpfen, keine Granaten. Bis jetzt sind die Umstände noch sehr schwer. Aber es reicht, dass meine Kinder glücklich sind. Wenn du deine Kinder glücklich siehst, musst du einfach glücklich sein.

Nour: Aber du stehst doch noch am Anfang deines Lebens.

Valentina: Nein, jetzt denke ich an die Zukunft unserer Kinder, die Zukunft unserer Kinder.

Nour: Wir waren in unserem Land durch den Krieg bloß noch Zahlen. Ob einer oder zwei oder hundert Menschen sterben, das hat keinen Unterschied mehr gemacht, es war alltäglich geworden.

Valentina: Ja, du hast absolut recht!

Nour: Aber als wir hier angekommen sind, haben wir uns wieder wie Menschen gefühlt.

Valentina: Ja, das stimmt. Es reicht, dass wir hier als Frauen andere Rechte haben.

Nour: Genau. Was mich angeht, hatte ich in meinem Land als geschiedene Frau Schwierigkeiten. Dort gilt: Du bist geschieden, also bist du nicht gut. Dass du mit deinen Kindern allein leben willst, das bringt mit der Zeit Probleme für deine Familie, für dich selbst, für deine Kinder.

Valentina: Du setzt dich selbst psychisch unter Druck, gegen deinen Willen mit ihm zusammenzubleiben.

Nour: Obwohl meine Familie nicht die konservativste ist, haben sie mir dennoch das Gefühl gegeben, dass ich ein großes Problem in ihrem Leben bin. Aber besonders die Leute um uns herum setzten uns sehr unter Druck. Wäre ich in meinem Land, hätte ich mit einer Scheidung

سنوات لم التق به سوى مرة واحدة وعندما جئنا إلى ألمانيا قلت أنا وزوجي: »نأمل أن يتمكن من البقاء معنا وإتمام دراسته«. فكما تعلمين ابنتي تدرس هنا أيضا. حاولنا جاهدين، ودفعنا الكثير من المال لكيّ يتمكن من القدوم إلى ألمانيا وعند وصوله تم رفضه بسبب مجيئه عبر إسبانيا. ولكنه انتظر ثلاث إلى أربعة أشهر أملا في أن يعاد النظر في قضيته، لكن قرار الرفض كان نهائيا مما يعني أن عليه أن يعود إلى اسبانيا أو بمعنى أدق أن يتم ترحيله بطريقة سيئة، غير إنسانية.

منى: هذه مشكلة كبيرة بحق، إذ كل منا يعيش في مكان مختلف، ونحن لم نعتد على ذلك.

سلوى: سنرى ما سيحدث.

منى: يا إلهي (تتأوه). ما الذي ستفعلينه إذا بقي ابنكِ في إسبانيا ولم يتمكن من العودة إلى ألمانيا؟

سلوى: ليس لديّ خيار سوى زيارته بين فترة وأخرى. لا أعلم كيف سيكون وضعه في إسبانيا. كيف ستكون حياته وماذا سيفعل وهل يمكنه إنهاء دراسته أم لا. أأشعر أن مستقبلي قد توقف حال ما توقف مستقبل ابني. أشعر أن حياتنا تبددت بمجرد ما افترقنا ليعيش كل واحد منا في مكان مختلف. لديّ عائلة كبيرة ولكن كل منهم يسكن في مكان بعيد، وهذا لا يشعرني بأي استقرار على الاطلاق.

منى: نعم هذا صحيح، من المهم استقرار العائلة. في البداية، عندما رفضوا قضية أبنائي كنت يائسة جدا. أخبرت ابني حينها أنني أريد العودة إلى سوريا لكيّ أكون مع أولادي ولكن عندما تحدثت مع محاميتي حول الأمر نصحتني قائلة: »سنحاول بكل الطرق الممكنة«. حينها شعرت ببصيص من الأمل، وعندما حصلت على تصريح الإقامة لمدة ثلاث سنوات زاد أملي أكثر، وإن شاء الله يسري كل شيء على مايرام.

سلوى: الحمد لله يسرني سماع ذلك. أنا حقا سعيدة لاجلكِ أتمنى من الله أن تسري أموركم على خير ما يرام.

منى: أنا أحاول بكل الطرق الممكنة أن أجلب أولادي إلى هنا، فقد أخبروني مسبقا أن في حالة حصولي على عمل بدوام كامل فهناك فرصة لكيّ أتمكن من احضار أولادي إلى ألمانيا.

سلوى: أتمنى أن تستطيعي تحقيق ذلك.

منى: لديّ ابنتي في سوريا. وفي هذه اللحظة، لديها فرصة لكيّ تذهب إلى بلد آمن وتستقر فيه، لأنني لا أستطيع الرجوع إلى سوريا بالطبع الا في حال لو تغير الوضع وعاد الاستقرار.

سلوى: (تنهد) يا إلهي أهكذا أصبح وضعنا.

منى: نحن نحاول قدر الامكان التعود على هذه الحياة الجديدة.

سلوى: في حال تمت طباعة هذا الكتاب كدليل، ووصل إلى مسامع الألمان لديّ شيء آخر أود قوله: »أنا أفهم مثل غيري من العرب كيف يفكر الألمان أننا قد أتينا إلى بلادهم كضيوف (بل وأيضا غرباء). مثل شخص يعيش في منزله، ليأتيه فجأة شخص غريب ويعيش معه، ويبدأ في استخدام حاجياته وأشيائه الشخصية. وقد لاحظتِ أيضا أن بعض الناس يشعرون بالنفور وهذا أمر أستطيع تفهمه بدوره، ولكن ما أريد ان يفهموه هو أننا لم نأت لأننا أردنا ذلك«.

منى: المشكلة ليست فقط معنا بل معهم أيضا.

سلوى: نحن الآن مجرد أرقام، ولكن ألمانيا بلد كبير وسيكون هناك دائما لاجئون يفرون من بلادهم إليها. أتمنى أن يفهم الشعب الالماني بأننا بشر ومثل ما هنالك أشخاص سيئون هنالك آخرون طيبون، بالضبط مثل ماهو الحال لديهم.

das Recht verloren, mich um meine Kinder zu kümmern. Aber hier wurde mir das Sorgerecht gegeben. Denn mein Ex-Mann hat gedroht, die Kinder zu entführen und nach Syrien zurückzubringen oder mit ihnen in die Türkei oder nach Griechenland zurückzugehen. Als ich eine Anzeige deswegen machte, wurde mir und meinen Kindern Schutz geboten. Das ist eine große Sache, die ich nicht vergessen werde.

منى: بالطبع هذا الامر يعود إلى سلوك الفرد وليس الجميع سواء.

سلوى: هذا صحيح إن التعميم فعلاً مشكلة كبرى.

منى: وما أريده في نهاية المطاف هو أن أتمكن من رد الجميل لهذ البلد الذي رحب بي وأن أصبح عنصراً فعالاً في المجتمع.

No Privacy / لا خصوصية
No Privacy / هیچ فضای شخصی نیست!

2019

»Leider haben viele eine falsche Vorstellung von uns«

Mouna Aleek ist Palästinenserin, Mutter von fünf Kindern und eine Architektin, die ihre Arbeit liebt.

Saloua Nyazy kommt aus Syrien und ist Mutter zweier Kinder. Sie arbeitet ehrenamtlich in verschiedenen Projekten und tritt in diesem Rahmen für die Selbstermächtigung von Frauen ein.

Mouna: Meine Reise nach Deutschland war wirklich mühselig. Ich bin zuerst von Damaskus nach Hama geflohen. Die Fortbewegung war schwer, weil es viele Hindernisse gab. Mein Sohn war zuvor aufgegriffen worden, um in der Armee zu dienen. Deswegen mussten wir sehr vorsichtig sein, damit sie ihn nicht finden. Das bloße Fortbewegen von Hindernis zu Hindernis war der Horror. Jemand hat uns nach Hama gebracht. Anschließend sind wir von Hama eine ganze Weile gelaufen, bis wir irgendwann in einen Bus stiegen, der uns nach Afrin brachte. Von Afrin fuhren wir dann weiter …
Saloua: … in die Türkei?
Mouna: Ja. Das war dann ein Elend. Beim ersten Versuch, die Grenze zu überqueren, haben sie uns gefasst und mit Gewalt festgenommen. Dann haben sie uns zum Bahnhof gefahren und uns zurück zur syrischen Grenze gebracht. Wir mussten es ein zweites Mal versuchen, diesmal sind wir in zwei Gruppen losgefahren. Doch sie haben uns wieder gefasst. Sie haben als Erstes die jungen Leute festgenommen, sie geschlagen und ihnen ihre Handys weggenommen. Dann haben sie uns wieder nach Syrien zurückgebracht. Beim dritten Versuch haben

»ما الضرر الذي سيلحق بالناس إذا ارتدينا الحجاب؟«

أمل تبلغ من العمر ٤٧ سنة، من سورية، وأم لثلاثة أطفال. واحد منهم ما يزال حاليا يعيش في لبنان.

فرح ابنة أمل.

أفين هي امرأة كردية من سوريا وتعيش أيضاً في أوروبا كلاجئة.

انتصار من سوريا وأم لأربعة أطفال، اثنان معها في ألمانيا وواحدة في لبنان والآخر عالق في اليونان.

فرح: حدثيني يا أفين كيف وصلتِ إلى برلين؟

أفين: أنا من مدينة عفرين وهي مدينة كردية تقع شمال سوريا. لقد كان طريق الرحلة إلى ألمانيا قاسيا وخطيرا، خصوصا عند وصولنا إلى مقدونيا لأن حرس الحدود أغلق الطريق أمامنا وأخبرنا بأن علينا العودة من حيث أتينا ومكثنا هناك على الحدود دون طعام لمدة يومين. وبعدها استمر طريقنا إلى ألمانيا، وبقينا لمدة أحد عشر يوما نتضور جوعا وعطشا. خلال الرحلة كنت مريضة جدا وكان من الصعب عليّ اكمال الطريق ولكنني آثرت الاستمرار. وحال وصولنا إلى برلين لازمني مرض شديد وكنت في حالة مزرية جدا إثر صعوبات الطريق. طوال الثلاثة أشهر الأولى من وصولي إلى برلين كنت أترك مخيم اللاجئين فقط من أجل الذهاب إلى دائرة الرعاية الاجتماعية وكان الأمر صعبا في البداية حيث لم أكن أستطيع الذهاب هناك بمفردي إلا برفقة شخص معي. وقتها شعرت كأنني شخص أعمى مقيد. لم تكن الأيام الأولى في ألمانيا سهلة بالمرة.

فرح: بالنسبة لي كان طريق رحلتي إلى ألمانيا أسهل، فقد جئت من لبنان إلى هنا عن طريق الطائرة. لكن منذ سنة، عشت أنا وامي بدون أبي الذي كان قد هاجر قبلنا إلى ألمانيا ليعيش هناك كلاجئ سوري-فلسطيني وبعد مرور سنة حصلنا أنا وأمي على تأشيرة لم الشمل.

انتصار: الأمر نفسه بالنسبة لي، فقد عاش زوجي بمفرده في ألمانيا لفترة من الوقت. وفي عام ٢٠١٦ استطعنا أنا وأولادي الصغار عن طريق تأشيرة لم الشمل أن نسافر من لبنان إلى ألمانيا.

فرح: لم تكن هناك صعوبات خلال رحلة وصولي إلى المانيا ولكن عندما وصلت وعشت هنا لم أكن اشعر بأنني في حالة جيدة. حيث لم أكن أعرف أحداً، إذ كنا نعيش في مسكن للاجئين في مكان شبه منعزل ولا يوجد أي شيء من حوله.

أفين: أين كنت تسكنين عند وصولك في بادئ الامر؟

فرح: لا أتذكر أين يقع المكان، ولكن كان هنا ببرلين في منطقة لا يوجد فيها أحد. كنت مكتئبة لأشهر، إذ لم يكن من السهل العيش هناك.

wir es endlich geschafft, aber mit Schwierigkeiten. Als ich in der Türkei ankam, verletzte ich mir den Fuß in einem Wadi (Trockental), und sie mussten mich mit einem Motorrad transportieren. Ich war erleichtert, als ich auf türkischem Boden ankam. Obwohl mein Körper erschöpft war, fühlte ich psychische Erleichterung, dass ich dem Krieg in Syrien entkommen war. Von der Türkei aus machten wir uns auf den Weg nach Griechenland. Wir mussten also über das Meer – es hätte tödlich enden können. Es war unglaublich schwer, das kann sich keiner vorstellen.

Saloua: Seid ihr mit dem Schlauchboot aufgebrochen?

Mouna: Ja, der Motor unseres Schlauchbootes war aber defekt und fiel aus. Am Ende kamen wir auf einer Insel in Griechenland an. Nachdem wir Griechenland erreicht hatten, wurde es leichter.

Saloua: Gott sei Dank!

Mouna: Bei unserer Reise durch Europa wurden wir von der Grenzpolizei immer weitergeleitet, von Polizei zu Polizei, von Region zu Region. Wir sind zu Fuß gegangen. Ich weiß nicht, ob es Glück war, dass ich mich verletzt hatte, denn das »Rote Kreuz« hat mich für kurze Zeit im Auto transportiert und mein Sohn folgte mir rennend [lacht].

Saloua: Das ist schlimm.

Mouna: Als ich nach Deutschland kam, war ich seit unglaublichen sechs Tagen gelaufen. Das heißt, ich habe mich keine Sekunde auf dem Weg ausgeruht, damit wir so schnell wie möglich ankommen. Sie haben uns gesagt, dass die Grenzen geschlossen werden. Ich wollte aber unbedingt nach Deutschland, deshalb haben wir uns überhaupt nicht ausgeruht, nicht einmal geschlafen. Wir sind von Grenze zu Grenze, von Grenze zu Grenze gereist, bis wir nach Österreich kamen und von dort mit einem Auto nach München.

Saloua: Gott sei Dank!

Mouna: In München konnte ich mich ausruhen. Ich habe mich endlich in Sicherheit gefühlt. Am Ende wurden wir nach Berlin umverteilt. So bin ich hierhergekommen. – Jetzt erzähl auch du, wie deine Reise war. Insha'allah war sie nicht so schwer wie meine.

افين: كل بداية لابد أن تكون صعبة.

فرح: صحيح وما يجعل الأمر أسوء هو الطقس البارد. ما هو شعورك حول الطقس؟

أفين: حين نشعر بداخلنا أن كل شيء على ما يرام لا أظن حينها أن برودة الطقس بالأمر المهم.

فرح: أشعر بأن الطقس هنا كئيب حيث يبدو أن الشتاء لا يبرح المكان.

أفين: أنا أحب الشتاء ولا أحبذ الصيف. في كردستان شمال العراق حيث كنت أعيش في الماضي، غالبا ما كان الطقس حارا جدا، إذ يمكن للشخص بسهولة قلي بيضة تحت الشمس! بالنسبة لي البرد هنا متعة.

فرح: أنا أيضا أحب الشتاء لكن ليس لفترة طويلة. حين كنا نعيش في لبنان كان الطقس رائعا مثل الربيع الدائم والمرء لا يكاد يشعر بالبرد.

أمل: قبل عامين كنا أنا وفرح ابنتي ما نزال نعيش في لبنان وفي عام ٢٠١٦ جئنا إلى ألمانيا ومنذ ما يقارب سنة وشهران وما زالت المشكلة قائمة حول إيجاد سكن ملائم. أنا وفرح وزوجي نسكن في غرفة واحدة. حاليا نحاول إيجاد سكن مناسب لنا وقمنا بالتسجيل في عدة شركات سمسرة وأخبرونا بإرسال عروض لنا لكن دون جدوى. لقد قمنا إلى الآن بالتسجيل في عشر شركات لسمسرة لكنه ليس بالأمر اليسير.

انتصار: نعم أنا أيضا ملمة بهذا الأمر. عندما جئنا إلى ألمانيا في شهر مارس قبل عام تقريبا كنا منهكين جدا بسبب البحث المتواصل عن شقة للسكن. في بداية وصولنا بقينا لبضعة أيام في مخيم اللاجئين حيث كانت هناك جثة لم يعرف بها أحد لمدة أسبوعين، وكانت الرائحة النتنة تعج المكان، كانت قوية لدرجة الاختناق. عندها شعرت بالغضب والإحباط وقلت لزوجي: »أهذا هو المكان الذي جلبتني إليه؟! لكي أعيش بمسكن مشترك ومطبخ مشترك وحمام مشترك وغرفة واحدة فقط لنا جميعا«. لقد كان شيئا فظيعا. وعلى إثر هذا الامر أُجبر زوجي على دفع ٥٠٠ يورو لرجل عربي من أجل الحصول على شقة لكن طلب تسجيل الشقة لم يكن باسمنا بل كان باسم ذلك الرجل. عشنا هناك لمدة شهر واحد وبعدها أخبرنا الرجل: »عليكم الانتقال من هذه الشقة«. لم يكن بالأمر السهل فإلى أين نذهب؟ وكيف بعد أن عشنا أنا وزوجي وطفلانا في مكان مريح والآن يطلب منا هذا الرجل أن ننتقل إلى شقة ذات غرفة صغيرة جدا مع مطبخ وحمام. لماذا فعلنا ذلك؟ لماذا دفعنا لذلك الرجل؟ فقد كان شخصا غير صادق معنا واستغل وضعنا الحرج بلا حياء. كان كل ما علينا فعله هو الذهاب إلى دائرة الرعاية الاجتماعية محاولين شرح مجريات القصة وكيف حدث ذلك لنا وبعدها قمنا بتسجيل الشقة بالطريقة التقليدية. ولحسن الحظ استطاع الموظفون المسؤولون مساعدتنا في هذا الأمر. إذ اتصلوا بجميع مخيمات اللاجئين الممكنة ولحسن الحظ حصلنا على شقة. الان أصبح حالنا أفضل بعد أن اجتزنا كل هذه الصعوبات.

أمل: الحمد لله! زوجي أيضا دائم البحث عن شقة لنا ولكن للأسف دون جدوى. فإن فرح كما تعلمين امرأة شابة وبالطبع هي غير سعيدة كونها لا تملك غرفتها الخاصة. لذلك نحن بأمس الحاجة إلى شقة حيث يمكن أن تشعر باستقلالها عنا، ونشعر بالمثل في غرفتنا الخاصة. وبالطبع يكون الأمر أفضل لو حصلنا على شقة كبيرة لكي يتسنى لنا ان نستضيف شخصا ما عندنا ولكن للأسف كل ما نملكه الآن هو هذه الغرفة.

فرح: إنه لأمر صعب أن نعيش أنا وأبي وأمي في غرفة واحدة. خاصةً حين يتعلق الأمر بخصوصيات الفرد أو حين أريد أن استضيف أصدقائي. دائما ما أستشعر شيئا من عدم الراحة حين أريد الاتصال بصديقاتي أو أقاربي الذين يسكنون في لبنان حيث انني غالبا ما أحبذ عدم الرد على الهاتف لأنني لا أريد لأبي وأمي أن

Saloua: Ja, in gewisser Weise war meine Reise angenehmer als deine. Aber wir haben uns beide von unserer Heimat getrennt, wir mussten beide unser Land verlassen. In dieser Hinsicht tragen wir das gleiche Leid.
Mouna: Das stimmt, ja.
Saloua: Aber die Art und Weise der Reise war leichter für mich, da hast du recht. Ich war in Syrien, als die Revolution ausbrach. Wir hatten lange Zeit in Dubai gelebt und kehrten dorthin zurück, nachdem mein Sohn in Syrien verhaftet und die Filmproduktionsfirma meines Mannes aufgrund seines politischen Engagements geschlossen worden war. Meine Tochter erhielt eine Zusage für ein Studium und kurz nachdem sie in Deutschland angekommen war, organisierte sie uns Reisevisa, mit denen wir sie besuchen kamen. Ich blieb in Deutschland, mein Mann jedoch reiste zurück nach Dubai, um seine Arbeit dort wieder aufzunehmen. Doch wir erfuhren, dass der staatliche Fernsehsender der Vereinigten Arabischen Emirate es nicht zulassen wollte, dass mein Mann in seinen früheren Job zurückkehrt, weil er Syrer ist. Da wir in Dubai keine Chance mehr hatten, fassten wir den Entschluss, dass es besser für uns wäre, in Deutschland zu bleiben. Es gab auf meiner Reise kein großes Leid.
Mouna: Die Reise selbst war also nicht schwer.
Saloua: Nein. Was war dein erster Eindruck, als du in Deutschland ankamst?
Mouna: Als ich ankam und sie uns im Land verteilten, habe ich mich ehrlich gesagt wie in einer anderen Welt gefühlt, wie in einem anderen Leben. Ich habe mich gefragt: »Oh Gott, was hat mich hierhergebracht?« Aber es hat mir gefallen. Ich habe zum Beispiel gespürt, dass es hier schöne Dinge gibt. Besonders die öffentlichen Verkehrsmittel haben mir gefallen. Ich war sehr angetan von ihnen, wirklich sehr angetan, ehrlich.
Saloua: Ja, sie sind großartig, großartig.
Mouna: In Syrien haben wir so etwas nicht. Ich hatte sogar Angst davor, dem Zug zu nahe zu kommen [lacht]. Im ersten Moment gefiel

يستمعوا إلى حديثي مع الاخرين. فأحاول التواصل معهم عبر الواتساب لهذا أنا أشتاق إلى صديقاتي لأنني لم أتمكن من سماع صوتهن لفترة طويلة.

أمل: هذا صحيح! إن مشكلتنا الكبرى في الوقت الحالي هو السكن.

افين: كان الأمر كذلك بالنسبة لي، لقد حاولت كثيرا إيجاد شقة مناسبة لكن محاولتي باءت بالفشل. كنت في السابق أعيش مع زوجي في مخيم اللاجئين وكان العيش هنالك صعب جدا لأن كل شيء كان مشتركا. من الغريب ألا يستطيع الإنسان الحصول يحصل شقة ينعم فيها بالخصوصية. لا يمكن للمرء الشعور بالراحة وهو لا يملك مكانا خاصا به.

فرح: لكنك لا تعيشين مع زوجك بعد الآن. أليس كذلك؟

أفين: لا. لقد تطلقنا قبل ما يقارب السبعة أشهر، وتركت السكن منذ حينها. في تلك الأثناء كنت أقيم عند صديقتي وكنت أنام على الأريكة. بالطبع لم يكن بالأمر السهل ولكن بعدها حصلت على غرفة في فندق خاص باللاجئين حيث أسكن في الدور السادس والمطبخ يتواجد في الأسفل، لكن لا يهم على الأقل لديّ غرفتي الخاصة.

فرح: علينا أن نجد الحل لأن الأمر لا يسير كما ينبغي. إذ أن يعيش المرء في هذه المساحة الضيقة، حتى بدون أي فرصة للعودة إلى بلده، يخلق الكثير من المشاكل مع الأهل. فقد يتزايد النزاع ولا أحد يفهم الاخر بعد ذلك. في بعض الأحيان أقول شيء ما ووالداي يفهمان عكس ما أقصد تماما وهنا يبدأ الخلاف. وهذا الامر يعود لسبب كوننا نعيش في مكان واحد ولا يوجد مكان آخر للاسترخاء. يحاول والدي حاليا، إيجاد شقة لنا ولقد حاولت مسبقا أن أجد مسكنا لنا ولكن عندما لم أكن أفهم محتوى الجواب الذي استلمته عن طريق البريد الالكتروني لم أكن أتمكن من فعل أي شيء بخصوص هذا الموضوع.

انتصار: نعم لقد سجل أزواجنا بالكثير من الشركات العقارية وقدموا لهم كل الوثائق المطلوبة ولكن الكارثة هي أننا لم نحصل على أي إجابة.

أفين: نحن بحق بحاجة للمساعدة للعثورعلى شقة. ولكننا لا نتحدث الألمانية وهذا ما يجعل الامر أصعب. ماذا يتوجب علينا فعله؟ نحن هنا غرباء. فعلى سبيل المثال، حين نذهب إلى شركات سمسرة للمنازل يسألوننا في الحال عن وثيقة تصريح للسكن، لكن لا يملك الجميع هذا التصريح، ومع ذلك يتوجب علينا العثور على شقة. وهو ما لا أستطيع تحمله.

فرح: نحن لدينا تصريح ومع هذا لم نتمكن من إيجاد شقة.

افين: الحل الوحيد لإيجاد السكن هو الدفع لسمسار. هؤلاء الأشخاص يطالبون بثلاثة أو أربعة أو خمسة آلاف يورو، وبالطبع لا يوجد هناك ضمان لحصولنا على الشقة. وكيف لنا تأمين كل هذا المال؟ إذ كان ما نحصل عليه من دائرة الرعاية بالكاد يكفي لشراء الطعام حتى أانه غير كاف لشراء الملابس. فكيف يكون كافيا للبحث عن سكن؟

فرح: هذا صحيح! هؤلاء الأشخاص الذين يستطيعون إيجاد الشقق يأخذون الكثير من المال. ولو كنا نملك هذا المال لكان من الأفضل لنا استخدامه في مساعدة أخي للمجيء من لبنان إلى هنا. ولكن حتى إذا جاء، فأين سيعيش؟ في هذه الغرفة الصغيرة؟ لا يوجد أحد ليعطينا الأمل ولا نعرف ما سيحدث مستقبلا.

أفين: لا! نحن نريد شقة فقط، والباقي غير مهم. (تقهقه).

فرح: ولم شمل العائلة أيضا!

es mir in Deutschland. Aber dieses Leid, das dann kam, beim Sozialamt und im Heim, hat es komplizierter gemacht. Irgendwann hat es mir gereicht [lacht].

Saloua: Die Sache mit dem Sozialamt, ja, ja.

Mouna: Ja, alle Leute haben sehr große Schwierigkeiten damit gehabt. Aber ich habe beschlossen, dass ich mich akklimatisieren muss. Es ist das Land, in dem ich zunächst bleiben möchte, also muss ich einen Weg finden, mich einzugewöhnen. Ich wurde nach Berlin verteilt, in eine angenehme Umgebung. Ich habe mich bei einer Sprachschule angemeldet und angefangen zu lernen. Nach und nach habe ich gespürt, dass ich begann, mich einzugewöhnen. Aber bis jetzt leide ich unter dem Wetter [lacht].

Saloua: Ja, das Klima ...

Mouna: Das Wetter ist sehr, sehr schwierig ...

Saloua: Wir sind nicht daran gewöhnt, weil in unserem Land fast immer die Sonne scheint.

Mouna: Hier gibt es keine Sonne. Ich war oft krank. Ich fühle mich erschöpft.

Saloua: Bleib gesund!

Mouna: Es gibt Dinge, die ich sehr schön finde, und Dinge, unter denen ich leide. Das ist normal.

Saloua: Ja, natürlich!

Mouna: Und wie waren deine Gefühle hier?

Saloua: Da ich am Anfang nur zu Besuch war, habe ich nicht daran gedacht, dass ich hier bleiben, hier leben könnte. Ich habe es als fremdes Land wahrgenommen. Fremd in jeder Hinsicht. Ich habe Dinge gesehen, die ich nicht gewohnt bin zu sehen. Es ist nicht mein Land, in dem ich 50 Jahre gelebt habe.

Mouna: Es gibt kulturelle Unterschiede.

Saloua: Ja, das war mein erster Eindruck. Ich habe mich gefragt: Was hat mich hierhergebracht? und Warum will ich hierbleiben? Diese Gedanken haben mich beschäftigt. Später, als mir klar wurde, dass es keine andere Lösung gibt und es notwendig ist, dass ich mich hier

أفين: بالنسبة لي لم شمل الاسرة ليس بذلك الشيء الضروري. كل ما يهمني هو زوج إحدى أخواتي التي تعيش في دورتموند، بينما يسكن هو في النمسا. أتمنى إحضاره هو فقط.

أمل: لقد تركت ابني في لبنان. إذ لم يتمكن من الحصول على تأشيرة لم الشمل. فقط فرح تمكنت من ذلك لأنها في ذلك الوقت كانت تحت سن الرشد. في الوقت الحالي، نحاول جلب ابننا إلى ألمانيا لكن للأسف لا توجد فرصة لذلك. وضعه في لبنان صعب نوعا ما، فهو لا يزال شابا ويريد العمل ولكن ببساطة لا توجد فرص كثيرة في لبنان، بالإضافة إلى اختلاف الوضع بالنسبة إليه، فهو لا يتمتع بحقوق كثيرة لأنه مهاجر سوري فلسطيني ولهذا السبب يود القدوم إلى هنا جتى يستطيع إتمام دراسته والعمل. ولكن دون جدوى. أتمنى لو كانت هناك وسيلة لإحضاره إلى ألمانيا! لا توجد وسيلة قانونية لذلك وحتى إذا كان هناك مُهرّب فلا نملك المال الكافي لإعطائه ما يطلب. وحقيقةً نحن لا نريد التعامل مع هؤلاء المهربين: فهم مجرمون يستفيدون من معاناة الآخرين ويطالبون بالربا وهم مسؤولون عن موت الآلاف من الناس. ولكنه اليأس، وغياب الإمكانيات القانونية للقدوم إلى ألمانيا.

انتصار: لديّ نفس المشكلة بالضبط فما تزال ابنتي وابني في لبنان ولم يتمكنوا من الحصول على حق لم الشمل. لست قلقة كثيرا بشأن ابنتي فهي متزوجة ولكن ما يقلقني هو ابني. فكما ذكرتِ تواً أنه لا يوجد عمل في لبنان، وهو بدوره لاجئ سوري فلسطيني ولا يحق له العمل وهذا ما يدفعه للجنون، إذ لا يمكنه تقبل الاستمرار في اقتراض المال أو الحصول على تبرعات من الاخرين. لذلك غادر لبنان وذهب إلى العراق في مدينة أربيل ومن هناك إلى تركيا، كانت الرحلة صعبة وخطرة جدا بسبب النزاعات القائمة بين العراق وتركيا في ذلك الوقت، وكنت دائمة القلق عليه حينها مما أدى إلى تعرضي للمرض مرات كثيرة. عند وصوله إلى تركيا قال لي: »أمي أريد الذهاب إلى اليونان عبر القارب«. كان الأمر مروعا بالنسبة لي، وقلت له: »لا تقم بهذا العمل المجنون« ومع ذلك فقد واجه الخطر ووصل إلى اليونان ولم يخبرني بذلك إلا عندما وصل هناك. حاليا يعيش في خيمة في جزيرة كوس، ولكن الامر لم يكن سهلا بالنسبة إليه فقد كان يبكي كثيرا، بالإضافة إلى الوعكة الصحية التي مر بها، إذ أغمي عليه ثلاث مرات ورقد حينها في المستشفى. هو الآن في بلد أوربي، وعلى السلطات مساعدتنا. فهي مجرد خطوة واحدة من اليونان إلى المانيا ولكننا لن نتمكن من ذلك. بعض الناس تقول بان عليّ دفع ٥٠٠٠ يورو والبعض الاخر يقول إن عليه الحصول على تأشيرة سفر. ولكن كيف يمكن أن أجمع هذا القدر من المال؟ الوضع هناك رهيب حقا، وكذلك بالنسبة للغذاء إذ يخبرني ابني أن هناك حالات تسمم كثيرة حدثت بسبب الطعام غير الصالح الذي يتم تخزينه لفترة طويلة دون تبريد. أعتقد أنني مصابة بداء السكري بسبب الخوف المستمر عليه فقد فوجئت في المستشفى قبل بضعة أشهر حين أخبروني أن سكر الدم قد ارتفع فجأة إلى ٣٠٠ على الرغم من أنني لم أعرف أيّا من أعراض مرض السكري من قبل.

أمل: كيف سأقول ذلك! أشعر أنني قد تركت ابني هناك، أحيانا أتمنى لو أستطيع الرجوع إليه ولكن أعلم أن هذا الامر لا يساعد احداً. صدقا! ليس لديّ أدنى فكرة حول ما يجب عليّ القيام به. نحن بحاجة إلى من يساعدنا لنجلبه إلى هنا لابد من وجود طريقة قانونية لذلك لكن كيف؟ لا أعلم ...

انتصار: أتمنى من القراء والقارئات أن يعتبرونا حالة إنسانية في حاجة ماسة للمساعدة لأن موضوع قانون لم الشمل صعب جداً. أشعر أن قلبي محطم ولا شهية لديّ لمجرد سماع ابني يقول لي: »لا أستطيع الأكل

einrichte, begann ich langsam, mich einzugewöhnen.
Mouna: Das ist richtig so.
Saloua: Und ich habe festgestellt, dass es einen angenehmen Umgang gibt, dass es gute Menschen gibt. Jetzt haben wir uns niedergelassen, beschlossen zu bleiben. Es gibt keine andere Lösung für uns [seufzt].
Mouna: Ja, wir hatten keine andere Wahl, als Syrien zu verlassen. Ich habe leider persönlich sehr unter den Erfahrungen gelitten, die ich in Deutschland mit meinem Hijab mache. Auch darunter, in einem Heim leben zu müssen. Zum Glück musstest du diese Erfahrungen nicht machen.
Saloua: Auf welche Weise hast du darunter gelitten?
Mouna: Ich weiß nicht, ob es daran liegt, dass ich einen Hijab trage oder daran, dass ich Ausländerin bin. Habe ich dir erzählt, dass ich einmal im Zug war und mich neben eine deutsche Frau gesetzt habe? Sie ist direkt aufgesprungen und ging weg. Sie ist wütend geworden und hat etwas gesagt. Ich weiß nicht, was sie gesagt hat, weil ich die deutsche Sprache nicht verstand. Neben uns saß ein Lehrer, der geflüchteten Menschen Deutsch beibringt. Er konnte ein bisschen Arabisch und sagte zu mir, dass ihm ihr Verhalten leidtut.
Saloua: Ah, schau.
Mouna: Er hat sich entschuldigt und mir gesagt, dass die Deutschen nicht alle so sind. Im ersten Moment war ich sauer, aber als ich direkt ein anderes Beispiel erlebte, sagte ich mir, dass das bedeutet, dass es auch gute Menschen im Land gibt.
Saloua: Und leidest du bis heute unter der Reaktion von Deutschen auf den Hijab?
Mouna: Ja, ich leide bis jetzt darunter. Es gibt zum Beispiel Jobs, auf die ich mich beworben habe, wo sie verlangten, dass ich den Hijab ablege. Außerdem spüre ich, dass mich die Leute wegen des Hijabs anders ansehen. Die Leute werfen mir andere Blicke zu.
Saloua: Diese Blicke habe ich auch bemerkt. Ich trage keinen Hijab und trotzdem spüre ich, dass der Umgang mit mir nicht so ist, wie der Umgang einer Deutschen mit einer Deutschen. Die Leute sind

وليس لديّ مال« أشعر أنني عاجزة عن القيام بأي شيء. عندما أسأل ابني لماذا لم تتصل بي لمدة أسبوع فيرد عليّ: »لا أملك النقود لشراء رصيد الهاتف« وأنا لا يمكنني أن أعطيه المال الكافي. لديّ بعض المال لكن يمكنني مساعدته بجزء صغير لأننا هنا أيضا نحتاج إلى مال، فالوضع هنا لا جدوى منه، وهذا ما يجعلني حزينة إذ لا أستطيع إيجاد حل مطلقا.

أمل: أنا أيضا أعاني نفس الشيء. لا يمكننا القيام بأي شيء لتغيير الوضع أو الحرب أو إعمار بلادنا المدمرة. بالطبع كون الابن بعيدا عن أمه يجعل الأمر قاسيا وحزينا علينا، لكن ما باليد حيلة (تبكي). دائما ما يسألني ابني: »متى سآتي اليكم يا أمي؟« أشعر بحزن عميق ولكنني لا أعلم ما الذي عليّ قوله له فلا يمكنني البكاء أمامه.

فرح: بالفعل إنه لأمر مؤلم ما نمر به. حتى وإن حصلت أمور جميلة، لكنني لا اشعر بالسعادة الكاملة لأن اخي ليس هنا. صحيح أننا نتجادل دائما لكن عندما نكون بعيدين عن بعضنا أشتاق إليه، فهو يعني لي الكثير. أشعر بأن علاقة الأبناء بالوالدين مختلفة عن تلك التي بين الإخوة، فعندما يحصل معي شيء، أشعر أن باستطاعتي أن أكلم أخي عنه لكن ليس مع والداي. أشتاق أيضا لأختي، لكن هي على الأقل، لديها عائلتها وهو شيء مختلف نوعا ما.

انتصار: كم أن الوضع مؤلم لدرجة لا توجد كلمات لتصفه، إذ لا يمكن للمرء استيعاب مدى قسوة ما نشعر به. نحتاج إلى حل. لقد استطاع زوجي أن يجلبني إلى هنا عن طريق لم الشمل، لكن ماذا عن أولادي؟ لا نريد شيئا سوى أن نعيش سوية تحت سقف واحد، فبالنسبة لنا الأبناء هم أهم شيء. بدون عائلة لا نستطيع العيش وبدون اولادي أشعر كأني فقدت يدي أو قدمي. ربما بالنسبة لثقافة هذا البلد، من الطبيعي أن يكون الأولاد مستقلين عن الوالدين لكن بالنسبة لنا الأمر مختلف.

فرح: أنا لا أعلم كيف تتم عملية جمع الأشخاص الذين لا ينتمون بصلة مباشرة إلى العائلة عن عملية لم شمل العائلة التقليدي. على سبيل المثال، فإن أولاد عمي قد توفي والدهم ووالدتهم تعاني من سرطان خطير. خطيبة إحدى ابناء عمومتي هنا في إلمانيا وتود أن تجلبهم إلى هنا لكنهم لا يزالون ينتظرون الحصول على تأشيرة سفر رغم انهم تحت سن الرشد ١٤ و١٥ و١٧ عاما وتكاد تنعدم فرصة إحضارهم إلى ألمانيا.

أمل: الوضع ليس بالسهل حتى لو كان الأولاد معنا، فمثلا فرح تبلغ ١٩عاما وهي صعبة المراس أحيانا. بدأت ألاحظ أنها تشعر بالانزعاج بأن ليس لديها خصوصية في الشقة وأن الشعور بالحزن لا يفارقها لأن أخاها وأختها لا يزالان في لبنان. ولكن الآن أختها تزوجت، وفرح تعاني نوعا ما من الحزن لكونها وحيدة، لكنها تحاول إنشاء صداقات والتأقلم في مدرسة اللغة، فقد تعلمت اللغة وهي الآن تتحدث اللغة الألمانية بشكل جيد حتى أنها أحيانا تعلمني شيئا منها في المنزل.

فرح: بالطبع هنا كل شيء مختلف فالبنت هي من تعلم الأم (تقهقه).

انتصار: أنا وفرح نرتاد نفس صف اللغة وهم يعاملون فرح كأنها بالغة رغم أنني أشعر أنها ما تزال طفلة. اثنان من أولادي معي في برلين، خالد يبلغ ١٥ عاما وشام تبلغ ٥ سنوات. خالد جيد ولطيف ولكنهما ليسا بالهادئين خصوصا شام فهي حركية جدا وأحيانا تثير أعصابي. أنت تعلمين أن الأطفال لدينا يتم تربيتهم بطريقة مختلفة، فنحن قد نكون صارمين نوعا ما والأطفال أيضا لديهم احترام للكبار. يعرف كل من شام وخالد بأن القوانين هنا في ألمانيا مختلفة، لذا تحب شام أن تختبر حدودها عندما نكون خارج المنزل. وبالطبع،

überrascht, dass ich aus Syrien komme und keinen Hijab trage.
Mouna: Auf jeden Fall.
Saloua: Einmal ist mir etwas im Fahrstuhl passiert, in dem Haus, in dem ich wohne. Es fuhren zwei Deutsche mit. Einer fragte mich: »Woher kommst du? Bist du unsere Nachbarin?« Ich bejahte. Er fragte mich erneut: »Woher kommst du?« Ich sagte ihm: »Aus Syrien.« Und wie einer, den der Schlag getroffen hat, rief er: »Uff!« Er erschrak und ging ein Stück von mir weg. Als er in seiner Etage ankam, rannte er nach draußen. Er hätte mich nicht fragen brauchen. Ich kann verstehen, dass es ihr Land ist und sie Angst davor haben, dass Menschen aus einem muslimischen Land hierherkommen. Aber ich wünsche mir, dass sie verstehen, dass wir unser Land nie verlassen wollten.
Mouna: Sie haben eine negative Vorstellung von Geflüchteten, aber ich weiß ehrlich gesagt nicht, was genau der Grund ist. Es gibt einen kleinen Anteil, der schlecht ist, aber die Mehrheit sind gute Menschen.
Saloua: Wie auf der ganzen Welt.
Mouna: Leider haben sie eine falsche Vorstellung von uns. Und das ist es, was viele Menschen dazu bringt, sich von den Geflüchteten zu distanzieren, denke ich.
Saloua: Ja, aber ich wünsche mir, dass sie verstehen, dass das nicht unsere Schuld ist.
Mouna: Es ist aber auch unsere Aufgabe als Geflüchtete, ihr Bild zu erweitern.
Saloua: Ja, wir versuchen, ihnen einen angenehmen Umgang zu ermöglichen [atmet durch].
Mouna: Du hast Kontakt zu Deutschen, oder?
Saloua: Es gibt ein Zentrum bei mir in der Nähe, das Stadtzentrum Marzahn, in dem ich mit Deutschen zusammenkommen kann. Da ging ich täglich hin, vor dem Deutschunterricht, ob ich sie verstand oder nicht. Das Wichtigste war, dass ich hörte, wie sie redeten. Ich ging hinunter und saß einfach mit den Leuten zusammen – mit älteren deutschen Frauen, damit mein Ohr sich an die Sprache gewöhnt. Die Sprache ist sehr fremd für mich und neu. Ich habe irgendwann

هذا الامر شاق بالنسبة لي، لأنني لست متأكدة كيف يجب التعامل معها، وأشعر كأن الناس يراقبونني في الشارع إذا قمت بخطأ ما. في بعض الأحيان، عليك أن تكون صارما لتنبه الطفل بأن ما قام به كان أمرا خاطئا لكنني لا اعلم بالضبط ما هو المقبول هنا وهذا الامر صعب جدا بالنسبة لي، فهناك اختلافات كثيرة حول كيفية معاملة الأطفال. في سوريا الأطفال يفهمون من لغة العين، فعندما أنظر إلى أطفالي فإنهم يفهمون على الفور ما حدث ولكنهم هنا لا يأبهون، لذلك ربما من الأفضل أن تلتحق شام بالمدرسة.

فرح: ليس لديّ أولاد (تقهقه) لكنني أستطيع أن أدرك حجم الصعوبات التي تمر بها انتصار مع شام.

انتصار: ستبدأ شام الصف الأول السنة القادمة وقبل مدة أردت تسجيلها في المدرسة وطلبت مني المدرسة إجراء فحص طبي شامل لها. أرادوا مساعدتي في العثور على موعد مع طبيب أو طبيبة أطفال، لكن لم نستطع إيجاد موعد.

أفين: أنا لا أحب الأطباء بشكل عام (تقهقه) فلديّ خوف من الإبر، أتذكر عندما زرت طبيب الأسنان لخلع سني وقتها نزفت كثيرا وحينها قلت بأن هذه آخر مرة اذهب فيها للطبيب.

انتصار: كثيرا ما يجب عليّ الذهاب إلى الطبيب او الطبيبة من أجل شام ومن أجلي أيضا. في لبنان تلقيت ضربة على رأسي من نافذة مما أدى إلى إصابة العصب البصري. حينها لم أستطع الرؤية بوضوح وكان لابد من اجراء عملية لعيني مما كلفني ٣٠٠٠ يورو وقد حصلت على المال لأول عملية من وكالة الأمم المتحدة لإغاثة وتشغيل اللاجئين الفلسطينيين UNRWA بالإضافة الى مساعدة من منظمات أخرى. بعد أربعين يوما كان لديّ موعد مع الطبيب وحينها أخبرني: »يؤسفني إخباركِ بأن لديكِ مرض الزرق وعينك بحاجة إلى جراحة تكلف بدورها ٣٠٠٠ يورو« لكنني لم أملك المال الكافي وتكلفت وكالة الأمم المتحدة لإغاثة وتشغيل اللاجئين الفلسطينيين دفع مبلغ العملية.

افين: هل أجريت فحصا آخر لدى طبيب أو طبيبة العيون هنا في ألمانيا؟

انتصار: أجل. مؤخرا توجب عليّ الذهاب إلى الطبيب ذاك أن وضع عيني حاليا ليس جيدا ولكنه أفضل مما سبق. بصراحة هو ليس بالطبيب الجيد، فعلى المريض ان ينتظر فترة طويلة جدا، كما أنه لا يشرح الوضع الصحي بالقدر الكافي ولا يكلف نفسه أن يعطي الوقت الكافي، ناهيك عن كونه غير ودود. نحن نكره فكرة الذهاب إليه. حدث ذات مرة أنني أردت منه أن يعطيني شهادة طبية لكي أذهب إلى أخصائي أو أخصائية عيون، لكنه لم يستجب لطلبي رغم أنه طبيبي وهو على دراية بوضعي ومرضي، وكان بإمكانه ببساطة كتابة شهادة طبية لكنه لم يفعل، وليس هو فقط فحتى أخصائي النظارات الطبية لم يرد التواصل مع زوجي، رغم أن زوجي شرح له وضعي وما أحتاج إليه باللغة الألمانية. وقال إنه يريد التحدث مع من يجيد اللغة، ومع ذلك، لما ذهبنا في اليوم التالي برفقة صديقة المانية وفرح، رفض مرة أخرى إجراء اختبار العين لي. لم أستطع تمالك نفسي وقلت له بصدق أنه عنصري وأنه لا يريد مساعدة العرب وإذا أراد فعلاً التحدث مع من يجيد اللغة لكان كل شيء على ما يرام بمساعدة فرح وصديقتي الألمانية لكنه لم يرد ذلك.

أمل: في بداية الامر واجهت صعوبة في تعلم اللغة الألمانية رغم أنني أعلم كم هو مهم تعلم اللغة. وما قلته يا انتصار صحيح، إذا تحدث شخص اليكِ في الشارع فعليكِ فهم ما يقول لكي تستطيعي الرد وذلك لا يتحقق إلا مع مستوى جيد في اللغة. عندما التحقت بدورة تعليم اللغة لم يضعوني في صف الدور الابتدائي للحروف وإنما مباشرة في المستوى الأول A1 لأنني أتقن كتابة الحروف الهجائية من اللغة الإنكليزية وأستطيع كتابة

angefangen, mich wie eine Komparsin zu fühlen, die überall angefragt wird und die geht und dem Ruf folgt. Bei jeder Aktivität, von der sie erzählen, findest du mich. – Und wie ist dein Kontakt zu Deutschen?

Mouna: Ich habe nicht so viel Kontakt. Ich habe Angst vor der Sprache.

Saloua: Du hast Angst davor zu sprechen?

Mouna: Ja, ich habe Angst davor zu sprechen. Und wenn ich Deutsche treffe, muss ich sprechen. Also versuche ich, nicht so viel Kontakt zu haben. Ich gehe zu Veranstaltungen, gehe ins Café, und meine deutschen Freundinnen kommen zu mir nach Hause. Aber ich bleibe immer ängstlich, weil ich gehemmt bin, die deutsche Sprache zu benutzen. Ich bin unsicher.

Saloua: Hm, ich bin da ganz bei dir. Was ich aber herausgefunden habe, ist, dass Deutsche es lieben, wenn du ihre Sprache sprichst. Selbst, wenn du sie falsch sprichst.

Mouna: Ja, das stimmt.

Saloua: Das ist etwas, das mir Deutsche beigebracht haben: »Sprich, wir verstehen dich.«

Mouna: Mein Sohn motiviert mich. Ich spreche, aber die Angst vor der Sprache ist ein Hindernis. Dabei will ich aktiv sein. Dieses Thema belastet mich.

Saloua: Ich spreche, ich spreche auf lächerliche Weise, so dass sie vielleicht untereinander über mich lachen, wie ich spreche, aber ich spreche [lacht].

Mouna: Ich habe bis jetzt nicht genug Mut, obwohl ich das B1-Niveau des Sprachzertifikats abgeschlossen habe. Ich habe mich sehr angestrengt. Und mein Sohn war mit mir in derselben Klasse.

Saloua: Ah, gut, schön [lacht].

Mouna: Mein Sohn bearbeitet die Übungsaufgaben in fünf Minuten. Und ich versuche zwei, drei Stunden lang, die Aufgaben zu machen und mir die Wörter zu merken. Das hat mich sehr erschöpft.

Saloua: Ja. Bei mir war es das Gleiche.

Mouna: Ich habe mich gefühlt, als ob ich lerne, aber dann wieder alles vergesse, lerne, aber vergesse. Darunter habe ich gelitten.

اسمي، لكن رغم ذلك كان المستوى الاول A1 صعبا للغاية لم أكن أعلم أي شيء عن اللغة الألمانية حتى أنني لم أكن أعرف الكلمات المهمة. شعرت بأنني ضائعة وحاولت مشاركة مشكلتي مع اللغة في الصف، لأنني اردت حقا التعلم وفهم اللغة، لكنني لم أتمكن أبدا من اجتياز هذا المستوى. حتى لو واجهت صعوبة كبيرة فإني أحاول جاهدة تعلم اللغة لأنني أعيش في هذا البلد وأريد أن أعرف كيف يتصرف الناس هنا وكيف يعيشون، وهو ما لا يتحقق إلا عن طريق المحادثة.

فرح: نعم لكن الطريق لا يزال طويلا. عندما وصلت إلى هنا واجهت الكثير من الصعوبات. لم أذهب إلى مدرسة اللغة لمدة سبعة أشهر وفي كل مرة أرغب فيها بالالتحاق بإحدى المدارس كان علينا أن ننتقل من سكننا والآن أذهب إلى المدرسة بانتظام ولكن الفصول الدراسية ليست كافية لبناء مستوى لغوي جيد. نحن نتعلم القواعد فقط، ولا توجد محادثة أو ما شابه ذلك. أذهب إلى درس اللغة من الثلاثاء إلى الجمعة، ولكن أيام السبت والاحد والاثنين كافية لأنسى في أثنائها كل شيء تعلمته مرة أخرى. بغض النظر عن المكان الذي أذهب إليه، أشعر بالغباء لأنني لا أستطيع تحدث اللغة. بالضبط مثلما حدث حين رافقت انتصار لأخصائي العيون فقد أزعجني ذلك الموقف لأنني لم أتمكن من التحدث بشكل جيد. في مثل هذه الحالات يجعلني الناس أشعر بأنني عديمة الجدوى ولا قيمة لي.

أفين: هذا صحيح لكنني أشعر بالسذاجة في مثل هذه المواقف (تقهقه). لكن عندما يتحدث الناس بوضوح معنا ويشرحون ببطء ما يريدون فعندئذ يسير الأمر بشكل جيد.

فرح: نعم يمكن أن يساعدني الناس لكن ينبغي عليهم التعبير عن الأشياء بسهولة أكثر ومحاولة فهمي حين أتحدث وإذا استعصت على ذهني جملة أو لم أستطع إيجاد كلمة ما، فإنه من المفيد حين ت/يحاول المحاور/ة إعطائي كلمات لتسهيل الأمر. فعلى سبيل المثال أحياناً عندما أخطأ في نطق كلمة معينة وحين يكون لهذه الكلمة معانٍ عديدة وأنا قمت باستخدامها بطريقة خاطئة، فإن الناس لا يفهمونني. أتذكر قصة رجل أراد شراء (خبز) (Brot) لكنه أخطأ في لفظ الكلمة فتحولت إلى (ثدي) (Brust) (تقهقه). مثل سوء الفهم هذا مضحك. هناك العديد من الكلمات أيضًا ذات البنية المتشابهة جدًا، وأجد صعوبة في تمييزها عن بعضها البعض: umziehen, aufziehen, anziehen.

انا اعتقد إذا بذل الناس القليل من الجهد معي فإنني أستطيع تحدث اللغة بشكل جيد، كما يمكنني ممارسة اللغة من خلال مشاريع معينة مثل مشروع الكتاب هذا، إذ أتاح لي التعرف على أناس جدد لأتمكن... من الاندماج بصورة جيدة في المجتمع.

أفين: هذا صحيح من خلال مشاريع كهذه، يستطيع المرء التعرف على أشخاص لطفاء وتكوين صداقات ولا يشعر بعد الآن بالوحدة. من الجميل ان يكون لدينا اصدقاء وصديقات للقائهم/ن. لديّ هنا الكثير من الاصدقاء والصديقات الأكراد وأيضا من مختلف البلدان أنا أعتقد أن الإنسان يشعر بتحسن عندما يكون محاطا بغيره من الناس.

فرح: أنا أعتقد أنه من الصعب تكوين صداقات هنا. حتى في صف اللغة أشعر أنه من الصعب مقابلة أصدقاء وصديقات جيدين.

أفين: نحن بحاجة إلى تواصل مع الألمان لكي نمارس اللغة ونحسن منها لأنني في المنزل أتحدث الكردية مع الكل. كيف يمكن تعلم اللغة؟ يجد علينا الاندماج في المجتمع، صحيح؟ ومن أجل تحقيق هذه الهدف علينا

Saloua: Das ist das Alter. Wir sind nicht mehr jung.

Mouna: Als sie mich anriefen und mir sagten, dass ich das B1-Niveau geschafft habe, konnte ich es nicht fassen. Ich habe mich sehr gefreut. Aber als sie mir beim Jobcenter sagten, ich solle auch B2 machen, lehnte ich ab.

Saloua: Komplett?

Mouna: Komplett. Ich habe zu ihnen gesagt: »Bringt mich zurück nach Syrien« [lacht].

Saloua: Ja, richtig. Wenn du nicht an der Uni studieren willst, brauchst du kein B2.

Mouna: Mein Sohn setzt es fort, aber ich nicht. Jetzt denke ich daran, Kontakt zu Deutschen aufzubauen, damit ich Mut fasse und spreche. Der Sachbearbeiterin im Jobcenter habe ich gesagt: »Nein, ich habe viel psychischen Druck, ich brauche nicht auch noch schulischen Druck.« Jetzt hat mir das Jobcenter einen Arbeitsvertrag geschickt: Einen Job als Altenpflegerin, den ich mir anschauen möchte.

Saloua: Hm. Was sollen wir machen? Leider wurden uns im Alter diese Lebensumstände aufgezwungen. Wir hätten früher in dieses Land kommen müssen, dieses Land braucht junge Leute, es braucht keine Alten.

Mouna: Ja ... Wie geht es dir mit der Bürokratie?

Saloua: Es ist das Land der Bürokratie.

Mouna: Das ist es, auf jeden Fall [lacht].

Saloua: Schrecklich. Der Papierkram hier ist nicht normal. Nie in meinem Leben hatte ich einen Ordner nur für meine Unterlagen. Alles läuft schriftlich, obwohl es doch ein entwickeltes Land ist, das Land des Internets. Warum ist dann alles auf Papier? Das ging dir bestimmt genauso?

Mouna: Ja, ich habe einen großen Unterschied festgestellt. In Syrien waren unsere Angelegenheiten viel leichter, was die Abläufe angeht.

Saloua: Das stimmt. Es geht schneller.

Mouna: Und hier brauchst du für alles ein Papier, musst warten und brauchst einen Termin. Wenn ich einen Brief vom Jobcenter bekomme,

التواصل مع الألمان. ليس عيبا أن نقوم بأخطاء في اللغة لأن هذه الأخطاء وحدها ما يستطيع مساعدتنا للتعلم. غالبا ما أتحدث مع صديقة ألمانية عن طريق الوتساب لكن كتابةً وليس نطقا لأنني أشعر بالخجل عند الحديث فهي تضحك عندما أخطأ في التعبير عن نفسي.

انتصار: أنا أعتقد أن اللغة الألمانية جميلة، على المرء أن يتعلمها على الأقل لكي يستطيع التواصل مع الآخرين، فقد وقعنا في مواقف محرجة بسبب اللغة (تقهقه). حدث موقف مأساوي في يوم ما، كنا نركب مترو الأنفاق وعندما حدث عطل ما في القطار وطلب سائق القطار من الجميع النزول عبر المذياع، فنزل الجميع إلا نحن بقينا في القطار ننظر إلى الجمع ولا نعرف ما يحدث. حادثة أخرى وقعت منذ فترة وجيزة، كنت أريد أن أحضر ابنتي من الروضة، لذا ركبت الإس بان S-Bahn وفجأة نزل الجميع من المقصورة التي كنت أجلس فيها فقلت في نفسي يا إلهي ماذا عليّ أن أفعل فأنا لم افهم شيئا! لقد كانت حقا مشكلة بل كارثة بالنسبة لي. ذهبت إلى مراقب التذاكر وسألته كيف يمكنني أن أذهب إلى هذه المحطة في حال لو توقف الإس البان S-Bahn عن السير فنظر إليّ متحيرا وقال لي: »ما زلتِ تحتاجين إلى عبور ثلاث محطات بواسطة هذا الاس بان S-Bahn »عندها فهمت أنه لا توجد هناك أي مشكلة على الاطلاق وأنها كانت محض صدفة أن ينزل الجميع من المقصورة التي كنت فيها للمحطة التي يريدونها. لقد كان موقفا محرجا جدا، فنحن نشهد الكثير من المواقف المضحكة والغريبة بسبب اللغة.

أحيانا يتحدث الناس معي لكنني لا أفهم ما يقولونه وفي هذه اللحظات أشعر بالضياع التام مثل شخص أميّ. في سوريا ولبنان كنت أشعر بالاستقلال وأفعل كل شيء بنفسي، ولكن هنا أبسط الأشياء فجأة تصبح صعبة بشكل لا يصدق. عادةً ما أواجه مشكلات عند التسوق بمفردي، لأنني أجد صعوبة في نطق الأرقام بشكل صحيح وفهمها أيضا. عادة ما أتعرض لمواقف سوء تفاهم غبية. يا لها من مأساة!

أمل: أنا بدوري لديّ صعوبة كبيرة مع اللغة حتى أنني أنسى الكلمات التي غالبا ما أقوم بترجمتها والتي من المفترض عليّ معرفتها. أنساها هكذا (تقهقه) ولكن فرح تساعدني في ذلك، فهي مُثابرة وتحفظ بسرعة عن ظهر قلب.

فرح: بالنسبة لي تعلم اللغة ذو أولوية، فعن طريقها يمكنني أن أصنع شيئا لنفسي. يمكنني فهم القوانين ومعرفة ما هو مسموح وما هو ممنوع. أريد تعلم الكثير عن القوانين والحقوق. ليس بالضروري كموضوع يدرس بل الأشياء الضرورية التي أحتاجها في حياتي اليومية. ربما أتمكن من فهم كيف يمكنني إحضار أخي إلى هنا، وعندما أنتهي من اللغة الالمانية أود أن أتعلم لغات أخرى. أريد ايضا أن أحسّن من لغتي الإنجليزية ثم أتعلم اللغة التركية. أريد أيضا تعلم استخدام الكمبيوتر.

أفين: ماهو رأيك بالناس هنا في برلين؟ هل تشعرين بأنه مرحب بكِ هنا عندما تسيرين في الشارع؟

أمل: أحيانا نشهد حالات غير مريحة بسبب ارتدائنا للحجاب. في يوم ما ركبنا الاس بان S-Bahn وعندها دخل رجل وجلس بجانبي وبدأ يومئ بيده ويقول شيئًا لم أفهمه. حينها قالت لي فرح: »أمي انه يريد منك أن تنهضي«. فقمت من مكاني في حيرة، لأدرك فجأة أنه لا يريدني أن أجلس بجواره لأنني كنت أرتدي الحجاب

فرح: وسألها الرجل: »لماذا ترتدين الحجاب هنا؟ لماذا جئت إلى هنا؟«. كانت تعليقاته على الحجاب مخزية بحق ولم أرد الاجابة عليه فقط قمت بتجاهله.

أمل: لقد فهمت فرح ما قال ولكنها لم ترد الرد عليه فقد كان رجلا كبير في السن، ولم تود أن تكون عديمة

kriege ich schon Angst [Saloua lacht]. Ich kriege Angst, weil die Angelegenheiten beim Jobcenter mir Probleme bereiten. Das hat eine psychische Krise bei mir hervorgerufen.
Saloua: Was möchtest du jetzt hier machen?
Mouna: [holt Luft] Jetzt ist ehrlich gesagt das Wichtigste für mich, dass ich mich traue, Deutsch zu sprechen [lacht]. Dass ich fließend spreche.
Saloua: Vergiss nicht, dass Deutsch die drittschwerste Sprache der Welt ist. Es ist überhaupt keine leichte Sprache.
Mouna: Wenn ich mit Deutschen sitze, möchte ich diskutieren. Nicht nur Frage und Antwort. Ich möchte über verschiedene Themen sprechen, die uns beschäftigen. All das kann ich nicht. Ich habe das Gefühl, dass sie nicht die richtige Vorstellung von mir, von uns gewinnen.
Saloua: Du kannst es auch über den Umgang vermitteln.
Mouna: Wie will ich diskutieren, wenn meine Sprache nicht fließend ist?
Saloua: Du hast Recht.
Mouna: Mein zweiter Wunsch ist, dass ich eine Wohnung finde, damit sich der dritte Wunsch erfüllt und meine Kinder nach Deutschland kommen und wir alle zusammen in einer Wohnung leben können.
Saloua: Wo sind deine Kinder?
Mouna: Ich bin mit einem meiner Söhne hier. Ich habe aber noch drei Kinder und eine verheiratete Tochter, die alle noch in Syrien leben. Die drei Kinder muss ich hierherbringen. Bis jetzt hat es nicht geklappt, weil es Probleme mit der deutschen Botschaft im Libanon gab. Ich hatte eine Aufenthaltserlaubnis für ein Jahr. Meine Anwältin hat einen Ausnahmeantrag gestellt, und sie haben meine Kinder interviewt, aber die Botschaft hat abgelehnt. Ich habe gewartet. Jetzt habe ich eine Aufenthaltserlaubnis für drei Jahre. Die Dinge werden sich entwickeln, mithilfe der Anwältin.
Saloua: Insha'allah!
Mouna: Und meinen letzten Wunsch verschiebe ich, bis sich all diese Wünsche erfüllt haben. Mein letzter Wunsch ist, dass ich arbeite und

الاحترام معه. لذلك آثرت الصمت. فسألها ثانية: »كم عمركِ؟« فأجابته: »تسعة عشر عاما« سألها: »لماذا ترتدين الحجاب ولماذا جئتم إلى هذا البلد؟ عودوا إلى بلادكم«. كانت فرح غاضبة جدا، لكنها بقيت صامتة لكونه رجلا كبيرا في السن. وبعد خروجنا من القطار أخبرتني فرح بما قاله الرجل وحينها شعرت بالغضب والذهول. ما الضرر الذي سيحلق بالناس إذا ارتدينا الحجاب؟ لقد ارتديناه في بلادنا ونرتديه هنا أيضا، وهو جزء من هويتنا وهو بالأساس حرية شخصية. كنت مستاءة جدا حول الوضع وبكيت على إثره في المنزل، وسألت نفسي ما الذي كان يتحتم عليّ فعله حينها؟ ولكنني شعرت بأن لاجدوى من فعل أي شيء. في كل مرة نلتقي بشخص يسألنا لماذا نرتدي الحجاب، وقد تكرر هذا أكثر من مرة في الآونة الاخيرة. كنت أستقل الباص وكانت هناك امرأة كبيرة في السن، نظرت إليّ بطريقة غير ودية، وحركت رأسها بطريقة دالة، كأنها تحتقر وجودي وكنت أعلم أنه بسبب حجابي. يجرحني الأمر حين ينظر إليّ الناس بهذه الطريقة، فقط لأني أرتدي الحجاب. إنه لشيء مزعج بحق.

فرح: هنا في برلين لا أشعر دائما بأنه مرحب بي. فهناك فرق كبير بين الناس.

افين: هل شعرتي بالعنصرية حين سألك الرجل عن حجابك؟

فرح: بصراحة بدأت بالبكاء بعد هذا الامر.

انتصار: حدث الامر كذلك بالنسبة لي قبل فترة قصيرة، كنت مع فرح وأمل نستقل مترو الانفاق وكان مزدحما جدا. قام رجل بدفعنا وصرخ علينا: »اذهبوا بعيدا! فقط اذهبوا بعيدا«. لم نفهم لماذا تحدث إلينا بهذه الطريقة. لم نفعل أي شيء سيء لم نكن نزعج أحدا، ولكن في مثل هذه الحالة لا أستطيع فعل أي شيء وهذا ما يزعجني كثيرا.

أمل: أنا بدوري أفضل الصمت فما الذي يمكن أن نفعله في مثل هذه مواقف؟

فرح: بالفعل كان شيئا لا يطاق، أردت أن أبقى قوية أمام هذا الرجل لكن عندما أدرت وجهي لم أستطع تمالك نفسي فبكيت. إنه أمر لا يصدق حقا، كم مرة تمت مهاجمتنا في الشارع حتى أنني تعرضت للشتم من مدة قصيرة من قبل ألماني مسن عند محطة الحافلة، صرخ فيّا: »عودي إلى بلدك! تباً للنساء للمحجبات« وغيره من هذا القبيل. فجأة تقدم باتجاهي ودفعني إلى الشارع. صدمت بهذا الفعل، فلم أكن أتوقع أن أتعرض لاعتداء جسدي. ومباشرة قام بعض الرجال الأتراك الذين كانوا ينتظرون في محطة الحافلة بالتدخل والدفاع عني. كنت محظوظة حقاً لأنهم كانوا هناك وأنني لم اصب بأذى. بعد بضعة أيام كنا ننتظر عند نفس محطة الحافلة وعندها ركض رجل باتجاهنا وشتمنا ثم توقف أمام عمود جدول مواعيد الباص وأخذ يكتب شيئاً بقلم لبدي أسود. لم أفكر كثيراً بالأمر اعتقادا مني أنه يفعل شيئاً آخراً، لكنني لاحظت أن جميع الأشخاص الذين ينظرون إلى ما كتب يعيدون النظر إلينا ويهزّون رؤوسهم أو يتهامسون وعندما نظرت إلى الكتابة شعرت بسوء شديد. بالأحرف السوداء كتبت عبارة (الاسلام إلى الخارج). بعدما ما حصل، كان صبري قد نفذ كنت غاضبة جدا وشعرت بالأذى والحزن وأردت أن أفعل شيئا لذلك لجأت إلى مكتب مكافحة التمييز. لو بقيت في وطني لعشت بكرامة، ولما احتقرني أحد، على الرغم من أننا تعرضنا للتمييز في لبنان بسبب كوننا لاجئين سوريين - فلسطينيين.

بالطبع أشعر أحيانا بالترحيب هنا حيث هناك العديد من الناس اللطفاء وهذا ما يخفف من قسوة الوضع. ومع ذلك أشعر أحيانا بالاكتئاب وحينها لا أستطيع أن أتعلم أو أفعل أي شيئا آخر. فقدت الكثير من الوقت

aktiv bin. Alles erfüllt sich Schritt für Schritt, aber das braucht Zeit.
Saloua: Richtig.
Mouna: Vielleicht sind deine Wünsche andere, ich weiß nicht [lacht].
Saloua: Wir alle haben den gleichen Wunsch, dass wir die Sprache lernen. Und gleichzeitig wünsche ich mir, dass ich arbeite, ein Einkommen habe, finanziell unabhängig bin. Viele Deutsche denken, dass sie ihre Steuern zahlen, um sie uns zu geben. Ich bin aber bereit, in meinem Alter noch zu arbeiten, damit ich nichts von ihnen nehme. Leider ist das schwierig. Wenn die jungen Leute keine Arbeit finden können, wie kann ich da in meinem Alter Arbeit finden?
Mouna: Das stimmt.
Saloua: Insha'allah, insha'allah. Ich habe keine persönlichen Probleme mit den Behörden, aber mein Sohn. In Syrien hat das syrische Regime ihn festgenommen und gefoltert. Sie haben ihn auf einem Berg ausgesetzt, voller Blut und bei Nacht. Er hat Zahnmedizin studiert, im ersten Jahr, und war neunzehn Jahre alt. Er wusste noch nichts vom Leben. Durch dieses Ereignis waren wir gezwungen, sein Studium abzubrechen. Er ging nach Ägypten, um dort sein Studium fortzuführen. Dort gab es wieder sehr viele politische Probleme, und er hat sich auch dort nicht sicher gefühlt. Er hat wieder gelitten. Und auch ich habe gelitten, weil ich nicht zu ihm konnte und er nicht zu mir. Ich habe ihn in sechs Jahren nur einmal gesehen. Als wir nach Deutschland kamen, haben wir uns gesagt: »Hoffentlich wird er bei uns bleiben und sein Studium hier in Deutschland beenden können.« Meine Tochter studiert auch hier. Wir haben viel gemacht und viel gezahlt, bis er hier ankam. Bei der Ankunft haben sie ihn aber abgelehnt, weil er über Spanien kam. Er wartete drei, vier Monate. Dann lehnten sie ihn endgültig ab, und er sollte sofort nach Spanien zurückgehen. Er wurde auf schlimme und inhumane Weise abgeschoben.
Mouna: Das ist ein großes Problem. Jeder lebt an einem anderen Ort. Das ist bei uns sonst nicht üblich.
Saloua: Wir werden sehen, was kommt.
Mouna: [stöhnt] Ahhh, mein Gott. Also wenn dein Sohn jetzt in Spanien

ولا أستطيع فعل أي شيء حياله. أفين كان لديك مشاكل مع الاكتئاب بدورك؟ اليس كذلك؟ كيف حالك الآن؟

أفين: شعور عادي لقد اعتدت على ذلك. ليس لديّ شقتي الخاصة وهذا صعب نوعا ما. وماعدا ذلك، فأنني أذهب إلى المدرسة وهناك كل شيء يجري على ما يرام ولكن مايجعلني أشعر بالسوء أكثر هو عندما أعيش نوبة اكتئاب وفي أثنائها أتلقى رسالة تبلغني أنه لا يزال يتعين عليّ الذهاب إلى الجوب سنتر. وعندما أذهب إلى هناك أشعر بأنني أضيّع وقتي فقط لا أكثر. وهذا مزعج، حتى أنني غالبا ما أشعر بحاجة إلى استراحة من كل هذه البيروقراطية. يا إلهي يمكنني أن أغني عن حياتي أغنية بائسة (تقهقه).

أمل: حدثينا عن ذلك.

أفين: أنا وزوجي لم نعد نفهم بعضنا البعض، بل أصبح من المستحيل بالنسبة لنا أن نفهم بعضنا الاخر. لم يكن بإمكاننا إنجاب أطفال وكان الامر صعبا علينا. لهذا انفصلنا. أشعر براحة أكبر حين أكون وحدي ولا أريد أن أزعج أي شخص بمشاكلي. أعتقد أنه من الأفضل على المرء أن يخفي مشاعره الحقيقية، كما أعتقد بأنه لايوجد أحد باستطاعته مساعدتي في ذلك.

فرح: ماذا تفعلين حين تكونين وحدك؟

أفين: أنا هنا وأريد العيش هنا لذلك عليّ تعلم اللغة والعمل.

انتصار: وكيف تشعرين بعد الانفصال؟ هل تشعرين بتحسن؟

افين: نعم أشعر بتحسن الآن وسوف أشعر بتحسن أكبر في المستقبل إذا وجدت شقة. حينها سأشعر بأنني أفضل بكثير (تقهقه). في الماضي كانت العائلة أكثر أهمية بالنسبة لي من نفسي، ولكن الآن تعلمت أنه يتوجب عليك أن تعتني بنفسك أولا. عليّ أن أعتني بنفسي أكثر من الآخرين.

فرح: أصبتِ. لكني أرى الأولويات مختلفة بعض الشيء: إن حب الذات وحب الأسرة مترابطان. لكن إذا كانت العائلة تؤثر سلبا فهنا أصبح انا أكثر أهمية.

افين: جعلني زوجي أكره حياتي. لماذا؟ لأنه فقط أراد أن يكون لديه أطفال، وهذا ليس عذرا. لم يكن الأمر بيدي، ولا أستطيع أن أفعل شيئا حيال ذلك. كان هو السبب في إنهاء علاقتنا، فبسببه كرهت حياتي لم أكن هكذا من قبل، فقد كنت أشعر بالسعادة والرضا دائماً وحينها سألت زوجي: »لماذا جعلتني أكره نفسي؟« وبعدها تركته وعشنا منفصلين لمدة سبعة أشهر. بعد ذلك أخبرني »لن يحدث ذلك مرة أخرى« و بعد عام تكررت نفس القصة. أي نوع من الحياة هذه؟ أ يجب عليّ تحمل المعاناة فقط لأنني لا يمكن أن أنجب أطفالا؟ كل شيء بيد الله لا أنا ولا هو بيدنا فعل شيء. فهو ليس ثوبا أو حذاء أو أشياء يمكنك التخلص منها إذا لم تناسبك. لقد ولدت بهذه الطريقة وأنا راضية عن ذلك. لا أريد اطفال بل أريد الاستمتاع بالحياة فقط. أحب العيش وحدي. دعونا نستمتع بالحياة لأن الحياة ستستمر.

فرح: في بعض الأحيان من الأفضل أن يعيش الإنسان بمفرده.

افين: انتهى! لا يهمني أمره ومع هذا يدعو نفسه رجلاً! بالطبع الحياة قصيرة جدا وعليّ أن استمتع بحياتي وأذهب إلى حيث أريد وأفعل ما أريد. حتى وإن كان المكان فيه رقص وكحول فأنا أريد الذهاب اليه.

فرح: أود قول شيء آخر. إن الزواج السيء يخلق الاكتئاب، وعندما تتواجدين في بيئة إيجابية فإن الاشخاص حولك سيمدونك بالطاقة الايجابية. من الأفضل أن يعيش الإنسان في جو إيجابي في المنزل فهذا يجعل حياة الآخرين أسهل.

sein wird und nicht zurückkommen kann, was willst du tun?

Saloua: Mir wird nichts anderes übrig bleiben, als ihn regelmäßig zu besuchen. Ich weiß nicht, wie seine Situation in Spanien sein wird. Wo er leben wird, was er machen wird, ob er sein Studium abschließen kann oder nicht. Als die Zukunft meines Sohnes unterbrochen wurde, war es, als ob auch meine Zukunft unterbrochen wurde. Unser Leben ist ein Umherziehen geworden, ein einziges Verloren-Sein. Meine Familie ist groß, jeder ist in einem anderen Winkel. Du fühlst überhaupt keine Stabilität.

Mouna: Ja, richtig, die Stabilität der Familie. Am Anfang, als sie meine Kinder abgelehnt haben, war ich richtig verzweifelt. Ich habe zu meinem Sohn gesagt, dass ich nach Syrien zu meinen Kindern zurückkehren will. Aber als ich zur Anwältin gegangen bin, hat sie mich ein bisschen aufgebaut und mir gesagt: »Wir werden alles versuchen.« Sie hat mir etwas Hoffnung gegeben. Und als ich die Aufenthaltserlaubnis für drei Jahre bekam, wurde meine Hoffnung größer. Insha'allah!

Saloua: Gott sei Dank, ich freue mich für dich, wirklich, ich freue mich sehr für dich und wünsche dir Glück.

Mouna: Sie haben mir gesagt, dass ich, wenn ich Vollzeit arbeite, die Möglichkeit habe, meinen zweiten Sohn nachzuholen. Ich werde auf allen Wegen versuchen, ihn zu mir zu holen.

Saloua: Insha'allah wirst du das können.

Mouna: Und ich habe meine Töchter in Syrien. Momentan gibt es nur die Möglichkeit, sie in einem anderen Land sicher zu wissen, denn nach Syrien kann ich nicht zurück. Natürlich, wenn die Dinge sich zum Guten wandeln ...

Saloua: [seufzt] Ach ... So ist unsere Lage geworden.

Mouna: Wir versuchen uns, so gut es geht, an das neue Leben zu gewöhnen.

Saloua: Ich habe noch eine Sache, die ich gerne sagen möchte. Für den Fall, dass das hier als Buch gedruckt wird und die Deutschen erreicht: Ich verstehe, wie viele andere Araber*innen auch, dass wir als Gäste oder Fremde zu ihnen gekommen sind. Wir sind gekommen,

أفين: لا يمكن أن يتقابل سلبي مع سلبي لأن ذلك لن يولّد سوى البؤس والكآبة.

فرح: قبل فترة حدث نقاش ساخن بيني وبين صديقتي وحينها كنت مستاءة جدا وبكيت، فاعتقد الآخرون بأنني كنت أبكي بسبب هذه المشاجرة. ثم أخبروني أنه لأمر تافه ولا يستحق أن تبكي لأجله، وتمنوا لو أن مشاكلهم ببساطة مشكلتي، لقد خمنوا ذلك فقط لأنني لا أتحدث عادة عن مشاكلي، ولكن هذا لا يعني عدم وجود للمشاكل في حياتي. كل المسألة، أنني لا أريد أن أحمّل شخصا ما عبء مشاكلي.

أفين: على المرء أن يتحدث عن مشاكله مع أشخاص يثق بهم، إنه لأمر جيد عندما يملك الشخص مجموعة من الناس يتقبلون شخصه ويحبونه كما هو.

انتصار: أحيانًا يتم سؤالنا من أين نأتي بهذه الطاقة للاستمرار في العيش بشكل طبيعي على الرغم من هذه الظروف، لكن أتعلمين؟ ان طاقتي شبه مستنفذة الآن.

أمل: بطبيعة الحال، إن الإنسان يتكيف بشكل طبيعي مع الظروف الصعبة ويسعى للبقاء إذا أراد أن يعيش في بلد ما. على الرغم من أننا شهدنا حرباً وأزمة لكننا نسعى أن نكوّن حياة جديدة هنا في برلين مليئة بالطاقة الإيجابية.

انتصار: ولكن كيف يمكنني أن أحتمل كل ذلك؟ لقد اكتفيت. تخيلي! لم أكن مصابة بالسكري ثم أخبرني الأطباء فجأة، أنني مصابة بداء السكري. كل هذا بسبب المخاوف

أمل: نعم بالتأكيد.

انتصار: لم يكن لدينا أي فكرة عما سيكون عليه الحال في ألمانيا.

فرح: إذا قدمت امرأة أو فتاة لتوها إلى ألمانيا وبدأت تقرأ هذا الكتاب، فإنني أنصحها بعدم أخذ الأمور شخصياً إذ لا يمكن للمرء حل مشاكل معينة، لأن الوضع السياسي ببساطة لا يسمح بذلك، للأسف، نحن لا نملك أي قوة لتغيير النظام.

أفين: أود أن أقول لها إنه من الأفضل عدم قراءة الكتاب وإلا فإنها ستصبح متشائمة. لا ينبغي أن تُسلم نفسها للخوف.

انتصار: على الرغم من أن وضعنا صعب، ورغم صعوبة الحياة هنا، لكن على المرء أن يستمر لأن هذه هي الحياة.

افين: نعم أنتِ! محقة! فالحياة تستمر على أية حال.

wie zu jemandem, der ein Haus hat, in das plötzlich eine unbekannte Person kommt, einfach bei ihm bleibt und von seinen Sachen nimmt, seine Sachen benutzt. Und du merkst, dass es Menschen gibt, die uns gegenüber Abneigung empfinden. Wir verstehen das, aber wir sind nicht gekommen, weil wir es wollten.

Mouna: Das Problem liegt auch bei ihnen, nicht nur bei uns.

Saloua: Wir sind Zahlen geworden, aber Deutschland ist ein großes Land. In allen Zeiten gab es Menschen, die nach Deutschland geflüchtet sind. Ich wünsche mir, dass bei den Deutschen ankommt, dass es bei uns, genauso wie in Deutschland, schlechte Menschen und gute Menschen gibt.

Mouna: Natürlich. Es sind persönliche Verhaltensweisen, nicht alle sind gleich.

Saloua: Ja, Verallgemeinerungen sind ein Problem.

Mouna: Am Ende hoffe ich, dass ich dem Land, das mich aufgenommen hat, etwas Gutes anbieten kann. Dass ich ein aktives Element der Gesellschaft sein kann.

Küche / مطبخ
Mutfak / آشپزخانه

Post / البريد
Posta / پست

»من المهم ألا يفقد الإنسان الأمل«

جميلة فالييفا من أذربيجان وتبلغ من العمر ٢٣ عاماً وتدرس حالياً لتصبح معلمة في مجال التربية الاجتماعية.

سوزان إبراهيم ١٧ سنة كردية من سوريا وتعيش في برلين منذ ثلاث سنوات مع عائلتها.
ارتادت الصف الترحيبي لمدة عام وهي الآن في الصف العاشر في مدرسة مهنية.

جميلة: كان أول لقاء لنا في ملجأ الطوارئ قبل سنتين تقريباً لكننا لم نكون أي صداقة بيننا إلا بعد أربعة أو خمسة أشهر فقد كانت كلتانا منشغلتين في تلك الفترة. ولكن في يوم ما دخلنا في نقاش مع بعضنا البعض

سوزان: كان ذلك في المطبخ. حيث تناولنا الطعام مع بعض.

جميلة: ومنذ ذلك الحين بقينا على اتصال دائم. كنا دائما سوية في المطبخ أو في غرفنا، كما قضينا الكثير من الوقت في الخارج نتنزه في الحديقة ونشأت بيننا صداقة متينة بحق. وحتى الآن مايزال الأمر على ماهو عليه على الرغم من أن سوزان تعيش الآن مع عائلتها في شقة. ولكن لا توجد مشكلة في ذلك، لأننا دائما على اتصال عبر الواتس اب WhatsApp أو الانستجرام Instagram . في بعض الأحيان، نتصل ببعضنا لمجرد السؤال عن الأحوال »مرحبا كيف حالكِ« وفي أيام العطل نلتقي ونقوم ببعض المشاوير معاً.

سوزان: بعد عدة أشهر من لقائي بجميلة انتقلت من الملجأ الذي كنت فيه. والآن أنا مع عائلتي ونحن ستة أشخاص نسكن في شقة بغرفتي نوم، ما زال يتعين علينا الانتقال مرة أخرى لأنها صغيرة جداً ولا تناسبنا، رغم ان الشقة لطيفة جدا. أعتقد أنها أفضل حالا من الملجأ لأن لدي غرفتي الخاصة مع أخواتي. على عكس الملجأ حيث لا توجد غرف خاصة.

جميلة: ماهو الفرق بالنسبة لكِ بين الملجأ وهذه الشقة؟

سوزان: أفضل شيء في الشقة هو إمكانية حصولنا على مطبخ خاص بنا لنطبخ ما نريد ومتى نريد، كما كان الامر في السابق في سوريا. في الملجأ كان الأمر مختلفاً لأننا كنا مجبرين على مشاركة المطبخ مع الجميع. وبالطبع إنه لأمر جميل أن تقابل الكثير من الناس وتتناول الطعام معهم، لكنني أعتقد أنه من الأفضل أن يكون لديكِ مطبخكِ الخاص. أعتقد أنه من الأفضل ألا نشارك غرفة المعيشة مع أشخاص لا نعرفهم. وانتِ ياجميلة كيف هو الحال بالنسبة لكِ في الملجأ؟

جميلة: نحن نعيش في منطقة لطيفة في مركز برلين في الكودام Ku,Damm. أنا أحب مقاطعة شارلوتنبورغ ولا أريد مغادرتها. ولكن بسبب عملي وأيضا الدروس الإضافية في المعهد التربوي الاجتماعي، لا أملك الوقت

»Was schadet es den Leuten, wenn wir Hijab tragen?«

Amal ist 47 Jahre alt, kommt aus Syrien und ist Mutter dreier Kinder, von denen eines aktuell noch im Libanon lebt.

Farah ist Amals Tochter.

Avin ist Kurdin aus Syrien, auch sie lebt in Europa als Geflüchtete.

Entesar kommt ebenfalls aus Syrien, sie hat vier Kinder. Zwei ihrer Kinder sind bei ihr in Deutschland, eine Tochter ist im Libanon, einer ihrer Söhne steckt in Griechenland fest.

Farah: Erzähl mal, Avin, wie bist du hierher nach Berlin gekommen?
Avin: Ich bin aus Afrin, einer Stadt im Norden Syriens, in der vor allem Kurd*innen leben, nach Deutschland gekommen. Die Reise war sehr schwer und gefährlich, besonders als wir Mazedonien erreichten. Die Grenzpolizei versperrte uns den Weg und sagte, wir müssten zurück. Wir wurden zwei Tage lang ohne Essen an der mazedonischen Grenze festgehalten. Wir blieben auf dem Weg nach Deutschland elf Tage lang hungrig und durstig. Auf der Reise war ich fast zwei Wochen lang sehr krank und musste trotzdem weiter. Als wir hier in Berlin ankamen, ging es mir sehr schlecht. Während der ersten drei Monate verließ ich meine Unterkunft nur, um zum Sozialamt zu gehen. Anfangs kannte ich selbst den Weg dorthin nicht, doch zum Glück wurde ich von einer Freiwilligen begleitet. Ich fühlte mich wie eine Blinde, so eingeschränkt. Die erste Zeit hier in Deutschland war nicht einfach für mich.
Farah: Meine Reise war deutlich einfacher. Ich kam mit dem Flugzeug

لاستكشاف المناطق المحيطة. الملجأ بالنسبة لي، عبارة عن مكان للنوم ولكن ما يزعجني هو أوقات الوجبات المحددة التي تتداخل مع ساعات العمل. من الممكن أن يأتي المرء مساءا شاعرا بالجوع، لكن الطهي محظور عليه سواء أ كان يرغب في الطبخ أو التعلم. فالمرء يحتاج الى السكينة والوقت الذي هو يحدد بنفسه. يحدث احياناً إن عليّ أن أتناول الإفطار في وقت مبكر عند الساعة الثامنة صباحاً رغم أنني أفضل أن استغل الوقت في النوم، لأنني لا أتمكن من الرجوع إلى الملجأ حتى الثامنة والنصف ليلا. المشكلة، هي إنني إن لم اتناول الفطور في هذه الساعة، فلن أستطيع الحصول على وجبة الإفطار بعد ذلك الوقت، وعليّ ان استمر بواجباتي المنزلية وانا اشعر بالجوع. وهذا الامر ببساطة لا يجب ان يستمر. حيث سيكون من السهل عليّ لو انني أطهو الطعام بنفسي. أحاول حاليا العثور على شقة ولكن من الصعب جداً العثور على مسكن.

سوزان: كان يحدث نفس الأمر معي، عندما كنت في المدرسة. فمثلاً على المرء أن يتواجد في الطابق السفلي في الساعة الواحدة والنصف ظهرا لتناول الطعام. ولا يُسمح لأحد أن يأخذ الطعام إلى غرفته لتناوله في وقت لاحق. وإذا لم يتمكن الشخص من المجئ حتى الساعة الثانية والنصف ظهرا فلن يحصل على أي طعام.

جميلة: هذه صحيح مايزال الوضع كذلك إلى الآن. سابقا، كان الامر مختلفاً، فلو كان الشخص مريضا أو لا يتمكن من النزول كان يمكن إرسال فرد آخر من العائلة. اما الآن، فيحظر حتى أخذ الخبز أو العصير إلى الغرفة

سوزان: كذلك الحال بالنسبة لغسيل الملابس فعلى الشخص أن ينتظر ريثما يحصل على بطاقة موعد للغسيل.

جميلة: ولا يمكنكِ الاختيار بنفسكِ متى تغسلين ملابسكِ. هذه ليست شقتكِ الخاصة ولا يمكنكِ غسل الملابس وتعليقها حينما تريدين. وليس لديكِ الحق بالمطالبة بمفتاح غرفة الغسيل إذا كان لديكِ ملابس معلقة هناك وابنتكِ بحاجة إليها لأن عليها أن تعمل في اليوم التالي...

والان ما أود معرفته هو ما شعوركِ عندما جئت إلى ألمانيا؟ هل تدبرتِ أمركِ بشكل جيد وهل تمكنتِ من إنشاء علاقات للتواصل؟

سوزان: عندما وصلت إلى برلين أردتُ أولاً أن أجد دورة تعلم اللغة الألمانية مع أخي، لكيّ نتمكن من المشي إلى هناك سويا. كلانا وجد أن اللغة الألمانية صعبة جدا. ومن بعد ذلك اخترت الصف الترحيبي في المدرسة الثانوية لمدة عام. كان المعلمون والمعلمات لطفاء جدا. لكن الأمر لم يكن سهلا بالنسبة لصديقتي التي كانت ترتدي الحجاب لأن العديد منهم أساء اليها بسبب حجابها. الآن، أنا في مدرسة مهنية لأن أحد المعلمين نصحني بالتغيير. في أبريل سأقوم بتدريب تطبيقي كإخصائية فندقة. حدثيني كيف هو الحال معكِ في الدراسة؟

جميلة: لقد حاولت بجهد فقد كان طريقا طويلا جدا. عندما جئت إلى ألمانيا كان هدفي هو الحصول على التأهيل المهني. لقد قمت بعمل تدريب تطبيقي كراعية للمسنين ولكن بعد مدة لم أر نفسي في هذه المهنة، بل في الاقتصاد المنزلي. وقد حصلت على عقد تدريب لذلك، ولكن لأنني أملك وثيقة السماح المؤقتة الدولدونج (Duldung) لم أتمكن من بدء دراستي. الدولدونج (Duldung) يعني - ربما بعض الناس لا يعرفون ذلك - أنه يمكن ترحيلكِ في أي وقت بالاضافة إلى وجود الكثير من الأمور التي لا يسمح لكِ القيام بها، فعلى سبيل المثال لا يسمح بالعمل وما إلى ذلك. لذلك لم أتمكن من فعل أي شيء لمدة عام ما عدا الانتظار والانتظار. لكنني ما زلت أرغب بشدة في التأهيل المهني أو الدراسة، فالفكرة ما تزال موجودة ولن تذهب أبدا. ولكن أخيرا، وبعد الانتظار في ٥ فبراير ٢٠١٧ في الساعة ٥:٥٥ مساءا جاءت المكالمة التي حصلت بها على تصريح إقامة (تقهقه). لا يمكن أن أنسى ذلك التوقيت لأنه يعني الكثير بالنسبة لي.

aus dem Libanon. Wir hatten dort einige Jahre ohne meinen Vater, der schon in Deutschland wohnte, als syrisch-palästinensische Flüchtlinge gelebt. Meine Mutter und ich haben dann über meinen Vater durch die Familienzusammenführung ein Visum bekommen …

Entesar: Bei mir war es genauso. Mein Mann lebte schon eine Weile allein in Deutschland, und ich bin 2016 mit unseren zwei jüngsten Kindern über die Familienzusammenführung aus dem Libanon hierher gekommen.

Farah: Bei der Einreise gab es also keine Schwierigkeiten. Aber als ich hier ankam, fühlte ich mich nicht wohl. Niemand, den ich kannte, war hier, und wir kamen in eine Gemeinschaftsunterkunft, in einer Gegend, wo es nichts gab.

Avin: Wo genau warst du denn am Anfang?

Farah: Ich habe vergessen, wo genau es war. Hier in Berlin, aber irgendwo, wo niemand war. Ich war ein paar Monate lang ziemlich deprimiert. Das war schwierig.

Avin: Am Anfang muss es schwierig sein.

Farah: Ja, und dann kommt noch das kalte Wetter dazu. Wie fühlst du dich mit dem Wetter?

Avin: Wenn wir uns wohlfühlen, fühlen wir die Kälte nicht.

Farah: Das Wetter hier ist melancholisch. Es kommt mir vor, als wäre es immer Winter.

Avin: Ich mag den Winter, und den Sommer mag ich nicht. Im irakischen Kurdistan, wo ich vorher lebte, ist es immer sehr heiß. Man kann ein Ei in der Sonne braten. Für mich ist die Kälte hier ein Genuss.

Farah: Ich mag den Winter auch, aber nicht so lange. Wir waren davor ja im Libanon. Das Wetter dort ist schön. Es war immer wie im Frühling. Man fühlte die Kälte nicht.

Amal: Vor zwei Jahren waren Farah und ich noch im Libanon. Wir kamen im November 2016 an, fast vor einem Jahr und zwei Monaten, mitten im Winter. Meine Güte! Und es gibt immer noch das große Problem mit der Wohnsituation: Wir sind jetzt drei Personen in einem Zimmer: Farah, mein Mann und ich. Also suchen wir derzeit eine Wohnung. Wir

أنا الآن أدرس من أجل أن أصبح معلمة في مجال التربية والتعليم، بالإضافة إلى عملي الجانبي مع الأطفال. وقد اخترت هذا التخصص لأنني كنت قد عملت مسبقا مع الأطفال في الملجأ لمدة أربعة أشهر، وحينها لاحظت كم أحب أن أصبح معلمة في روضة الأطفال. هذا هو مرادي من الحصول على شهادة معتمدة من الدولة حتى أتمكن من توسيع نطاق تعليمي والحصول على تلك المهنة وتعليم الأطفال شيئاً قيماً لحياتهم. أنا سعيدة لأنني أقوم بهذا العمل الآن! لقد رأيت نفسي في هذه المهنة لأنني خلال طفولتي في ألمانيا حصلت على الكثير من الحب من المعلمين والمدرسين. وهذه التجارب شكّلت الكثير ممن أنا الآن.

سوزان: هذا شيء جميل! حدثيني عن طفولتكِ. هل نشأتِ هنا في ألمانيا؟

جميلة: نعم، كنت أعيش في ألمانيا منذ سن الثالثة حتى الثانية عشر - تسع سنوات وثمانية أشهر. قضيت طفولتي في ألمانيا وليس في أذربيجان. عندما كنت صغيرة كنت أتحدث الألمانية وحدها.

سوزان: لماذا عدتِ إلى اذربيجان عندما كنت في سن الثانية عشر؟

جميلة: لأن أمي كانت تشعر بالحنين إلى الوطن. فذهبنا أنا وأختي معها وبقي والدي هنا. لربما كان الامر دراميا حين وصلنا المطار، وكان الجميع في حالة بكاء، أردنا أنا وأختي البقاء في ألمانيا ورغم ذلك كنت أعرف أنني سأعود. درست في أذربيجان مع الحفاظ على اللغة الألمانية. ثم انتظرت أختي لتنهي دراستها وحينها عدنا إلى ألمانيا مرة أخرى. في السنوات الثماني أو التسع التي عشناها في أذربيجان كنا دائماً على تواصل مع معلماتنا من رياض الأطفال ومع معلماتنا وأصدقائنا من المدرسة. إلى أن قررت والدتي بعد فترة أنها تريد العودة إلى ألمانيا لنعود مرة أخرى.

هل أقمت علاقات تواصل مع الألمان عندما جئت إلى هنا يا سوزان؟

سوزان: نعم لديّ الكثير من العلاقات من الألمان. قالت لي معلمتي في الصف الترحيبي: »أنت لطيفة جدا مع الآخرين وبهذا الشخصية ستبنين جسور صداقات مع الكثير من الناس«. لديّ أيضا الكثير من العلاقات مع أناس من جنسيات مختلفة من افغانستان وإيران وتركيا وغيرها...

جميلة: (همست) وأذربيجان أيضا.

سوزان: واذربيجان بدورها نعم (تقهقه) ومع الأكراد لأنني كردية الاصل من سوريا. وفي المدرسة لديّ الكثير من الصديقات الالمانيات ولكن ليس الجميع طيبي التعامل معي أو مع الاخرين لكوننا لاجئين. فالبعض منهم لا يريد مصادقة »اللاجئين«. كان هناك صبي الماني في الصف الترحيبي، لكنه لا يتكلم الألمانية بشكل جيد لأنه عاش خارجها. كان يقول: »أنا ألماني وأنتم لاجئون. أبي ألماني وهذه بلدي، وأنا أستطيع تعلم اللغة أسرع منكم، فأنتم لستم سوى لاجئين«. وعندما كنا نستنجد به لمساعدتنا في شيء ما، كان دائما ما يرد: »يجب عليكم أن تتعلموا ذلك بمفردكم، أنا لا أريد أن أشرح لكم كل شيء«. حدث ذات يوم أن تشاجر مع صبي في الصف بسبب هذا الامر، ومع ذلك فإنني أؤمن أن ليس جميع الألمان مثله بل هناك اشخاص لطفاء جدا فمثلا في الغالب جميع موظفي وموظفات مخيم اللاجئين لطفاء جداً، وحتى الان لدينا تواصل معهم. في المسكن الذي كنا نسكن فيه، الذي كان في السابق مستشفى وفيه روضة للأطفال وطبيب، ولأنني كنت أتحدث أربع لغات: الالمانية والعربية والكردية والتركية، فقد قال لي كل من الموظفين والموظفات: »يمكنكِ دائما المجيء إلى هنا ومساعدتنا في الترجمة«، وبالطبع كانت إجابتي: »بكل سرور«. كنت اعمل معهم على الدوام، حين يتعلق الأمر بالترجمة، لأن اللاجئين كانوا يأتون باستمرار.

gehen zu Makler*innenfirmen und melden uns an, und sie sagen, sie würden uns Angebote schicken, aber bis jetzt ist nichts gekommen. Wir haben uns bei zehn Makler*innenfirmen angemeldet, aber es gibt einfach keine Wohnungen.

Entesar: Das kenne ich! Als wir hierherkamen, im März vor fast einem Jahr, waren wir wegen der Wohnungssuche sehr erschöpft. Zuerst blieben wir einige Tage in einer Geflüchtetenunterkunft, wo es eine Leiche gab, die seit zwei Wochen stank, aber niemand wusste davon. Der Geruch war so stark, dass wir fast erstickten. Ich war frustriert und sagte zu meinem Mann: »Du hast mich hierher gebracht, um mich in einer Gemeinschaftsunterkunft mit einer geteilten Küche, einem geteilten Badezimmer und nur einem Zimmer unterzubringen!? Es stinkt fürchterlich!« Mein Mann bezahlte dann einem arabischsprachigen Mann 500 Euro, um eine Wohnung zu bekommen, aber die Anmeldung war nicht in unserem Namen, sondern die Wohnung gehörte dem Mann. Also lebten wir dort für einen Monat, und im nächsten Monat sagte er zu uns: »Ihr müsst ausziehen.« Doch wohin sollten wir gehen? Nachdem wir mit unseren zwei Kindern in einer richtigen Wohnung gelebt hatten, wollte er uns ein sehr kleines Zimmer mit einer Küche und einem Badezimmer geben. Warum bezahlten wir den Typen überhaupt? Er ist eine sehr unehrliche Person und er hat unsere verzweifelte Lage schamlos ausgenutzt. Also gingen wir zum Bürgeramt, erzählten ihnen die ganze Geschichte und versuchten, auf konventionelle Weise eine Wohnung zu finden. Die Sachbearbeiterin konnte uns zum Glück helfen. Sie rief bei allen möglichen Geflüchtetenunterkünften an, und irgendwann bekamen wir glücklicherweise eine Wohnung in einem Wohnheim. Also geht es uns jetzt, nachdem wir diese Schwierigkeiten durchleben mussten, viel besser.

Amal: Gott sei Dank! Mein Mann sucht immer noch vergeblich nach einer Wohnung. Farah ist eine junge Frau, natürlich ist sie unzufrieden damit, kein eigenes Zimmer zu haben. Also brauchen wir eine Wohnung, in der sie sich unabhängig von uns fühlen kann, so wie wir uns in einem eigenen Zimmer auch unabhängig fühlen würden. Es wäre schön, eine

لقد سكنا في أماكن مختلفة، وواحدة من مخيمات اللاجئين كانت جد سيئة، ولهذا السبب انتقلنا أكثر من مرة. في وقت ما أرسلنا اللاجيزو LaGeSo إلى مسكن في شبانداو في منطقة بعيدة جدا ونائية. كان من المفترض أن نعيش في الطابق الثالث عشر ولكن تعطل المصعد لمدة ثلاثة أشهر. كان المكان سيئاً لدرجة أننا بقينا هناك ليلة واحدة فقط، ثم حزمنا أشياءنا وعدنا إلى LaGeSo. وأخيراً أرسلونا إلى الملجأ في الكودام حيث قابلت جميلة. بشكل عام عشنا في مخيمات اللاجئين لمدة ثلاث سنوات قبل أن ننتقل إلى شقة Ku,Damm.

جميلة: هذا صحيح كل ماذكرتيه يبدو مألوفا. عندما يصل المرء إلى ألمانيا لابد أن يواجه صعوبات في كل شيء. فمثلا أنا أردت البقاء هنا، ولكن بنفس الوقت لم لديّ تصريح إقامة، مما جعلني أواجه صعوبات في العثور على التدريب المهني أو الشقة. كان علينا ان ننتقل بسبب وضع اللجوء إلى ملجأ للطوارئ. وحتى الآن، مع السماح لنا بالسكن في شقة إلا أننا لا نستطيع ايجادها بسبب المشاكل مع تصريح الإقامة الخاص بي، وبسبب الرفض واجهت الكثير من الإجهاد والاكتئاب. من حسن الحظ أن عائلتي هنا، فألمانيا هي منزلي. لكن الوضع جعلني أشعر بالعزلة تماما. كان ذلك في الحقيقة وقتا صعبا جدا بالنسبة لي. لأنني أفضل العيش هنا في ألمانيا عن العيش في أذربيجان. لأنني نشأت هنا. لأنني لست غريبة هنا. عائلتي كلها هنا لذلك لا أستطيع أبدا أن أشعر بالغربة. أمنيتي الآن هي إنهاء دراستي لأستقر في حياتي. أود الحصول على درجة جيدة وأن أصبح معلمة جيدة. أعتقد أنه من المهم ألا يفقد الإنسان الأمل وأن يكون لديه هدف. آمل أيضا أن أجد شقة قريبا.

سوزان: هذا صحيح امتلاك شقة له العديد من المزايا. الآن يمكننا أخيرا استقبال الزوار دون أن يكون علينا تسجليهم مسبقا. يعيش والدي في كولون ولم يُسمح له بالقدوم إلى منزلنا إلا لثلاثة أيام. أخي يعيش في لايبزغ. كل شخص منا يعيش في مكان ما (تقهقه). ولكن الأهم أن نتمكن من زيارة بعضنا. إذ أننا لم نأت سويا، بل تم توزيعنا إلى مدن مختلفة. في ذلك الوقت، لم يستطع والدي أن يأتي معنا بسبب مشاكل على الحدود التركية. أخي في ألمانيا منذ خمسة سنوات وهو الآن في العشرين من عمره في ذلك الوقت كان الوصول أسهل نوعا ما. ومع ذلك كان علينا عبور البحر من تركيا بالقوارب إلى اليونان. كنا خائفين جدا من المعبر، لكننا لم نتمكن من البقاء في تركيا أيضاً. اضطر أخي الصغير إلى الذهاب إلى الطبيب بسبب إعاقته، ولم يتمكن من الحصول على العلاج في تركيا لأننا لم نكن نملك أي أوراق ثبوتية. كان عمره آنذاك ثلاث سنوات فقط وقال الأطباء/ات إن العلاج يعمل بشكل أفضل عندما لا يزال صغيرا. عشنا في تركيا لمدة أربع سنوات، لم تكن باليسيرة، لأن والدي كان بعيدا وأمي كانت وحدها مع سبعة أطفال. لم تستطع كسب المال الكافي لوحدها ولم نتمكن من العمل لأننا كنا في المدرسة آنذاك.

جميلة: لم يكن لديكم الدعم الكافي!

سوزان: أجل. لم يكن الحال كما هو في ألمانيا، كان عليك أن تفعل كل شيء بمفردك. لا يوجد مركز عمل في تركيا. جاءت أمي إلى هنا وحيدة مع أخي وأختي الصغيرين. أما أنا فمكثت مع أخي الكبير في تركيا. ثم اضطررت بعدها إلى ترك المدرسة لأنه توجب علينا العمل لكسب المال. ذهبنا إلى اسطنبول وعملنا هناك بالمنسوجات. كان الامر شاقاً جداً ... لكن الآن أنا هنا وأرتاد المدرسة. أنا نشيطة جدا، أحب الكتابة ولعب كرة السلة والرقص والتسلق. أود الاستمرار في المساعدة في مخيمات اللاجئين لأنني عشت هناك بنفسي

große Wohnung für uns zu haben, damit wir auch Platz hätten, falls uns jemand besucht, aber jetzt haben wir nur dieses eine Zimmer.

Farah: Es ist wirklich schwierig, dass wir alle in einem Zimmer leben. Wir sind drei: Papa, Mama und ich, und das bringt viele Schwierigkeiten mit sich. Wenn man sich beispielsweise umziehen will oder Freundinnen zu sich einladen möchte. Auch telefonieren ist schwer. Es ist schon öfter passiert, dass mich Freundinnen oder meine Cousinen aus dem Libanon anriefen und ich darauf nicht antwortete, weil ich mich unwohl fühlte. Ich möchte nicht, dass meine Eltern bei allen Gesprächen zuhören. Wir sprechen dann per WhatsApp. Deswegen habe ich seit langer Zeit die Stimmen meiner Freundinnen nicht gehört. Ich vermisse sie sehr.

Amal: Ja, im Moment ist unser großes Problem die Unterkunft.

Avin: Bei mir auch! Ich suche seit langem nach einer richtigen Wohnung, aber bis jetzt habe ich nichts gefunden. Davor habe ich mit meinem Mann in einem Heim gewohnt. Das war schwierig, weil dort alles geteilt wird. Als ich hierher kam, fand ich es seltsam, keine eigene Wohnung oder Privatsphäre zu haben. Man kann sich nicht wohlfühlen, wenn man nicht seine eigene Wohnung hat.

Farah: Aber jetzt wohnst du nicht mehr mit deinem Mann zusammen, oder?

Avin: Nein, vor sieben Monaten habe ich mich von ihm getrennt und das Heim verlassen. Zwischendurch habe ich dann bei einer Freundin auf der Couch geschlafen. Das war nicht einfach. Und jetzt wurde mir ein Zimmer in einem Hotel gegeben, im sechsten Stock, und die Küche ist ganz unten. Aber wenigstens habe ich mein eigenes Zimmer.

Farah: Wir müssen endlich eine Lösung finden. Wenn man so eingeengt lebt und keine Rückzugsmöglichkeiten hat, streitet man sich die ganze Zeit mit seiner Familie. Der Streit nimmt immer mehr zu und keiner versteht den anderen mehr. Manchmal sage ich etwas, und meine Eltern verstehen etwas anderes als das, was ich gemeint habe, und dann geht es schon los mit der Streiterei. Aber das ist nur, weil wir nie Raum haben, um mal zu entspannen. Papa sucht gerade allein

وأعرف مدى صعوبة العيش هناك. سوف أتعلم اللغة الألمانية بشكل جيد وأحصل على درجة جيدة ثم أبدأ التدريب المهني. لكن امنيتي الكبرى هي أن أرى أخي الصغير بخير!

nach Wohnungen. Ich habe auch versucht, eine Wohnung zu finden, aber als ich die Antwort auf meine E-Mail nicht verstand, wusste ich nicht, was ich noch machen sollte.
Entesar: Ja, unsere Männer haben sich bei allen Immobilienfirmen hier registriert, sie haben ihnen unsere Unterlagen gegeben, aber die Katastrophe ist, dass wir keine Antworten bekommen.
Avin: Wir brauchen wirklich Hilfe bei der Wohnungssuche. Wir können doch kein Deutsch, deswegen ist es schwierig für uns. Was können wir tun? Wir sind hier Fremde. Wenn wir zum Beispiel zu Makler*innenfirmen gehen, fragen sie uns nach einem Wohnberechtigungsschein (WBS). Aber manche von uns haben keinen WBS bekommen und müssen trotzdem Unterkünfte finden. Mich überfordert das.
Farah: Wir haben einen WBS, aber trotzdem finden wir keine Wohnung.
Avin: Die einzige Möglichkeit, eine Wohnung zu bekommen, ist, jemanden zu bezahlen, der uns dabei hilft. Diese Leute verlangen dann aber drei-, vier- oder fünftausend Euro und selbst dann ist nicht garantiert, dass wir eine Wohnung bekommen. Das ist unmöglich. Wo sollen wir dieses Geld herhaben? Die Sozialleistungen, die wir bekommen, reichen kaum zum Überleben. Das Geld ist nicht einmal genug, um Kleidung zu kaufen. Wie soll es dann für die Wohnungssuche reichen?
Farah: Stimmt! Diese Leute, die für uns Wohnungen finden können, wollen immer so viel Geld. Und hätten wir dieses Geld, würden wir es benutzen, um meinen Bruder aus dem Libanon herzubringen. Aber selbst, wenn er kommen könnte, wo würde er wohnen? Die Wohnung ist definitiv zu klein! Niemand gibt uns Hoffnung. Wir wissen nicht mehr weiter.
Avin: Nein, wir möchten nur eine Wohnung. Ansonsten möchten wir nichts [lacht].
Farah: Und die Familie wieder zusammenbringen!
Avin: Für mich persönlich ist die Familienzusammenführung nicht so wichtig. Nur der Mann einer meiner Schwestern, die selbst in Dortmund wohnt, ist in Österreich. Den würde sie gerne nach Deutschland bringen.
Amal: Ich habe meinen Sohn im Libanon zurückgelassen. Er hat

Hastane / بیمارستان
Krankenhaus / المشفى

keine Familienzusammenführung erhalten, nur Farah, weil sie zu dem Zeitpunkt noch minderjährig war. Wir versuchen jetzt, meinen Sohn nach Deutschland zu bringen, aber es gibt einfach keine Möglichkeiten. Seine Situation im Libanon ist kompliziert. Er ist eben ein junger Mann. Er möchte arbeiten, aber dort im Libanon gibt es nichts. Für ihn ist es besonders schwer, weil er als syrisch-palästinensischer Flüchtling im Libanon kaum Rechte hat. Er hat weder Arbeit, noch ein Studium. Deswegen möchte er hierherkommen. Er möchte hier studieren und arbeiten, aber nichts klappt. Wenn es doch nur irgendeinen Weg gäbe, ihn nach Deutschland zu bringen! Es gibt jedoch keinen legalen Weg, und um Schmuggler*innen zu bezahlen, die ihn über die Grenzen bringen könnten, haben wir kein Geld. Wir möchten eigentlich auch nichts mit diesen Schmuggler*innen zu tun haben: Sie sind Kriminelle, die vom Leid der Anderen profitieren, Wucherpreise verlangen und für den Tod von vielen Tausend Menschen verantwortlich sind. Aber wir sind verzweifelt. Es gibt keine legalen Möglichkeiten, nach Deutschland zu kommen.

Entesar: Ich habe genau dasselbe Problem; ich habe noch eine Tochter und einen Sohn, die im Libanon geblieben sind. Sie haben keine Familienzusammenführung erhalten. Meine Tochter ist verheiratet. Ich mache mir also keine großen Sorgen um sie, sondern besonders um meinen Sohn. Wie du eben gesagt hast, gibt es dort keine Arbeit und als syrisch-palästinensischem Flüchtling ist es ihm auch nicht erlaubt zu arbeiten. Das hat ihn verrückt gemacht. Er konnte es nicht akzeptieren, ständig Geld zu leihen oder Spenden zu bekommen. Also verließ er den Libanon und ging in den Irak, nach Erbil, und von Erbil in die Türkei. Die Reise war sehr gefährlich, da es zu dieser Zeit Konflikte zwischen dem Irak und der Türkei gab. Ich hatte so viel Angst um ihn, dass ich krank wurde. Nachdem er die Türkei erreicht hatte, sagte er zu mir: »Mama, ich will mit einem Schlauchboot nach Griechenland fahren.« Ich war entsetzt und sagte ihm: »Mach das bloß nicht!« Trotzdem stellte er sich der Gefahr und erzählte mir erst davon, als er Griechenland erreicht hatte. Dort ist er zurzeit und lebt

»تصريح الإقامة هو المشكلة وهو أيضا الحل«

أم أحمد هي أم لطفلين. في بلدها، العراق، كانت أستاذة في معهد. جاءت أم أحمد إلى ألمانيا بحثاً عن بداية جديدة من أجل حياة جديدة تختلف عن حياتها القديمة ومعاناتها في بلدها الأم.

ماري هي ناشطة وطالبة، موظفة، ابنة.

ماري: دعينا نتحدث حول سبب مجيئنا إلى ألمانيا. هل أبدأ أنا في الحديث؟

أم أحمد: نعم تفضلي.

ماري: حسنا! في عام ٢٠١٤ كنت أعيش في سوريا وهناك درست القانون. وفي نفس الوقت كنت أنا وأخي نعمل في مخيم للنازحين الداخليين، أقصد بذلك الناس الذين هربوا من بيوتهم لكن مازالوا داخل البلاد. كنا نعمل مع عدد من المتطوعين على بناء المخيم في مدرسة قديمة، وهناك كان عملي يختص بالنساء والأطفال. كان من المفترض مني أن أعتني بهؤلاء الناس وأوفر حاجياتهم من سكن وطعام وملابس وما شابه ذلك، رغم صعوبة الوضع السياسي آنذاك. كان أبي يعمل في مجال الإعلام لكن بسبب الظروف اضطر إلى اغلاق مكتبه وأصبحنا حينها تحت ضغط شديد بسبب سوء الوضع، وبعد أن أكملت دراستي قررت أن أترك البلاد فورا. ولحسن الحظ استطعنا أن نذهب إلى دبي، وعشنا هناك فترة، مكثت لمدة سبعة أشهر لأقرر بعدها عدم البقاء في الإمارات العربية المتحدة لأسباب شخصية، منها عدم شعوري بالراحة هناك، وأيضا لأنني حصلت على قبول من جامعة ألمانية، لذا نتقلت إلى هنا للدراسة.

أم أحمد: قصتي مختلفة تماما. فأنا وزوجي لم نكن على وفاق منذ ما يقارب سبعة سنين وتحملت لفترة طويلة كل العبء والضغط من الجميع خصوصا من عائلتينا، فكلما دب الخلاف بيني وبين وزوجي كانت العائلة تستاء، خصوصا عائلتي لأنهم كانوا يعتقدون أنه من الأفضل أن أبقى مع زوجي حتى وإن كانت هناك مشاكل. من المعروف في مجتمعاتنا أن حالات الانفصال أو الطلاق يعود سببها إلى المرأة. ورغم أننا حاولنا خلق علاقة زواج جيدة لكن محاولتنا لم تتكلل بالنجاح. كان كل منا من مدينة مختلفة، وقد عشت معه منذ سنة ٢٠٠٧ في مدينة أربيل. كلما دب خلاف بيننا، كان دائما ما يترك المنزل. كنا على خلاف دائم، بسبب امور مختلفة ولكن السبب الاكبر هو خيانته لي مع نساء أخريات، وكانت لهذه الخلافات تأثير سلبيّ على ابني احمد. وفي عام ٢٠١١، ولدت ابنتي نينا وحاولت حينها أن أتغلب على هذه المصاعب لكن دون جدوى. كنت أعمل وقتها في جامعة، وكان الأمر يزعجه كثيرا، فبالنسبة له لا يجوز أن تكون المرأة نشطة اجتماعيا، بما معناه، أنه لا ينبغي لها القيام بالأعمال أو الندوات أمام أشخاص آخرين.

noch in einem Zelt auf der Insel Kos. Er weint ständig. Drei Mal wurde er schon ohnmächtig, er ist wegen des Wetters sehr krank und liegt im Krankenhaus. Er ist jetzt in einem europäischen Land. Sie müssen uns doch jetzt helfen! Es ist nur ein Schritt von Griechenland nach Deutschland, aber wir können diesen Schritt nicht machen. Manche sagen, ich muss 5.000 Euro bezahlen, andere sagen, er braucht einen Reisepass, aber wie soll ich so viel Geld zusammenbekommen? Seine Situation ist so furchtbar. Auch die Ernährung auf der Insel ist ein Problem. Er sagte mir, dass es viele Fälle von Lebensmittelvergiftung gibt, da das Essen für lange Zeit ohne Kühlung aufbewahrt wird. Ich glaube, ich habe wegen der ständigen Angst um ihn Diabetes bekommen. Ich war überrascht, als ich vor ein paar Monaten im Krankenhaus erfahren habe, dass mein Blutzucker plötzlich auf 300 gestiegen ist, obwohl ich nie Diabetes hatte.

Amal: Ich fühle mich – wie soll ich sagen – als ob ich meinen Sohn verlassen hätte. Manchmal würde ich gerne zu ihm zurückkehren, aber das würde auch niemandem helfen. Ich habe keine Ahnung, was ich machen soll. Wir brauchen irgendwie Hilfe, um ihn hierher zu bringen. Es muss irgendeinen legalen Weg geben. Aber wie? Keine Ahnung …

Entesar: Ich bitte die Leser*innen, uns als humanitäre Fälle zu betrachten. Die jetzige Regelung der Familienzusammenführung ist eine Katastrophe. Mein Herz ist gebrochen, und ich habe meinen Appetit verloren. Es macht mich unglaublich traurig, wenn mein Sohn mir Dinge sagt wie: »Ich esse nicht und ich habe kein Geld.« Ich bin hilflos und kann nichts tun. Wenn ich ihn frage, warum er mich seit einer Woche nicht anruft, sagt er: »Ich habe kein Geld, um mein Guthaben aufzuladen.« Und ich kann ihm kaum Geld geben. Ich habe zwar etwas Geld, aber ich kann ihm nur mit kleinen Beträgen helfen. Ich habe hier auch Ausgaben. Also ist die Situation sehr aussichtslos und das macht mich traurig. Ich finde einfach keine Lösung.

Amal: Ich bin in derselben Situation, wir können nichts dafür. Nicht für den Krieg, nicht für die Gewalt und all das, was unser Land kaputt macht. Es macht eine Mutter traurig, wenn der Sohn weit weg von ihr

ماري: ماهو اختصاصكِ في التدريس؟

أم أحمد: طرق تدريس الرياضيات في الجامعة، ولكن قبل هذا كنت أعطي دروسا في تعلم الرياضيات في معهد الكومبيوتر. بالنسبة لزوجي أو على وجه التحديد عائلته، بالأخص والدته، كانوا يعتقدون بأن عليّ أن أعمل في رياض الأطفال أو ما شابه. في لحظة معينة، أقنعوني بالفكرة، وبالفعل حاولت القيام بها فتقدمت بطلبي إلى مدارس متعددة وإلى رياض الأطفال، ولكن تم رفض طلبي لكونني مؤهلة أكثر للعمل في مجال تعليمي أعلى. حتى أنني درست لفترة قصيرة في كلية برمنغهام في أربيل، لكي أتمكن من التدريس في المعهد. ووقتها كان تخصصي مطلوبا جدا، لذلك قاومت مطالب زوجي ومكثت في وظيفتي. فتدريس البالغين كان هو شغفي، بالإضافة إلى تجريب أساليب مختلفة في التدريس بعيدا عن النظرية وأكثر نحو التطبيقات العملية. في يوم ما في سنة ٢٠١٤، اتصلت بي امرأة وقالت لي بأنها زوجة زوجي. بعد هذه المكالمة، تركت المنزل وبعد بضعة أشهر رجعت إلى مدينتي ومكثت هناك لمدة سنتين قبل مجيئي إلى ألمانيا. حاولت في ذلك الوقت أن أسافر بطرق قانونية كالحصول على تأشيرة دخول إلى أوروبا، كنت أود الذهاب إلى أوروبا -أي مكان لا يهم- لكن ألمانيا كانت حلمي. منذ صيف ٢٠١٥، بدأ حلم الحصول على إقامة في ألمانيا. معرفتي المسبقة باحترام حقوق المرأة في هذه الدولة هو ما دفعني للذهاب، بالإضافة إلى ما لاحظته من تعاطف الألمان مع قضية السوريين.

وفي شهر آب عام ٢٠١٦، دخل ابني أحمد في وعكة صحية مفاجئة. بدأ يشعر بالمرض والآلام في جسمه، كان عمره حينها ١٦سنة. لم يعرف الأطباء في العراق سبب مرضه لهذا أعطوه أدوية طبية خاطئة سببت تأثيرا سلبيا على صحته، مما جعل حالته تزداد سوءا. وفي شهر مارس سنة ٢٠١٧ حصلت على تأشيرة سياحة وكان هذا الوقت المثالي بسبب ما حصل لابني. وبمجرد حصولي على التأشيرة سافرنا فورا إلى ألمانيا. كان تاريخ التأشيرة يوم السابع عشر من شهر مارس ويومها وصلنا إلى برلين.

ماري: يعني أنكِ أتيتِ إلى ألمانيا بواسطة تأشيرة سياحة؟

أم أحمد: بالضبط. لقد جئنا كسياح، لكن لم يكن بالأمر اليسير، إذ أن كل شيء كان صعباً في العراق، حيث يوجد مجموعة من الناس المسيطرين على كل شيء. لكننا كنا محظوظين، وحصلنا أخيرا على التأشيرة وجئنا إلى برلين. وحينها زرنا عيادات خاصة لإجراء فحوص لابني. وقتها كنا نقيم في فندق اعتيادي للسائحين. وبالنسبة لفحوصات ابني لم تكن جيدة، وأخبرنا الأطباء أن علينا الذهاب إلى المستشفى لأن صحته كانت سيئة جدا. كنا شديدي الارتباك. حينها تغيرت أولوياتنا، لذلك طلبنا اللجوء. أردت أن أفعل كل شيء وفقا للقانون، وقدمت كل ما عندي من المستندات وأخبرت السلطات بكل شيء لكنني تعلمت أن الطريقة الصادقة في نظام اللجوء الألماني هي في الغالب أصعب طريقة. ومع ذلك أردت أن أفعل كل شيء بشكل صحيح، لأنني يجب أن أكون قدوة لأطفالي. وفي اليوم التالي، كان لديّ موعد مع دائرة الرعاية الاجتماعية حيث كان وضع ابني الصحي سيئاً وحرارته مرتفعة جدا تصل الى ٣٩ درجة، وهناك قام أطباء سوريون بفحص ابني وقرروا حينها أن على ابني البقاء في LaGeSo في دائرة الصحة والرعاية الاجتماعي اللاجيزو المستشفى. فلم يكن هو ولا وأنا بحالة جيدة وكان الاطباء قلقين حول احتمالية إصابته بالسرطان أو الايدز أو ربما مرض آخر سيء، لان مناعته كانت تضعف يوما بعد يوم، حتى أن جسمه بدأ بطريقة ما يحارب جهاز المناعة. كنا في مستشفى الشاريتي Charité وكانت فحوصات دمه تزداد سوءا تدريجيا، عندها أعلن

ist, aber sie nichts tun kann [weint]. Mein Sohn fragt immer: »Wann kann ich zu euch kommen?« Ich fühle mich schlecht, aber ich weiß nicht, was ich ihm sagen soll. Er ist mein Sohn, und ich kann vor ihm nicht weinen.

Farah: Es ist einfach sehr traurig, dass er nicht bei uns ist. Auch, wenn hier etwas Schönes passiert, fühle ich mich nicht ganz glücklich, weil nicht die ganze Familie da ist. Ja, mein Bruder und ich streiten uns viel, aber wenn wir weit voneinander entfernt sind, vermissen wir uns. Er bedeutet mir sehr viel. Ich fühle, dass die Eltern einem nicht so nahe sind wie Geschwister. Wenn mir bestimmte Dinge passieren, kann ich mit meinen Geschwistern darüber reden, aber ich könnte es meinen Eltern auf keinen Fall sagen. Meine Schwester vermisse ich auch. Aber sie hat eine Familie im Libanon, da ist es irgendwie anders.

Entesar: Die Situation ist zu tragisch, um sie in Worte zu fassen. Man kann sich nicht vorstellen, wie schlecht wir uns fühlen. Wir brauchen eine Lösung. Mein Mann konnte mich durch die Familienzusammenführung nach Deutschland bringen, aber was ist mit unseren Kindern? Wir möchten, dass alle unter einem Dach leben. Für uns haben Kinder eine große Bedeutung. Wir können ohne familiäre Atmosphäre nicht leben, denn ohne meine Kinder fühle ich mich so, als hätte ich eine Hand oder einen Fuß verloren. Vielleicht ist es hier normal, wenn die Kinder unabhängig von der Familie leben, aber für uns geht das nicht.

Farah: Ich weiß auch nicht, wie man Leute, die nicht zur Kernfamilie gehören, über einen anderen Weg als Familienzusammenführung wiedervereinigen kann. Zum Beispiel meine Cousinen: Ihr Vater – mein Onkel – ist gestorben, und ihre Mutter leidet unter schwerem Krebs. Sie haben keine Familie mehr im Libanon. Der Verlobte einer meiner Cousinen ist hier und möchte sie zu sich holen. Aber sie warten schon lange auf das Visum. Sie sind noch jung – vierzehn, fünfzehn und siebzehn Jahre alt. Aber es gibt kaum Chancen, sie nach Deutschland zu holen.

Amal: Aber auch, wenn die Kinder bei uns sind, ist es nicht einfach. Farah ist jetzt neunzehn, und für sie ist es hier teilweise sehr schwierig.

الأطباء أن لدى ابني سرطان الدم. توفي أبي وخالتي بسبب المرض نفسه. قرر الأطباء إجراء عملية له، وبعد أسبوعين والحمد لله حصلنا على النتائج. لقد أنفقنا الكثير من المال على الفحصوات خلال شهر واحد، وأخيرا اكتشفوا أن جهازه المناعي يهاجم نفسه وعلى أثره قاموا بإعطائه أدوية مضادة، وبعد حوالي شهرين غادرنا المستشفى. الآن هو بصحة أفضل، وحياته طبيعية إلى حد ما ويحرص على تعلم اللغة لكنه مايزال لا يملك الكثير من الطاقة وجسده ضعيف ولا يستطيع شرب الكافيين أو الكحول فقط العصير.

ماري: هل قدمت على طلب اللجوء بسبب صحة ابنكِ؟

أم أحمد: كان السبب الاول لرغبة سفري إلى ألمانيا هو مشكلتي مع زوجي، ولكن عندما وصلنا إلى هنا ساء وضع أحمد كثيرا، فأصبح مرض أحمد هو السبب الأول في القدوم. أخبرنا جميع الناس أنه من الأفضل أن نقدم طلب اللجوء في ألمانيا، حتى وان لم يفلح الامر فأن الحكومة ستتكلف بمصاريف أحمد الطبية خاصة أنه كان تحت سن الرشد عندما أتينا إلى هنا. لم يستطع أحد مساعدته في العراق. وبالنسبة لكِ ماهو سبب لجوئكِ؟

ماري: حسنا لابد أن أشرح لكِ ملخص قصتي أولا. لقد قدمت طلب اللجوء في عام ٢٠١٥ لسببين: الأول هو أنني ما زالت طالبة وكان عليّ العمل لتسديد تكاليف الدراسة التي كانت ثمانية الاف يورو. لم يكن لديّ منحة دراسية ويجب عليّ أن أدفع هذا المبلغ، حينها وجدت عملا بدوام كامل، وآخر جزئيا لكنني كطالبة لا يحق لي العمل إلا بدوام جزئي، ولم يكن لديّ أي فرص أخرى للتمويل. في ذلك الوقت، لم نكن أنا وأبي على وفاق تام، وكان عليّ العمل لكي أعيل نفسي. كنت أعمل كأخصائية اجتماعية في مخيم لاجئين في برلين، ولكي أستطيع العمل يجب عليّ أن أحصل على نوع من الاقامة وبعد أن استشرت محاميتي حول هذا الامر نصحتني بتقديم طلب اللجوء لأن تصريح الإقامة كطالب لجوء يسمح لي - على النقيض من تأشيرة طالب - بعدد غير محدود من ساعات العمل. يجب عليّ خلال هذه السنتين من الدراسة أن أعمل لكيّ أستطيع تمويل نفسي، هذا كان السبب الأول. أما السبب الثاني فهو خوفي من أن اضطر إلى مغادرة ألمانيا بعد التخرج فمن الممكن أن يقولوا ليّ بأن عليكِ الآن الرجوع إلى دبي وهو أمر لا أريد فعله. لقد أردت أن يكون لي حرية الاختيار بأن أبقى في ألمانيا. لكن طلب اللجوء لم يساعدني في هذا الامر، حيث أن نظام البيروقراطية هنا مهول. كنت أعلم أنه ليس عليّ الكثير من المخاطر كما هو الحال بالنسبة للآخرين، كما أنني كطالبة سورية لم يكن لديّ الحق في طلب اللجوء، لهذا كان عليّ أن أكافح لاجل ذلك. عندما أردت الطعن بالقرار، كان لابد أن أذهب إلى المحكمة، وحين وصلت إلى بابها كان عليّ تسليم جواز سفري كي يتمكنوا من التحقق مما إذا كان مسموحًا لي بالدخول، لكن الموظف الاداري فقد جواز سفري. كان الامر كارثة بالنسبة لي، كنت يائسة وبكيت كثيرا بسبب ما حصل. بالنسبة لي كسورية من الصعب جداً التقدم بطلب للحصول على جواز سفر جديد، فالأمر يستغرق الكثير من الوقت والجهد. أعتقد أن الناس هنا لا يفهمون ذلك وفي النهاية سمحوا لي بالبحث عن جواز سفري بنفسي وحين وجدته أحسست بالراحة الشديدة كأن صخرة انزاحت من على صدري. النزاع على تصريح الإقامة مرهق للغاية. في نفس الوقت كان عليّ أن أعتني بدراستي وأعمالي التي لم تكن بالامر اليسير. بعد عامين في اكتوبر ٢٠١٧ حصلت على الإقامة! هذه هي قصتي. والآن دورك (تضحكان).

أم أحمد: تقدمنا بطلب اللجوء لسببين. الأول هو السبب الشخصي، والسبب الثاني هو ابني وحالته الصحية. أردت أن أعرف ما سبب علته. ينسى المرء كل مشاكله عندما يشعر طفله بالمرض لذلك طلبنا اللجوء عندما

Ich merke, dass es sie stört, dass sie in der Wohnung keine Privatsphäre hat und auch, dass sie manchmal sehr traurig ist, weil ihr Bruder und ihre Schwester noch im Libanon sind. Sie standen sich sehr nahe. Jetzt hat ihre Schwester geheiratet, und Farah fühlt sich einsam. Sie versucht, hier Freundschaften zu knüpfen und gewöhnt sich in der Sprachschule langsam ein. Sie lernt die Sprache und kann inzwischen gut Deutsch sprechen. Manchmal unterrichtet sie mich sogar zuhause.
Farah: Ja das stimmt, hier ist alles anders. Die Tochter unterrichtet die Mutter [lacht].
Entesar: Farah und ich sind in derselben Deutschschule, und sie behandeln Farah hier als Erwachsene, aber in ihrem Inneren ist sie noch ein Kind, die Arme! Sie braucht Zärtlichkeit. Zwei meiner Kinder sind hier bei mir in Berlin. Khaled ist fünfzehn, und Sham ist fünf Jahre alt. Khaled geht es gut, aber beide sind sehr unruhig. Sham ist sogar hyperaktiv. Manchmal geht sie mir auf die Nerven. Du weißt schon, bei uns zu Hause werden Kinder anders erzogen. Wir sind vielleicht strenger, und die Kinder haben mehr Respekt vor Erwachsenen. Sham und Khaled wissen, dass die Regeln hier anders sind. Also testet Sham gerne ihre Grenzen aus, besonders wenn wir unterwegs sind. Das ist für mich oft sehr anstrengend, denn ich bin mir nicht sicher, wie ich damit umgehen soll und ich habe das Gefühl, die Leute auf der Straße schauen, ob ich einen Fehler mache. Manchmal muss man streng sein, um dem Kind zu erklären, dass es etwas Falsches macht, aber ich weiß nicht genau, was hier akzeptabel ist. Das ist sehr schwierig für mich. Es gibt große Unterschiede im Umgang mit den Kindern. Die Kinder in Syrien verstehen die Sprache unserer Augen. Wenn ich meine Kinder streng angucke, dann verstehen sie es sofort, aber hier ist es ihnen egal. Vielleicht wird es besser, wenn Sham in die Schule geht.
Farah: Ich habe keine Kinder [lacht], aber ich sehe die Schwierigkeiten, die Entesar mit Sham erlebt.
Entesar: Nächstes Jahr geht Sham in die erste Klasse. Ich wollte sie an der Schule anmelden, und die Schule fragte nach einer umfassenden medizinischen Untersuchung. Sie wollten mir helfen, einen Termin bei

كان أحمد يرقد في المستشفى كان ذلك في أبريل ٢٠١٧. وفي بداية شهر آب تلقينا رفضا لطلب اللجوء. لم يقتنعوا بسبب مجيئنا إلى ألمانيا وكان علينا مغادرة البلاد في غضون عشرة أيام، فوكلت محامياً للدفاع عني. من الأفضل دائماً استشارة محامٍ في البداية. لم يكن لديّ أي خبرة وكنت مشوشة حول مرض ابني. كنت أبكي كل يوم، أردت فقط أن يتحسن أحمد. عندما وصلنا إلى هنا، كان أحمد قاصرا، وبالتالي كانت قضيتنا صعبة على المحكمة وبعد مغادرته المستشفى بلغ أحمد الثامنة عشرة، نتيجة لذلك تم التعامل مع طلبات اللجوء الخاصة بنا بشكل منفصل. حيث حصل على رفض مع تصريح التسامح(Duldung) في حين حصلت أنا على الترحيل. أخبرنا المحامي أنه لا ينبغي أن نحصل على رفض خصوصا بسبب مرض أحمد الذي يحتاج إلى العلاج الطبي والأدوية على الأقل خلال السنوات الاربع القادمة.

ماري: ومازلتم تنتظرون الجواب؟

أم أحمد: نعم ولكن حسب ما فهمته من المحامي يستغرق الحصول على جواب سنة او سنتين.

ماري: أتمنى لك النجاح بذلك. أ تسكنين في شقة؟

أم أحمد: نعم، لحسن الحظ، ومنذ شهر تقريبا نعيش في شقة خاصة. مسبقاً كنا نعيش في مخيم للاجئين ولكن بسبب مرض ابني أعطونا الأولوية. إذ يجب نقله من المستشفى إلى شقة.

ماري: هل تعيشين وحدكِ مع الأولاد؟

أم أحمد: نعم مع ابني أحمد وابنتي نينا.

ماري: حسنا.

أم أحمد: قبل مجيئي إلى ألمانيا قدمت على طلب الطلاق من زوجي في محكمة في السليمانية لكنه لم يتركني وشأني. لا أعلم ما السبب وماهي مشكلته، ربما بسبب مشاكل مالية. وبعد شهرين حصلت أخيرا على وثيقة الطلاق وقال لي المحامي بأن هذا شيء إيجابي فيما يخص أمر البقاء. أتمنى أن يكون ذلك صحيحا.

ماري: هذا يعني أنكِ الآن أم عزباء؟ (تضحك)

أم أحمد: نعم صحيح.

ماري: دعينا نتحدث عن العائلة قليلاً إذا كنت ترغبين بذلك

سأتحدث عن نفسي قليلاً. بعد التصالح مع والدي (تضحك) تمكنت كطالبة من طلب تأشيرات السفر لوالديّ. كان الأمر رائعاً، ثم أردت أن أجلب أخي الذي كان يعيش في مصر في ذلك الوقت وكان من المستحيل تقريباً الحصول على تأشيرة دخول إلى ألمانيا من أجله. لذلك قام بالتسجيل في برنامج بحثي في إسبانيا وسافر من هناك إلى ألمانيا.

لكن المشكلة تكمن في أن بصمات أصابعه قد أخذت في أسبانيا وبسبب إجراءات دبلن كان من المحتم أن يتم ترحيله. لا أحد يعرف متى بالضبط، لكننا بالتأكيد سنفعل كل ما في وسعنا لكيّ يبقى هنا. شريكي هو عائلتي نحن نعيش سوية ولدينا كلب صغير، وبالطبع يبقى والداي شيئا مهما في حياتي. أستطيع القول إنني محظوظة لأن والداي موجودان هنا لأجلي لا أستطيع حقا التذمر حول علاقتي بعائلتي، لأن علاقتي بأبي قد تغيرت لا اعلم لماذا، ربما بسبب كبر السن أو ربما لأننا انتقلنا إلى هنا، أو ربما لأنني أعمل وأدرس بنفس الوقت. والدايّ ليسا شخصين تقليدين أو متزمتين دينيا خصوصا أن أبي ملحد. لوالدايّ عقلية منفتحة، لكن عندما كنا في سوريا، لم يكن الأمر سهلا أو مريحاً، خصوصا حين أحاول مخالفة التقاليد والعادات الثقافية. فكما

einer Kinderärzt*in zu finden, doch keine*r der Ärzt*innen hatte Zeit.
Avin: Ich mag generell keine Ärzt*innen [lacht]. Ich habe Angst vor Spritzen. Als ich einmal beim Zahnarzt war, zog er meinen Zahn und ich blutete sehr stark. Da habe ich mir gesagt, dass das mein letztes Mal bei einer Ärzt*in war.
Entesar: Oh, ich musste schon öfter zu Ärzt*innen. Natürlich mit Sham, aber auch für mich. Im Libanon bekam ich einen Schlag mit dem Fenster auf den Kopf, der meinen Sehnerv verletze. Danach sah ich die Welt doppelt. Ich ließ mir die Augen operieren, was 3.000 Euro kostete. Das Geld für die erste Operation erhielt ich vom UNRWA (United Nations Relief and Works Agency for Palestine Refugees in the Near East) und anderen Organisationen. Nach 40 Tagen hatte ich einen Kontrolltermin, bei dem der Arzt mir sagte: »Leider haben Sie ein Glaukom (grüner Star), und Ihr Auge muss operiert werden. Das kostet noch einmal 3.000 Euro.« Ich hatte keine Ersparnisse mehr und für die zweite Operation bekam ich kein Geld vom UNRWA mehr.
Avin: Warst du dann hier auch schon bei der Augenärzt*in?
Entesar: Ja, vor kurzem musste ich wieder zum Augenarzt. Der Zustand meines Auges ist nach wie vor schlecht, aber besser als früher. Ehrlich gesagt ist er kein guter Arzt, man muss sehr lange warten und er erklärt den Patient*innen zu wenig. Er nimmt sich nur sehr wenig Zeit und ist sehr unfreundlich. Wir hassen es, zu ihm zu gehen. Ich wollte ein Attest von ihm, um zur Optiker*in zu gehen, aber er wollte es mir nicht geben. Er ist mein Arzt und kennt meine Situation und meine Krankheit. Er hätte mir ein Attest schreiben können. Beim Optiker hatte ich auch Probleme. Er wollte nicht mit meinem Mann kommunizieren, obwohl mein Mann ihm auf Deutsch erklären konnte, was ich brauchte. Er sagte, er wolle nur mit Deutschen reden. Also gingen wir am nächsten Tag mit einer deutschen Freundin und Farah erneut zu ihm, aber er lehnte wieder ab und wollte keinen Sehtest mit mir machen. Ich hatte ehrlich gesagt das Gefühl, dass er ein Rassist ist und dass er Araber*innen nicht helfen will. Hätte er uns helfen wollen, wäre alles mit der Hilfe von Farah und meiner deutschen Freundin

تعلمين، سوريا مجتمع ذكوري جدا، ولم يستطع أبي التأقلم مع هذا الفكر بشكل جيد. لحسن الحظ، الوضع حالياً أفضل بكثير، والداي يحبان شريكي كثيراً، وليس لديهم مشكلة بأن أعيش معه رغم كوننا غير متزوجين. أشعر أنني بحالة جيدة نسبياً، لكنني قلقة بشأن أخي لأنني لا أعرف ما الذي سيحدث له في المستقبل. لا أعلم ما الذي يمكن فعله وما إذا كان يستطيع الذهاب إلى إسبانيا أم لا. ما يحزنني في الأمر هو أنه كان طالباً في الطب وينتظره مستقبل عظيم، ولكن كان عليه أن يترك كل ما قام ببنائه خلفه. الآن مستقبله مجهول، لا يعرف ما إذا كان سيتم ترحيله ولا إلى متى سيظل عالقاً في هذا النظام القانوني الصارم، كما لا يستطيع الاستمرار في دراسته، وهذا يجعلني حزينة حقاً. إذا عاد إلى اسبانيا، سيكون وحده وهذا أمر صعب حقاً. والآن يكفي الحديث عن نفسي، أخبريني كيف هي علاقتكِ بعائلتكِ.

أم أحمد: أنا أعيش مع ابني أحمد وابنتي نينا، وهم أكثر الناس أهمية في حياتي وسأناضل لأجلهم. لقد حاولت أن أعمل هنا، رغم أنني لم أتمكن من الحصول على تصريح إقامة لأنني سمعت أن الشخص إذا حصل على عمل هنا، فيمكنه الحصول على سماح بالإقامة للبقاء في البلد لغرض العمل. أشعر بأنني سأكون سعيدة وآمنة إذا حصلت على الإقامة، لأن ابني دائم القلق حول صحته وكيف يمكن أن يستمر بالعلاج في حال لو تركنا المانيا، لأن هناك من حصل على الرفض مرتين، وهذا ما يجعله قلقاً للغاية. وقد حاولت العمل، لكن اللغة هي أكبر مشكلة فأنا أتحدث الإنجليزية والعربية ولغتي الام هي الكردية ولكن ذلك لا يساعد، عليّ إتقان اللغة الألمانية، فهذا هو الشرط الأكثر أهمية. وكما حكيت مسبقاً عن عملي في الجامعة وحاولت أن أجد لنفسي موقعا وظيفياً، إلا أن محاولتي باءت بالفشل. قمت بإجراء موعد في وكالة العمل على الرغم من أننا غير مسجلون هناك، بل في مركز الخدمة الاجتماعية إذ تمت دعوة جميع الأشخاص الحاصلين على شهادات جامعية إلى هناك. سألوني عن نوع العمل الذي يمكنني القيام به وعن الخبرات التي لديّ. فأجبتهم بأن لديّ خبرة لمدة سبعة سنوات في مجال التعليم ولكن يمكنني أيضا العمل في مجالات أخرى. ما أحاول القيام به حاليا، هو أن أثبت نفسي من جديد، وأن أعود كما كنت مسبقا. فقبل عشرين عاما أنهيت دراستي في عام ١٩٩٦ وكان قراري هو ألا أعمل، فقد كنا أنا وزوجي السابق على وفاق واتفقنا بأنه لا ينبغي عليّ العمل. كنت أرغب في البقاء في المنزل والاعتناء باولادي، لكن بعدها تغير هو وأنا بدوري تغيرت، فوضعنا المالي لم يكن جيدا. حاولت حينها أن أعمل وأفلح الامر. كنت أرغب في العمل، لكيّ أكون حرة ماليا وأعيش بشكل مستقل، لكن الآن الوضع مختلف أشعر أنني أعيش في سجن. في هذا الوقت أحضر دروسا للغة الالمانية المستوى الثاني A2، لكن تبقى المشكلة أنه بدون شهادة الماجستير لا أستطيع العمل في مجال التدريس. لو كان فقط لديّ تصريح إقامة من الدولة، حتى أستطيع العمل في ألمانيا وأرد شيئا لهذا البلد وأمنح أطفالي أفضل حياة ممكنة. هنا لدى الطلاب العديد من الخيارات حول ما يريدون دراسته، كما لا يعتمد كل شيء على الدرجات، كما هو الحال في بلادنا وأعتقد أن هذا شيئاً رائعاً.

ماري: لكن مازلتم لا تملكون وضع إقامة آمن، فهل هذا يعتبر مشكلة في حياتكم اليومية؟

أم أحمد: نعم إن وضعنا القانوني يجلب علينا الكثير من الصعوبات. أكبر مشكلة كانت حين أردنا إنشاء عقد هاتف خلوي أو إنترنت فعلى مدى شهرين حاول ابني وصديقتي الالمانية باولينا إيجاد حل لكنهما بدورهما لم يفلحا. حاولنا أيضا مع مقدمي العروض أن نحصل على عقد انترنت لكن لم يوافقوا على طلبنا، فلابد لنا أن نملك بطاقة هوية أو تصريح إقامة على الأقل لمدة سنتين، في حين كانت بطاقات هويتنا صالحة

okay gewesen, aber er wollte das nicht.

Amal: Ich hatte anfangs Schwierigkeiten, Deutsch zu lernen, doch ich weiß, dass es sehr wichtig ist, die Sprache zu können. Gerade in Situationen wie der, von der du gerade erzählt hast, Entesar. Wenn dich jemand auf der Straße anspricht, musst du die Person verstehen, um antworten zu können. Also musst du die Sprache lernen. In der Sprachschule haben sie mich nicht in den Alphabetisierungskurs eingestuft, sondern direkt in den Kurs für das A1 Niveau des Sprachzertifikats, weil ich die Buchstaben schreiben konnte. Ich kenne die Buchstaben vom Englischen und konnte meinen Namen schreiben. Der A1-Kurs war jedoch viel zu schwer. Ich wusste nichts über die deutsche Sprache. Ich kannte noch nicht einmal die wichtigsten Worte. Ich fühle mich in der Schule einfach so verloren. Ich habe mein Problem der Schule mitgeteilt, weil ich die Sprache richtig lernen und verstehen möchte, doch ich konnte den Kurs nicht mehr wechseln. Auch, wenn es mir sehr schwerfällt, gebe ich mir große Mühe, die Sprache zu lernen. Ich lebe in diesem Land, deshalb muss ich wissen, wie die Leute hier handeln und wie sie leben. Das lernt man nur durch Gespräche.

Farah: Ja, aber der Weg ist noch lang. Als ich hier ankam, war ich mit vielen Schwierigkeiten konfrontiert. Sieben Monate lang ging ich nicht zur Sprachschule und jedes Mal, wenn ich mich in einer Schule registrieren wollte, mussten wir umziehen. Jetzt gehe ich regelmäßig zur Schule, aber der Unterricht ist nicht genug, um die Sprache aufzubauen. Wir lernen dort nur Grammatik. Es gibt keine Konversation oder Ähnliches. Ich gehe unter der Woche hin, außer samstags, sonntags und montags. In dieser Zeit vergesse ich alles wieder, was ich gelernt habe. Egal, wohin ich gehe, fühle ich mich dumm, weil ich die Sprache nicht kann. Genauso, als ich Entesar zum Optiker begleitete. Da ärgerte ich mich, weil ich die Sprache nicht so gut konnte. In solchen Situationen geben mir die Leute das Gefühl, minderwertig zu sein.

Avin: Das stimmt, aber ich fühle mich in solchen Situationen eher naiv [lacht]. Wenn die Leute klar und deutlich mit uns sprechen und uns

لغاية شهر آب ٢٠١٨. هكذا، لم نستطع الحصول على عقد انترنت خاص بنا. كنا نحاول بمساعدة باولينا وبجهد وفي كل مكان سواء كان عن طريق فودافون او تيليكوم أو أي عروض أخرى وفي الأخير، وجدنا عقد انترنت لا يتطلب منا تصريح الإقامة، والبارحة فقط حصلنا على الانترنت بعد انتظار شهرين واحد عشر يوما.

ماري: في هذا الصدد لا يستطيع المرء القيام بأي شيء طالما حالة الإقامة غير معلومة.

أم أحمد: نعم نحن جدا محدودون في اختياراتنا.

ماري: ولا يحق لكِ السفر؟

أم أحمد: بالضبط فلدينا وثيقة وجوب الإقامة التي يتحتم علينا بسببها عدم مغادرة برلين ولا حتى للسفر داخل ألمانيا دون إذن من مكتب الدولة للصحة والشؤون الاجتماعية اللاجيزو LaGeSo . إننا أشبه ما نكون في سجن. دعيني أضرب لكِ مثالاً آخراً، لقد اعتدت قيادة السيارة لمدة خمسة عشر عامًا وأود الآن إعادة رخصة قيادتي لكن لا يمكنني ذلك بسبب تصريح الإقامة. وكذلك ابني الآن، بلغ سن الرشد ويجب أن يكون لديه رخصة قيادة، لكنه لا يستطيع ذلك لأنه لا يملك سوى وثيقة قبول الاقامة المؤقتة. إن حالة الإقامة هي دائما المشكلة، فلو كان لديّ الحرية لكنت الآن أقود سيارتي. يستغرق مني الوصول إلى مدرسة اللغة الألمانية – من ليشتينبرج Lichtenberg إلى تورم شتراسي Turmstraße وقتاً طويلاً في وسائل النقل العمومية. كأم عزباء أحتاج إلى سيارة إذ لديّ الكثير من المسؤوليات. في العراق ساعدتني السيارة كثيراً، إذ حلت محل زوجي.

ماري: أوافقكِ الرأي تماما، فواحدة من المشاكل التي أواجهها في الجامعة لكوني سورية هو أنني لا أستطيع السفر إلى الولايات المتحدة. فأنا كلاجئة لا أستطيع الدخول إلى ألمانيا من خارج أوروبا إلا عن طريق تأشيرة دخول، لكن لديّ فرصة ضئيلة للحصول على تأشيرة لبلدان مثل الولايات المتحدة الأمريكية أو تركيا. يوجد العديد من العلماء هنا في الجامعة ممن يذهبون إلى هناك لإجراء البحوث، لكنني لا أستطيع فعل ذلك وهو أمر لا يسر على الرغم من أن التأشيرة هي مجرد ورقة على جواز السفر.

أم أحمد: نعم كنت غاضبة جداً، إذ لم أكن أهتم بها مسبقا ولكن بعد أن أدركت عدد المواقف اليومية التي يتم فيها السؤال عن تصريح الإقامة أدركت أن هذه الورقة مهمة للغاية.

ماري: بالطبع هذا يجعلكِ مقيدة في كل شيء.

أم أحمد: هذا صحيح، لا يمكنكِ التحرك دون أوراق الإقامة. إذا أردنا السفر داخل ألمانيا يجب أن نحصل دائماً على تصاريح خاصة. هناك الكثير من البيروقراطية والتعقيد.

ماري: هذا صحيح.

أم احمد: هذا مضيعة للوقت، نحن دائما نشعر بالضياع حين نفكر بموضوع الإقامة. هل سنحصل عليها؟ وماذا لو تم ترحيلنا؟ ماذا عن ابني؟ هذه هي المشكلة.

ماري: حتى لو كان لدى الشخص تصريح إقامة، فإنه دائم القلق حولها، والتساؤل عما إذ كان سيتم تمديدها أو أنه سيُدفع لمغادرة البلاد فجأة، إذا ما رُفض تجديد التأشيرة.

أم أحمد: الخطوة الأولى هي أن أحصل على تصريح الإقامة، ثم محاولة العثور على عمل على الرغم من مشاكل اللغة. لا أريد الاعتماد على الدولة أو الخدمات الاجتماعية ولكن كما قلت لكِ أنا محدودة الخيار، ولا يمكنني فعل شيء حيال الأمر. كما لو كنت محتجزة في دائرة؛ في الرياضيات لدينا نظرية، مفادها أن

langsam erklären, was sie wollen, dann klappt das schon.

Farah: Ja, die Leute können mir schon helfen. Sie sollten die Sachen leichter ausdrücken und versuchen, mich zu verstehen. Wenn ich einen Aussetzer habe und mir ein Wort nicht einfällt, hilft es mir auch sehr, wenn meine Gesprächspartner*innen mir Worte vorschlagen, die ich meinen könnte. Zum Beispiel spreche ich manchmal ein Wort falsch aus. Und wenn das Wort mehrere Bedeutungen hat und ich es falsch benutze, verstehen mich die Leute nicht. Ich erinnere mich an eine Geschichte von einem Mann, der ein Brot kaufen wollte, aber um eine Brust statt um ein Brot gebeten hat [lacht]. Solche Missverständnisse sind lustig. Viele Worte haben auch eine sehr ähnliche Struktur, und ich kann sie nur schwer auseinanderhalten: umziehen, aufziehen, anziehen zum Beispiel ... Alle diese Wörter sind schwierig. Wenn die Leute sich ein bisschen Mühe geben, kann ich mich schon ganz gut unterhalten. Und über solche Projekte wie dieses Buchprojekt lerne ich neue Menschen kennen und kann mein Deutsch üben ... Integration und so weiter.

Avin: Ja, über solche Projekte kann man nette Menschen kennenlernen. Dann fühlt man sich nicht mehr so einsam. Gut, dass wir Freund*innen haben, mit denen wir uns treffen können. Ich habe hier auch viele kurdische Freund*innen, aber auch Freund*innen aus ganz verschiedenen Ländern. Man fühlt sich viel besser, wenn man unter Menschen ist.

Farah: Ich finde es schon schwierig, hier Freundschaften zu schließen. An der Sprachschule kann man keine guten Freund*innen finden.

Avin: Wir brauchen Kontakt zu Deutschen, denn wir müssen die Sprache ja mit jemandem üben. Zuhause spreche ich vor allem Kurdisch. Wie kann man dann Deutsch lernen? Wir müssen uns ja integrieren, oder? Und dafür müssen wir mit Deutschen in Kontakt kommen. Es ist normal, wenn wir Fehler machen, daraus lernen wir. Schritt für Schritt. Ich schreibe oft mit einer deutschen Freundin auf WhatsApp, aber ich kann nicht so gut sprechen. Ich bin zu schüchtern, und manchmal lacht sie darüber, wie ich mich ausdrücke.

هناك بعض المشاكل الرياضية التي لا يمكن حلها، وبالتالي يجب العودة دائما إلى نقطة البداية: الدوران في حلقة مفرغة! في اعتقادي، هذا شبيه بما نعانيه مع تصريح الإقامة؛ إنها نقطة البداية، وبدونها لا أستطيع حل مشاكلي. إن تصريح الإقامة هو المشكلة وهو أيضا الحل. تصريح الإقامة هو المفتاح، ولكن حتى وإن حصلنا عليه، يبقى الشك فيما إذا كان سيتم تمديده أم لا. وهو مهم جدا في حالة ابني، وبالنسبة لي أيضا، فأنا لا أريد العودة إلى بلدي.

ماري: تصريح الإقامة هو فقط البداية. كيف حالكِ، فيما يخص الوضع المالي؟

أم أحمد: أنا أتلقى حاليا مساعدة اجتماعية من الدولة، ولكن كما تعلمين ليس بالمبلغ الكافي، لا سيما عندما يتم خصم تكلفة الكهرباء والمحامي والمدرسة وتكاليف الطعام. أحصل على حوالي ست مئة يورو في الشهر، ومن هذا المبلغ أدفع أكثر من مئتين وخمسين يورو تكاليف ثابتة والباقي بالكاد يكون كافيا. وكل المال الذي جمعته في العراق صرفته على تكاليف رحلتنا إلى هنا، إذ اضطررت لدفع أكثر من ثلاثين ألف يورو حتى نتمكن من تدبر أمر التأشيرة وتذكرة الطائرة. في الوقت الحالي، لدينا القليل من المال وهذا أمر صعب عندما نواجه مصاريف غير متوقعة. على سبيل المثال، أمس واجهت مشكلة في أسناني ويجب أن أعالجها بشكل خاص،إذ أسناني بحاجة للكثير من المعالجة، وبالتالي للكثير من المال.

ماري: حشو أسنان أم أمر آخر؟

أم أحمد: نعم وقد تحتم عليّ دفع ثمانين يورو، وابني بدوره عانى من آلام في أسنانه، ولو كان لديّ عمل لكنا مستقلين مالياً، لكن كما قلت، وضع الإقامة واللغة يجعلان الأمر صعباً.

ماري: بالنسبة لي، موضوع العمل ليس بالأمر الضروري، فقد كنت محظوظة بالحصول على وظيفة.

أم أحمد: خلال سنوات دراستي، توجب عليّ أن أعمل وكنت في وضعكِ الآن. وعلى الرغم من التمويل الذي تلقيته من والدي، إلا أنني عانيت من ضيق الحال بسبب حرب الخليج الثانية التي بسببها فرضت الولايات المتحدة عقوبات اقتصادية على العراق، مما أدى إلى تدهور الوضع الاقتصادي في البلاد. ومع ذلك تمكنت من إنهاء دراستي، منذ عام ١٩٩٦ أصبحت مستقلة مادياً وعملت في مجال التعليم. إذ قمت بالتدريس في ليبيا لمدة ثلاث سنوات، وهناك أنجبت ابني أحمد.

ماري: كيف هي حياتكِ في ألمانيا؟ حدثيني عن حياتكِ اليومية، ماذا تفعلين ومتى تستيقظين من النوم؟ (تقهقه الاثنتان).

أم أحمد: نستيقظ في الساعة السادسة، أبدأ بإعداد الإفطار للجميع. ولكن عليّ أن اهتم بنظام التغذية بشكل جيد بسبب مرض ابني. وفي الساعة السابعة، يغادر ابني المنزل أما أنا فأصطحب ابنتي إلى المدرسة، ومن ثم أستقل القطار إلى دورة اللغة الألمانية في محطة تورم شتراسي Turmstraße أعود إلى المنزل ما بعد الظهر، ثم حوالي الساعة الرابعة والربع أذهب لاصطحاب ابنتي من المدرسة. أحيانا، عندما يكون لديّ موعد طبي أو شيء من هذا القبيل، أطلب من ابني أن يصطحبها نيابة عني. ومع ذلك، أحاول أن أكون في المنزل حوالي الساعة الرابعة والربع لإعداد وجبة الغداء. وبعد الغذاء غالباً نجلس سوية لتعلم اللغة الألمانية. المشكلة التي نعاني منها، هي عدم وجود شخص لمساعدتنا في التعلم، رغم أن التعلم قائم على الممارسة والتحدث مع أناس آخرين. أنتِ بدورك تعلمتِ اللغة من خلال الممارسة، ولكننا لوحدنا، ومن ثمة لا نستطيع تعلم شيء سوى القواعد، حتى أننا لا نملك الأدوات الضرورية للتعلم مثل الانترنت أو التلفاز.

Entesar: Die deutsche Sprache ist ja auch sehr schön. Man muss sie zumindest lernen, um mit anderen kommunizieren zu können. Wir haben so viele peinliche Situationen wegen der Sprache erlebt [lacht] – tragische Situationen. Einmal fuhren wir in der U-Bahn und über die Durchsage wurde angesagt, dass der Zug kaputt sei und alle aussteigen sollten. Alle stiegen aus, nur wir blieben zurück und verstanden nicht, was passierte. Kurze Zeit später fuhr ich mit der S-Bahn, um meine Tochter vom Kindergarten abzuholen. Ich musste noch eine Weile fahren, als ich plötzlich sah, dass alle Leute aus meinem Abteil ausstiegen. Ich blieb allein in der S-Bahn zurück. Oh Gott, was wurde gesagt? Ich verstand nichts. Es war wirklich ein Problem, eine Katastrophe. Ich ging zum Schaffner und fragte, wie ich nun bis nach Buch kommen sollte, wenn die S-Bahn nicht mehr fuhr. Der Mann sah mich verwirrt an und sagte: »Sie müssen noch drei Stationen mit dieser S-Bahn fahren.« In diesem Moment verstand ich, dass es überhaupt kein Problem gegeben hatte und es purer Zufall gewesen war, dass alle Leute ausgestiegen waren. Es war mir sehr peinlich. Wir erleben viele lustige und komische Situationen wegen der Sprache.

Manchmal sprechen die Leute mit mir, aber ich verstehe nicht, was sie sagen. In diesen Momenten fühle ich mich total verloren und wie eine Analphabetin. In Syrien und im Libanon war ich unabhängig. Ich machte alles selbstständig. Hier sind die einfachsten Dinge auf einmal unglaublich schwierig. Allein beim Einkaufen habe ich oft Probleme, weil es mir schwerfällt, die Zahlen richtig auszusprechen und zu verstehen. Da gab es oft schon blöde Missverständnisse, eine Tragödie ...

Amal: Ich habe auch große Schwierigkeiten mit dem Sprechen. Ich vergesse sogar die wichtigsten Worte, die ich schon oft übersetzt habe und die ich eigentlich kennen sollte. Ich vergesse sie einfach [lacht]. Aber Farah hilft mir. Sie ist fleißig und lernt schnell auswendig.

Farah: Die wichtigste Priorität liegt für mich jetzt bei der Sprache, damit ich hier etwas aufbauen kann. Dann kann ich die Regeln lernen, was erlaubt ist und was nicht. Ich möchte mehr über Gesetze und Rechte lernen, nicht unbedingt Jura als Fach studieren, aber die

ماري: نعم أنا أتفق معكِ تماما، بدون التحدث لا يمكن للمرء أن يتعلم اللغة مطلقا. عندما وصلت إلى هنا، قلت أنه من المستحيل تعلم اللغة. قواعد اللغة ثقيلة جدا لا أستطيع أن أفهمها.
أم أحمد: بالنسبة لي على العكس تمام، فأنا جيدة في الكتابة وليس في الحديث.
ماري: لكنكِ تغلبتِ على أصعب مرحلة.
أم أحمد: وماهي؟
ماري: المرحلة الأساسية.
أم أحمد: المستوى الأول A1 ؟
ماري: أنا أقصد القواعد، إنها أساس اللغة.
أم أحمد: نعم لكن في الامتحان لدينا ساعتان للكتابة، وهذا ما يجعلني متعبة جدا بعد الامتحان.
ماري: ظننتني الوحيدة التي تستيقظ مبكرا، لكنكِ سبقتني في ذلك (تضحك الاثنتان). أنا لست أما عازبة، لكنني أستيقظ في الساعة السابعة والربع لأن عليّ أن أرعى كلبي وآخذه في نزهة لمدة ساعة خارج المنزل. كلبي حالة خاصة، إذ لديه الكثير من الطاقة، وهو دائم الحركة والركض في الخارج. وما عدا هذا، فإن جدول أيامي مختلف، فعلى سبيل المثال، دورة اللغة بالنسبة لي تتم أيام الاثنين والأربعاء والجمعة. أذهب للعمل في الساعة العاشرة، وفي بعض الأيام أقيم حلقات دراسية من الساعة التاسعة والنصف صباحا حتى الخامسة مساء. ولكن في معظم الأوقات، أستيقظ في السابعة لأخرج مع كلبي وبعدها أتناول وجبة الإفطار في البيت أو اثناء نزهتي الصباحية. للأسف معظم الوقت لا أتناول وجبة الغداء في المنزل وهذا ما يزعجني.
أم أحمد: تأكلين وجبتين بواحدة.
ماري: بالنسبة لي وجبة الافطار ضرورية، لكنني نادرا ما أتناول وجبة الغداء، ففي بعض الأحيان آكل وأنا في طريقي إلى مكان ما، وأحيانا أتناول الغداء مع أصدقاءي خارج المنزل. وباستثناء ذلك، أبقى في البيت مع شريكي نتحدث أو نقوم بتنظيف الشقة، وفي نهاية الأسبوع أكرس وقتي لدراسة مواد الجامعة ومواد درس اللغة الالمانية. كما أنخرط في أعمال تطوعية في مشاريع مختلفة عدة مرات في الأسبوع، وبالطبع جدولي ليس ثابتا. أنا لا أشاهد التلفاز كثيراً، لأنني لا أملك الوقت الكافي غالبا. ولكن بالطبع أحب القيام بذلك، حين يكون لديّ الوقت (تقهقه الاثنتان) أما موعد النوم، فلا يتعدى الساعة العاشرة لأن عليّ الاستقياظ مبكرا في الصباح.
أم أحمد: آه! تذكرت نقطة مهمة. وقد ناقشت هذا الموضوع مع الأطباء خلال زيارتي الأخيرة إلى المستشفى، وهو كيف يمكنني رد الجميل لألمانيا التي فتحت أبوابها للاجئين وأعطتهم الأمان حين كانوا بحاجة إليه. حين أنظر إلى الجانب الإيجابي من عملية هروبنا، فإنني أتذكر صنيعهم مع ابني في مرضه. كان يرقد بين الحياة والموت، وقد أنقذت ألمانيا حياته، ولهذا أنا جد ممتنة. أما الجانب السلبي المتمثل في الصعوبة التي واجهناها في مكتب الأجانب، فأغفره لألمانيا. في أحد الأيام مثلا، حدث لنا موقف مع شرطي موجود في مكتب الأجانب Ausländerbehörde ، إذ أردنا سؤاله حول موضوع معين، لكنه أخبرنا أن نأتي ونطلب المساعدة منه حين نتمكن من التحدث بالالمانية. مثل هذه المواقف تحدث وبالطبع لا يهمني الأمر كثيراً. بمجرد أن يتم الاعتراف بشهادتي المدرسية وشهادة تخرجي وأتقن الألمانية، سأرد الجميل إلى ألمانيا بطريقتين: الأولى، سأعمل وأتعلم لكي يستفيد المجتمع فكريا مني، والثانية، أريد التبرع بأعضائي إلى هذا البلد حتى يتمكنوا من الاستفادة من موتي، فقد كانت هذه أمنيتي حين كان ابني يرقد المستشفى. برأيي ستكون

wichtigen Dinge, die ich im Alltag brauche. Vielleicht kann ich dann verstehen, wie ich meinen Bruder hierherbringen kann. Und wenn ich mit Deutsch fertig bin, möchte ich andere Sprachen lernen. Ich möchte auch mein Englisch wieder auffrischen und dann lerne ich Türkisch. Und das Arbeiten mit Computern!

Avin: Wie findest du die Leute in Berlin? Fühlst du dich auf der Straße willkommen?

Amal: Manchmal erleben wir sehr unangenehme Situationen wegen unserer Hijabs. Einmal fuhren wir mit der S-Bahn, als ein Mann einstieg und sich neben mich setzte. Er begann, mit der Hand zu gestikulieren und sagte etwas, das ich nicht verstand. Farah sagte mir: »Mama, er möchte, dass du aufstehst.« Ich stand verwirrt auf, bis ich plötzlich verstand, dass er nicht wollte, dass ich neben ihm sitze, da ich einen Hijab trage.

Farah: Dann fragte er mich: »Warum trägst du hier ein Kopftuch? Warum kommt ihr hierher?« Seine Äußerungen zum Hijab waren echt beschämend. Ich habe ihm nicht geantwortet und ihn ignoriert.

Amal: Farah verstand, was er sagte, aber wollte ihm nicht antworten. Er war ein älterer Mann, und sie wollte nicht respektlos sein. Also schwieg sie. Er fragte sie: »Wie alt bist du?« Sie antwortete: »Neunzehn.« »Warum trägst du ein Kopftuch? Warum seid ihr hier?«, fragte er nochmal. »Geht zurück in euer Land!«, sagte er. Sie ärgerte sich sehr, doch sie schwieg, da er ein älterer Mann war. Nachdem wir ausgestiegen waren, erklärte Farah mir, was der Mann gesagt hatte. Ich war fassungslos und sauer. Was schadet es den Leuten, wenn wir Hijab tragen? Wir trugen ihn in unserem Land, und hier tragen wir ihn auch. Das ist ein Teil unserer Identität. Das ist persönliche Freiheit. Ich ärgerte mich sehr wegen dieser Situation, zu Hause weinte ich. Ich überlegte, was ich hätte tun können, doch es ist sinnlos. Jedes Mal, wenn wir eine Person treffen, muss sie uns fragen, warum wir einen Hijab tragen. Das passiert mir andauernd. Letztens erst sah mich eine ältere Frau im Bus so unfreundlich an und machte dann eine abwertende Kopfbewegung. Ich wusste, es war wegen des Hijabs. Es

هذه هي الطريقة الصحيحة، لإظهار امتناني لشفاء ابني. وحتى لو لم أحصل على تصريح الإقامة، فإني أود أن أتخذ هذه الخطوة.

ماري: أعلم أنكِ حالة خاصة، وأقدر ما تحاولين فعله فهو نابع من طيبة قلب.

أم أحمد: خاصة أنه حين توفي والداي بالمستشفى، رغبت حينها أن أكرّس نفسي لمساعدة الناس.

ماري: بالتأكيد هذا شيء رائع، ولكن أنا أنظر للأمر من زاوية أخرى. لقد هربت من الحرب في سوريا، والعديد من دول العالم شاركت في هذه الحرب واستفادت منها أيضا، ألمانيا واحدة من هذه الدول. إنها واحدة من أكبر الدول المصدرة للأسلحة في العالم، كما أنها تشارك بطريقة دبلوماسية في الحرب. أنا أعمل هنا في ألمانيا لمدة ثلاث سنوات وأدفع الضرائب، وبصراحة أجد فكرة استغلال هذه الأموال في تمويل الأسلحة التي تقتل السوريين فكرة مؤلمة. ربما لم ترسل ألمانيا قوات إلى سوريا لكن أولئك الذين يبيعون الأسلحة يتحملون جزءاً من اللوم. ولهذا السبب أعتقد أن الدولة الألمانية تفي بواجبها في مساعدة النازحيين من مناطق الحرب. لا أشعر أن عليّ إعطاء مقابل لها، كما لا أعتقد أن مفهوم الدول القومية صحيح، إذ ليس لديّ أي شعور بالانتماء إلى أي بلد. بالنسبة لي، الناس ومكان عملي هم الأهم. أشعر أنني بخير في برلين، كما أنني أحب هذه المدينة، لكنني لا أعتقد أنه يجب عليّ أن أفعل أي شيء لبرلين. أعتقد أنه يجب عليّ أن أخدم المجتمع الذي أعيش فيه. لا يهم أين يجد المرء نفسه، لكنني أفهم لماذا تفكرين على هذا النحو. صحيح أنني لم أمر بنفس تجاربكِ، لكني أتفهم ما تشعرين به، وأعتقد أنه من الجميل أن تفكري هكذا.

أم أحمد: أفهم ذلك، لكن عندما كنا في المستشفى، لم أكن أعتقد أننا سنقدم على طلب الجوء ولم أكن أعرف مجموعة لولو النسائية LouLou. لكنني دائماً ما أحاول إرضاء الآخرين. كانت التجربة في المستشفى صعبة للغاية، لكن الأطباء هنا كانوا مؤهلين وذي مهارات اجتماعية جيدة. لقد عاملوا أحمد كما لو كانوا ابنهم، خاصة وأنه كان مكتئبا جدا حينها، ويتوقع الموت. طلب مني بإلحاح أن أعيده إلى العراق، حتى يموت بين أصدقائنا وأقاربنا. لكن الأطباء هنا لم يهتموا بجسده فحسب، بل أيضاً بصحته العقلية وهذا ساعدني كثيرا وأنا ممتنة جدا.

ماري: بالطبع.

أم أحمد: هذا رأيي الشخصي.

verletzt mich, dass jemand mich so anguckt, nur weil ich einen Hijab trage. Das ist ärgerlich.

Farah: Hier in Berlin fühle ich mich nicht immer willkommen. Es gibt solche und solche Menschen.

Avin: Hast du dich diskriminiert gefühlt, als der Mann dich nach dem Hijab gefragt hat?

Farah: Ehrlich gesagt habe ich danach angefangen zu weinen.

Entesar: Auch mir passiert so etwas öfter. Vor kurzem fuhr ich zum Beispiel mit Amal und Farah in der U-Bahn, es war sehr voll. Ein Mann drängte sich an uns vorbei und zischte uns zu: »Haut ab! Haut doch einfach ab!« Wir verstanden nicht, warum er so mit uns sprach. Wir machten nichts Schlechtes, wir störten niemanden. Aber in dieser Situation konnte ich nichts machen. Das ärgerte mich sehr.

Amal: Ich schwieg auch, machte nichts. Was sollen wir auch tun?

Farah: Ja, das war unerträglich. Vor dem Mann wollte ich stark bleiben, aber als ich mein Gesicht wegdrehte, weinte ich. Es ist wirklich unglaublich, wie oft wir auf der Straße angefeindet werden. Vor kurzem wurde ich an einer Bushaltestelle von einem älteren deutschen Mann wüst beschimpft. Es waren die üblichen Sachen: »Geht zurück in euer Land! Scheiß Kopftuchfrauen!« und so weiter. Plötzlich kam er auf mich zu und schubste mich in Richtung Straße. Ich war geschockt, da ich nicht erwartet hatte, körperlich angegriffen zu werden. Ein paar türkische Männer, die auch an der Bushaltestelle warteten, mischten sich ein und verteidigten mich. Ich hatte wirklich Glück, dass sie da waren und dass ich mich nicht verletzt hatte. Ein paar Tage später standen wir wieder an der Bushaltestelle und ein anderer Mann lief an uns vorbei und beschimpfte uns. Er blieb vor dem Fahrplan stehen und schrieb etwas mit schwarzem Edding darauf. Ich dachte mir nichts weiter dabei, doch ich merkte, dass alle Leute, die auf den Fahrplan schauten, im Anschluss zu uns rüber sahen, den Kopf schüttelten oder tuschelten. Als ich sah, was auf dem Fahrplan stand, wurde mir ganz schlecht. In schwarzen Lettern stand da: »ISLAM RAUS«. Nach dieser Situation hatte ich genug. Ich war so sauer, verletzt und

Aile Toplantısı / ملحق شدن خانواده به هم

Zusammenkommen der Familie / لم شمل

traurig und ich wollte etwas tun. Also habe ich den Vorfall bei der Antidiskriminierungsstelle angezeigt. Wenn ich zuhause wäre, würde ich in Würde leben. Niemand verachtete mich, obwohl wir im Libanon als syrisch-palästinensische Flüchtlinge auch diskriminiert wurden. Natürlich habe ich auch manchmal das Gefühl, willkommen zu sein. Es gibt viele nette Leute hier, die hilfsbereit sind. Trotzdem fühle ich mich manchmal deprimiert. Ich kann weder lernen, noch etwas anderes machen. Dann kriege ich das Gefühl, dass ich viel Zeit verloren habe und noch nicht einmal etwas dafür kann. – Avin, du hattest auch Probleme mit Depressionen oder? Wie geht es dir jetzt damit?

Avin: Normal. Ich habe mich daran gewöhnt. Ich habe keine eigene Wohnung, das ist schwierig. Ansonsten gehe ich zur Schule, und dort läuft alles gut. Aber wenn ich deprimiert bin und dann einen Brief bekomme, in dem steht, dass ich noch zum Jobcenter muss, geht es mir noch schlechter. Ich gehe dorthin, aber ich verliere nur Zeit. Das ist doch ärgerlich. Ich habe oft das Gefühl, eine Pause von dieser ganzen Bürokratie zu brauchen. Oh, über mein Leben kann ich ein Lied von Miseren singen [lacht].

Amal: Erzähl uns mal!

Avin: Mein Mann und ich verstehen uns nicht mehr. Es ist unmöglich, dass wir uns verstehen. Wir konnten keine Kinder kriegen und das war schwierig für uns. Wir haben uns getrennt, was kann ich darüber sagen? Ich möchte gern allein bleiben. So fühle ich mich wohl, bei mir allein. So werde ich nicht müde. Ich möchte niemandem mit meinen Problemen lästig werden. Deshalb muss man seine echten Gefühle verstecken. Niemand kann mir dabei helfen.

Farah: Was machst du, wenn du allein bist?

Avin: Ich bin hier und will hier leben. Also muss ich lernen und arbeiten.

Entesar: Und wie fühlst du dich nach der Trennung? Fühlst du dich besser?

Avin: Ja, ich fühle mich jetzt wohl und werde mich noch besser fühlen. Wenn ich eine Wohnung fände, würde ich mich noch viel wohler fühlen [lacht]. Früher war mir die Familie wichtiger, als ich es mir selbst war.

»جئنا إلى هنا لنعيش بسلام«

فيرا، سورية ومعلمة وزوجة.

تصف القصة التالية أساليب التعذيب التي تعرض لها أحد أفراد أسرة فيرا من قبل أجهزة الاستخبارات التابعة للنظام السوري.

تسألونني إن كنت أرغب بالعودة؟ كيف لي العودة الآن؟ لا أستطيع العيش هناك أو رؤية المكان أو حتى التفكير بزيارته. لا أريد التحدث عن هذا الأمر، أريد نسيانه فحسب.
وصلت إلى ألمانيا يوم السابع والعشرين من شهر تموز ٢٠١٥، والآن، وبعد ثلاث سنوات، تم الاعتراف بي كلاجئة في ألمانيا. ومنذ فترة قصيرة تزوجت، زوجي بدوره من سوريا؛ من حمص لكن أول لقاء بيننا كان هنا.

في سوريا كنت أعمل معلمة متخصصة في مجال الرعاية وعلم نفس للأطفال. كنت أرغب كثيرا بدراسة الماجستير، ولكنني لم أستطع اجتياز امتحان اللغة الإنكليزية، ولهذا أود أن أبدأ من جديد. أحاول قدر المستطاع ألا أفكر بوضعي في ألمانيا، ماذا سيحدث إذا تم رفضي أو ترحيلي إلى سوريا؟ حينها ستكون كارثة كبرى. لا أريد، ولا أستطيع العودة! لابد لي من البقاء في ألمانيا. فأنا لم أترك سوريا بدون سبب، حتى أعود إليها ببساطة. لقد بنيت حياة لي هناك، ودرست لمدة سبع سنوات، وبمجرد أن بدأت مشواري المهني، بدأت الحرب، وانقلبت حياتي رأسا على عقب، وبعد أن حدثت هذه المأساة، وبعد ما شهدته هناك، لا أجد سببا واحدا للعودة. الطريق بالنسبة لي، أصبح مغلقا. لا بد لي من البقاء هنا، وتأسيس حياة جديدة، خاصة إذا أصبح لدي أطفال في المستقبل. يعتقد زوجي أن الوضع يمكن أن يتحسن وأنه سوف يعود يوماً ما، بالطبع أنا لا أتفق معه في الرأي، ولكننا لا نتحدث حول هذا الموضوع. الامر بالنسبة لي مستحيل. إذا قرر العودة، أنا على استعداد لتركه، إذ له مطلق الحرية في اتخاذ القرار، أما بالنسبة لي فالأمر محسوم.

لقد شهدت الكثير من الأشياء القاسية هناك. أبي وأمي لم يعودا على قيد الحياة، وإخوتي بدورهم قتلوا. لم يعد لي أحد هناك بعد الآن. لا أستطيع العيش في ذلك البلد الذي تقبع فيه كل ذكريات الموت والمعاناة. إذا ذهبت إلى منزلي فإن ذكرى عائلتي لن تنفك عن ملاحقتي، هناك شهدت موت عمي حين انزلق بسبب انعدام الكهرباء واصطدم رأسه بالجدار ليسقط ميتاً. وهناك على رصيف الشارع، حيث تم إطلاق النار

Aber jetzt habe ich gelernt, dass man sich erst um sich selbst kümmern muss. Ich bin wichtiger.

Farah: Stimmt. Aber ich sehe die Prioritäten ein bisschen anders: Selbstliebe und die Liebe der Familie sind miteinander verbunden. Aber wenn die Familie mich negativ beeinflusst, dann bin ich wichtiger.

Avin: Mein Mann hat mich dazu gebracht, mein Leben zu hassen. Warum? Weil er Kinder haben wollte. Das ist aber keine Entschuldigung. Das liegt nicht in meinen Händen, und ich kann nichts dafür. Er hat unsere Beziehung beendet. Durch ihn habe ich mein Leben gehasst. Früher war ich nicht so, ich war immer froh. Ich fragte meinen Mann: »Warum hast du mich dazu gebracht, mich zu hassen?« Ich verließ ihn, und wir lebten sieben Monate lang getrennt. Danach sagte er mir: »Das wird nicht mehr vorkommen.« Nach einem Jahr wiederholte sich dieselbe Geschichte. Was für ein Leben ist das? Soll ich heulen, weil ich keine Kinder bekommen kann? Es soll eben nicht so sein. Da kann weder ich noch er etwas für. Hier geht es nicht um ein Kleid oder einen Schuh oder Sachen, die man wegwerfen kann, wenn sie dir nicht passen. Ich bin so geboren und damit bin ich zufrieden. Ich will keine Kinder. Ich mag Kinder nicht. Ich will einfach das Leben genießen – einfach leben. Alleinsein gefällt mir besser. Lass uns das Leben genießen, denn das Leben geht immer weiter.

Farah: Manchmal ist es besser, allein zu leben.

Avin: Zum Teufel mit ihm. Er nennt sich einen Mann! Ja, das Leben ist zu kurz. Wo auch immer ich hingehen möchte, ich werde es tun. Wo auch immer es Spaß gibt, sei es mit Alkohol und Tanzen, ich will dorthin.

Farah: Ich habe noch etwas zu sagen. Negative Stimmung verursacht Depressionen, aber wenn Menschen in deiner Umgebung positiv sind, geben sie dir positive Energie. Menschen sollten zuhause in positiver Atmosphäre leben und nicht die ganze Zeit in negativer. So macht man den anderen das Leben leichter.

Avin: Negativ und negativ zusammen geht nicht, sonst fühlt man sich deprimiert.

على أخي من قبل الأمن السوري، لم يستطع الذهاب إلى المستشفى لأن الحكومة كانت ستظن أنه من الجيش السوري الحر، وعلى أثرها كانوا سيأخذوننا جميعا إلى (المعتقل) مركز اعتقال السجناء السياسيين (مراكز احتجاز السجناء السياسيين).

على الرغم من مرض والدتي الشديد إلا أنها اصطحبت أخي إلى الأردن. كانت تعرف وسيطا سيمكنهم من عبور الحدود، في وقت لاحق التحق إخوتي الآخرون بأمي لأنها أصحبت دائمة القلق عليهم، من أن يحدث لهم سوء في سوريا. أما أنا فمكثت بسبب عملي. وبعدها أصبحت أمي أكثر مرضاً، وكان لابد من معالجتها وحقنها عن طريق العضل وليس الوريد، وبما أن الأطباء لم يكن لديهم أي معلومات حول وضعها الطبي، فقد تم إعطائها حقنة في الوريد أودت بحياتها (تبكي).

لقد شهدت الكثير من الأحداث القاسية، مثل ما حدث لابن عمي، الذي تم اعتقاله وتعذيبه. كان عليّ أن أرى كيف تعرض جسده لسوء المعاملة. كان دون عيون، مع طعنات في ظهره وأظافره وأسنانه التي اقتلعت. كانوا يعذبونه أيضاً بالصدمات الكهربائية. كيف لي أن أعود إلى هناك؟ كيف لي العودة إلى هناك، بل والعيش هناك؟ لا أريد تذكر هذه الأحداث، أريد أن أنسى، لا اريد ان يسألني أحد عما جرى. مكثت في دمشق لمدة شهرين ثم هربت وفي نهاية المطاف وصلت إلى برلين. كان أول مكان سكنت فيه، هو مخيم اللاجئين في شبانداو Spandau، عشت هناك ما يقارب ثلاثة أشهر، لكن الوضع لم يكن بالجيد. كان المبنى متكونا من ثلاثة طوابق مع غرف مشتركة. كان انعدام الخصوصية مشكلة كبيرة حقا.

كنت مقيمة في غرفة مع ثلاث نساء يتحدثن اللغة الروسية، كنا على وفاق مع بعضنا، ولكن لم تدم المودة طويلا، فقد حدث أن جلبن أشخاصا للمبيت في الغرفة طوال الليل، ولم أفهم لما فعلن ذلك. ذات يوم، وفي إحدى الليالي أحضرت إحداهن صديقها دون أن تسأل إذا ما كان الأمر سيزعجني أم لا، وبعدها جلسوا على السرير يتحدثون حتى الساعة الثانية ليلاً، ولم أستطع وقتها أن أنام. بالاضافة إلى الكحول التي كن يشربنها بكثرة، وغيرها من الأمور التي جعلتني أشعر بعدم الراحة. كنت أشعر بالقلق، وكنت عادة ما أقضي ليلتي في مكتب الاستقبال أو في المطبخ حتى الساعة السادسة صباحاً، لأقضي نهاري متعبة بسبب عدم النوم. كانت هذه الأحداث عادة ما تتكرر. لم أستطع تحمل الأمر، فذهبت إلى المسؤولة، ولكنها اخبرتني أن الزيارة ليست ممنوعة، ولم تدرك أن موضوع الزيارة ليس هو ما يزعجني، وإنما عدم النوم طوال الليل بسبب وجود زوار في الغرفة. حتى عند استخدام الحمام لا يملك المرء أي خصوصية. كان هناك حمام للرجال وآخر للنساء، ولكن المرء لا يستطيع أن يغلق باب الحمام عند الاستحمام حيث أن الحمامات غير مفصولة، كانت هناك فقط جدران بلاستيكية صغيرة. لقد فاجأني ذلك في البداية، لأن الرجال في بعض الأحيان كانوا يستحمون في حمامات النساء. حدث ذلك ذات مرة، بينما كنت في الحمام. لم أكن أعرف ما الذي يتوجب عليّ فعله، لهذا لا أستحم أبدا خلال النهار، فقط في الليل عندما ينام معظم الأشخاص. كنت أشعر بالخجل من الاستحمام في النهار، لذلك كنت أنتظر حلول الليل، لكن حتى في الليل يتواجد أحيانا أشخاص يستعملون الحمام، ولم أكم أملك إلا أن أنتظر حتى ينتهون، بالإضافة إلى القلق الذي ينتابني حين أصعد ثلاث طوابق وصولا إلى غرفتي ليلاً.

Farah: Vor zwei Tagen gab es zwischen mir und einer Freundin eine heiße Diskussion. Ich war sehr verärgert und weinte. Die Anderen dachten, ich weinte wegen dieser Auseinandersetzung. Da sagten sie mir, es sei es nicht wert, wegen so einer Kleinigkeit zu weinen und dass sie sich wünschten, ihre Probleme wären wie meine. Aber, nur weil ich über meine Probleme nicht mit ihnen rede, heißt es nicht, dass ich keine Probleme habe. Ich möchte aber niemanden damit belasten.
Avin: Man muss in seiner vertrauten Gruppe sprechen. Es ist das Beste, eine Gruppe zu haben, die dich akzeptiert und liebt.
Entesar: Manchmal werden wir gefragt, woher wir die Energie nehmen, um trotz dieser Umstände normal weiterleben zu können. Doch weißt du was? Meine Energie ist fast aufgebraucht.
Amal: Der Mensch passt sich von Natur aus an die schwierigen Umstände einer Umgebung an und strebt nach dem Überleben, wenn er in einem Land leben möchte. Obwohl wir einen Krieg und eine Krise erlebt haben, versuchen wir voller positiver Energie ein neues Leben hier in Berlin zu führen.
Entesar: Aber wie kann ich das alles ertragen? Ich bin mit meinem Latein am Ende. Stell dir vor! Ich hatte nie Diabetes, und dann sagen mir die Ärzt*innen plötzlich, dass ich zuckerkrank bin. Das ist doch wegen der Sorgen.
Amal: Ja, sicherlich.
Entesar: Wir hatten keine Vorstellung davon, wie es hier in Deutschland sein würde.
Farah: Wenn eine Frau oder ein Mädchen gerade neu in Deutschland angekommen ist und dieses Buch liest, würde ich ihr raten, die Dinge nicht persönlich zu nehmen. Man kann bestimmte Probleme nicht lösen, weil die politische Situation es einfach nicht erlaubt. Es liegt nicht in unseren Händen, das gesamte System zu verändern.
Avin: Ich würde ihr sagen, dass es besser wäre, das Buch nicht zu lesen, denn sonst würde sie pessimistisch werden. Sie sollte sich nicht abschrecken lassen!
Entesar: Unsere Situation ist zwar schwierig und man fühlt sich hier

لم أشعر قط بالأمان. كان القلق يحل بمجرد حلول الليل. إذ كانت حوادث السرقة دائمة الوقوع كل يوم تقريباً، وأحياناً تجيء الشرطة إلى المكان دون سابق إنذار. كان الوضع مفزعاً ولم أكن أعرف إلى متى سأظل في مخيم اللاجئين. كنت أشعر بالوحدة رغم أن أختي ببرلين، لكنها تعيش في الطرف الآخر من المدينة في مقاطعة مارتسان Marzhan.

وما يصعب الأمور عليّ، هو عدم وجود أخصائيين وأخصائيات اجتماعيين في مخيم اللاجئين، لكيّ ألجأ إليهم وقت الحاجة. حين كنت أتوجه إلى مكتب الاستقبال للشكوى من شيء ما، كانوا دائما ما يردون بأنها مشكلتي وأن عليّ أن أتأقلم مع الوضع. لم يكن الوضع يسيراً، ولم أستطع الشعور يوما، بأنني بخير هناك.

بعد ثلاثة أشهر حصلت على تصريح الإقامة، تم فصلي عن المخيم وأجبرت على ترك المكان بعد مكوثي فيه ما يقارب موسما كاملا. بعدها أخبرني مركز العمل أنه يجب عليّ أن أبحث أولاً عن فندق (مخيم أكبر للاجئين) لأسكن فيه عشرة أيام إلى حين إكمال الأوراق الضرورية للحصول على سكن، ولكن المشكلة أنني لم أجد أي فندق يرغب بالسماح لي بالتسجيل فيه، على الرغم من أنني أبلغتهم بأن مركز العمل سيغطي التكاليف، أجابوني: »عشرة أيام! هذا لا يكفي إذا احضرتِ ثلاث نساء أخريات، فمن الممكن أن نستقبلكِ لدينا وإلا فإننا لن نحقق ربحاً«.

أردت العودة إلى مخيم اللاجئين السابق، لكنهم لم يعيروني أي انتباه، فقد قالوا لي: »تعالي لاستلام بقية أشيائكِ واذهبي من هنا، لا يمكنكِ النوم لدينا. عودي إلى اللاجيزو LaGeSo وواصلي الذهاب إليهم حتى يسأموا منكِ ويعطوكِ منزلاً«. هذا ما قولوه لي حتى إنهم لم يسمحوا لي بالدخول إلى المخيم وأخذ اشيائي بل اكتفوا برميها في الشارع. مكثت في الشارع لمدة عشرة أيام، اضطررت حينها للبقاء عند صديقاتٍ لي. اليوم عند واحدة والتالي عند أخرى، بالطبع مصحوبة بكل أشيائي معي. في الغالب أنام عند أختي، رغم أن هذا الأمر غير مسموح به في مخيم اللاجئين الذي تعيش فيه، لذا كنت اضطر للتسلل خلسة إلى غرفتها لكي أبيت عندها، أحيانًا أدخل إلى المكان عبر نافذة المطبخ وأخرج في وقت مبكر جداً، قبل أن يأتي الأمن ويكتشفني. كنت أقضي اليوم بأكمله أتجول هنا وهناك، إلى أن يحل الليل، لكيّ يتسنى لي الذهاب عند أختي، وبعد عشرة أيام استأنف مركز العمل قضيتي، وحين انتقلت أختي إلى شقة تمكنت من العيش في مسكنها.

يتكفل مركز العمل بدفع إيجار غرفة واحدة لي، لكن مالكي الفندق جلبوا امرأة أخرى إلى غرفتي حتى يتمكنوا من كسب الضعف. انتهى بنا الحال، ثلاث نساء في غرفة واحدة، وسرير واحد، حيث علينا أن ننام جميعا. كيف يمكن تقبل ذلك؟ خصوصا حين يحصل جدال بيننا، وترغب كل واحدة منا بشيء من الخصوصية، ولكن كيف ونحن ننام في سرير واحد؟

حين أفكر بالأيام السابقة التي قضيتها في ألمانيا، لا يمكنني وصفها بشيء سوى أنها كانت سيئة بحق. لم أشعر بالأمان في مخيمات اللاجئين ولا في الفندق حيث كان الناس يعاملونني بطريقة سيئة وكأنني إنسانة بلا شرف. كانت هذه الأحداث قبل شهر من زواجي، وبالطبع يتغير كل شيء عندما تتزوج المرأة، إذ يغدو الوضع أفضل، ولا يجرؤ أحد على مضايقتكِ. منذ تزوجت لم تحدث لي أية مضايقات. وهذا بالطبع أمر جيد

zerrissen, aber das Leben ist eben so. Man muss weitermachen.
Avin: Ja, du hast recht. Das Leben geht auf jeden Fall weiter.

الآن أعيش مع زوجي في نفس الغرفة التي كنت أسكن فيها، وبالنسبة لزميلتي في الغرفة فقد انتقلت إلى بيت عمتها لفترة مؤقتة إلى أن يتنسى لنا الحصول على شقة. منذ ذلك الحين، بدأت أشعر بتحسن كبير في حياتي. خطتي الحالية هي الحصول على شهادة الماجستير في حقوق الطفل، في سبيل تحقيق هذه الغاية، أنا بحاجة إلى مستوى اللغة الألمانية المتقدم C1. أنا حاليا في المستوى الثاني A2، وقد يستغرق هذا فترة طويلة. أما زوجي، فيريد مواصلة الدراسة في الأعمال المصرفية إذ أن مستواه اللغوي أفضل مني، وفي السابع والعشرين من هذا الشهر، سيجتاز امتحان المستوى المتوسط الأول B1. أخبره مركز العمل إن بإمكانه بعد ذلك أن يتدرب في بنك شباركاسي Sparkasse وبعدها ستتاح له الكثير من فرص العمل.

حين أفكر في المستقبل، فإن أولوياتي تتمثل في تعلم اللغة والدراسة والعمل. إذا كان ولسبب ما، من الصعب العمل كمعلمة في ألمانيا، فيمكنني تصور العمل في المكتب الاتحادي للهجرة واللاجئين، لأنني أود كثيرا مساعدة الناس الذين هاجروا إلى ألمانيا، لكيّ أشاركم تجربتي وأساعدهم في تجنب الوقوع فيم وقعت فيه من مشاكل. كما يمكنني أن أعمل كمترجمة، رغم أن الدراسة في مجال الترجمة صعب جدا، لكنني أعتقد أنه سيعجبني بالتأكيد.

إن اللغة في الوضع الحالي، هي أصعب شيء في ألمانيا. لقد ساعدني مقهى لولوLouLou كثيرا في هذا الأمر، فقبل الانضمام لهذه المجموعة، كانت لغتي سيئة جدا، على الرغم من مرور ثلاث سنوات على وجودي هنا، لكنني لم أتمكن من بدء تعلم اللغة حتى العام الفائت. في بداية الامر، رغبت بالانضمام إلى دورة الالفبائية، لكنهم قالوا لي: »أنتِ بحاجة إلى دورة متقدمة الآن!« فطالما أن الشخص يتقن كتابة اسمه باللغة الالمانية فهذا يعني أنه بحاجة إلى مستوى أعلى في اللغة. وبعدها تم إرسالي إلى مستوى أعلى لتعلم مستوى عالٍ من قواعد اللغة، مشابه تقريبا لمستوى الجامعة. كان عليّ أن أتعلم كتابة الحروف أولا ومن ثم الكلمات، لكن مسؤولي المدرسة لم يصدقوني حين أخبرتهم بذلك، كما اعتقدوا في مركز العمل أنني كسولة ولا أريد التعلم حين أخبرتهم برغبتي في البدء أولا بمستوى الالفبائية. لم أستطع فهم ما حدث ولا لما قد أرغب في الكذب عليهم، إذ على العكس كنت أرغب وبشدة في التعلم، كل ما أردته هو أن ابدأ بالمستوى التمهيدي في العام الماضي ٢٠١٧، استطعت أخيرا الانضمام إلى دورة الالفبائية. ما أتمناه الآن هو اجتياز امتحان اللغة، إذ ماتزال هناك الكثير من القواعد التي لا أعرفها ولا أفهمها، كما أن نطقي ليس جيدا، إذ لو أعرف كيف تنطق الحروف لربما أمكنني تهجي كلمة، لكن جملة كاملة أمر صعب... ما يجعل الأمر أكثر صعوبة هو أنني لا أتواصل مع الألمان، وبالتالي يظل إتقان اللغة غاية متعسرة. لا أعرف حتى الآن ما إذا كان بإستطاعتي كسر حاجز الخوف عند الذهاب إلى الامتحان، فربما يحدث أن أترك ورقة الامتحان فارغةً أو تصادفني كلمات لا علم لي بهاً أو ربما تجعلني الأسئلة في حالة توتر. لهذا السبب أرغب في إقامة المزيد من التواصل مع الألمان لأصغي إلى أحاديثهم وتتعود أذني على اللفظ، لكن للأسف، لا أحد لديه ما يكفي من الوقت، ربما لأن الألمان حسب ما أعتقد قليلو الصبر والوقت.

بسبب كل هذا، أعاني مرات كثيرة من مواقف مزعجة، فأحياناً أقول شيئا لكن بطريقة خاطئة فيظن الناس بي سوءا. يحدث هذا حين أذهب إلى الصيدلية أو إلى الليدل Lidl أو الدي ام DM أو إلى اجتماع السيدات

Was guckst du so? / إلى ما تنظر؟
Neye Bakıyorsun? / به چه چیز نگاه می کنی؟

في لولو. الألمان ليس لديهم الوقت الكافي، أما أنا فليس لدي وسيلة لشرح أو توضيح ما أعنيه. ذات يوم ذهبت إلى الصيدلية بعد أن تحليت بالشجاعة وتدربت على ما سأقوله. حين وصلت، سألت الصيدلاني عن دواء لحكة الجلد، لكنه كان مزعجاً، إذ ألح عليّ بالأسئلة عما أود القيام به، وكيف عليّ استخدام الدواء. كان يسألني بطريقة جعلتني أشعر بالحرج، كأنني شخص جاهل لا يفهم شيئاً. لم أتمكن من الإجابة عن أسئلته، وكل ما قمت به هو أن أدرت ظهري وخرجت من الصيدلية، ولم أعد إليها مطلقاً.

دائما ما ينتابني شعور القلق عندما لا أفهم شيئا ما أو عندما أريد قول شيء، لكن تصعب عليّ الكلمات. ما زلت أبحث عن طريقة للتواصل مع الألمان، رغم أنني واجهت الكثير من المواقف السيئة معهم. أعتقد أن الكثير من الناس هنا لديهم أحكام مسبقة عن اللاجئين، فقد حدث ذات يوم أنني أردت مساعدة امرأة كبيرة في السن في حمل كيس التسوق، كنت قد رأيتها من بعيد وصعدت الدرج مسرعة لمساعدتها، وبدلاً من قبول مساعدتي صرخت بصوت عالٍ معتقدة بأنني لصة تريد سرقتها. وفي موقف آخر، كنت استقل مترو الانفاق وأقبلت امرأة كبيرة في السن، عرضت عليها أن تجلس في مقعدي لكنها انزعجت من مساعدتي وجعلتني أشعر بأنني أهنتها.

أود إخبار الناس الذين ولدوا هنا في ألمانيا، الذين يقرأون هذا الكتاب الآن، أرجو ألا تطلقوا أحكاما مسبقة عنا. لقد جئنا إلى هنا لنعيش بسلام، والأمر ليس بيسير، لكننا نحاول رغماً عن كل المصاعب. كوننا لاجئين/ات جعلنا نعتمد على الحكومة الألمانية والسلطات ولا نملك فرص لنعيش مستقلين/ات بذواتنا، وهذا يعود لوجود الكثير من القوانين التي تحد من اختياراتنا. ولكن مع ذلك، أود حقاً أن أحث النساء اللواتي جئن إلى ألمانيا أو اللواتي يرغبن بذلك بأن يتعلمن اللغة في أسرع وقت ممكن. فلو كانت قد أتيحت لي الفرصة لتعلم اللغة مسبقا لكنت وفرت على نفسي الكثير من المشاكل. لا أنكر أنها لغة متعبة وشاقة لكن يمكن تعلمها، وماعدا ذلك فإنني أشعر بالتفاؤل حين أفكر في مستقبلي.

»Mein Frau-Sein wurde hier zur größten Schwierigkeit meines Lebens«

Sara Bf. wurde im Iran geboren. Nach ihrem Master-Studium in Physik arbeitete sie als Physiklehrerin an einer Schule. Sie spielt gerne Gitarre und interessiert sich für Design.

Das Gefühl, in einem fremden Land zu sein, ist wie Fahren ohne Ticket. Es ist ein Gefühl des Nicht-Dazugehörens.

Ich bin am 12. Februar 2016, vor genau zwei Jahren, in Berlin angekommen. Gleich am Hauptbahnhof wurde meine Tasche gestohlen. Eigentlich wollte ich von dort aus zum Flughafen fahren und weiter nach England zu einem Verwandten. Es war überhaupt nicht geplant, dass ich in Berlin bleibe. Eigentlich war Deutschland für mich sogar der einzige Ort, an den ich in meinem Leben nie gedacht hatte. Aber meine Tasche war ja weg, also konnte ich nicht weiter. Die Polizei hat mich dann erst einmal in eine Unterkunft für Wohnungslose geschickt. Sie haben mich anders behandelt, weil ich nicht in ihr Bild einer Iranerin passte: »Du bist keine Iranerin, deine Staatsangehörigkeit ist nicht klar.« Sie haben mir unterstellt, ich hätte eine andere Identität und mir zehn Tage Zeit gegeben, damit meine Mutter mir persönliche Unterlagen und Dokumente per Email zuschickt. Erst als ich ihnen zeigen konnte, dass ich tatsächlich eine Iranerin bin, haben sie mir einen Platz in einer Geflüchtetenunterkunft gegeben, also erst nach zehn Tagen.

المصطلحات

أي تغيير أو تصرف أو زيادة قي المصطلحات مدرج في الفهرس الألماني مع مصادر هذه الاقتباسات.أما علامة ⇐ فتعني أن للمفردة معناها الخاص في قاموس المصطلحات.

الترحيل:
أو ما يُدعى بعملية »الإعادة إلى الوطن«، أي الخروج من ألمانيا. تتم هذه الإجراءات تحت إشراف الشرطة أو السلطة الحكومية. لا يخلو تطبيق بعض من هذه العمليات من العنف والقوة. تتم عمليات الترحيل عادةً، عندما لا يكون من الممكن تجديد الإقامة، أو في حالة عدم امتلاك الشخص لتصريح الإقامة.

لاجئ معترف به:
يشير هذا المصطلح إلى تصريح إقامة يُحصل عليه على أساس ⇐ اتفاقية جنيف للاجئين. وطبقاً لذلك، فاللاجئون هم الأشخاص الموجودون خارج بلدهم الأصلي، دون حماية من بلدهم الأصلي، بسبب خوفهم من اضطهاد جهات حكومية أو غير حكومية. من الأسباب التي تعتبرها الدولة المستضيفة مسوغا لترك هؤلاء الناس لبلدهم: الخوف من الاضطهاد ⇐ والعنصرية ⇐ والقومية و/ أو الانتماءات الدينية والمعتقدات السياسية والولاء لبعض الفئات الاجتماعية (بما في ذلك الهوية الجنسية). يحظى الأشخاص الحاملون لوثيقة (لاجئ معترف به) على تصريح إقامة لمدة ثلاث سنوات. وفقط، بعد ثلاث أو خمس سنوات يصبح لديهم/ن الفرصة لتقديم طلب للحصول على تصريح إقامة دائمة، وهو أمر يصعب تحقيقه بسبب العديد من الشروط. يسمح تصريح الإقامة »لاجئ معترف به« للاجئين بالعمل (أنظر على سبيل المثال، الاختلاف بين هذا التصريح ووثيقة السماح بالإقامة المؤقتة الدولدونج ⇐.(Duldung) يحق للاجئين المعترف بهم، الحصول على موافقة امتياز لم شمل الأسرة في ظروف معينة (⇐ إلى فقرة لم شمل العائلة). [1]

Ankerzentrum (Ankunft الوصول, Entscheidung القرار , Kommunale verteilung التوزيع المجتمعي او الإعادة للوطن):
يشير هذا المصطلح إلى المآوي الخاصة بإقامة ⇐ وترحيل اللاجئين في ألمانيا. بدأ تفعيل عمل المراكز الأولى في خريف عام ٢٠١٨. تم تصميم هذه المراكز كمراكز خاصة بالاستقبال واتخاذ القرارات الخاصة بقضايا اللجوء وعودة اللاجئين. في هذه المراكز يتوجب معالجة ⇐ إجراءات اللجوء بسرعة وشمولية وبطرق

In dieser Zeit hatte ich kein Geld, ich hatte gar nichts. Ich musste heimlich in die Busse steigen, um von einem Ort zum anderen zu kommen. Ich hatte kein Ticket, ich verstand kein Deutsch. Das ist ein schlimmes Gefühl – ein Gefühl der Zufluchtslosigkeit, der Hilflosigkeit, der Verlorenheit – ein Gefühl des Elends. Nach zehn Tagen hat mir das Landesamt für Gesundheit und Soziales (LaGeSo) einen Heimplatz, 100 Euro Bargeld und ein Dreimonatsticket für den Bus gegeben. Als ich mit diesem Ticket in den Bus gestiegen bin, habe ich verstanden, dass es etwas im Leben von uns Menschen gibt, nämlich Dazugehören. Identität. Wenn wir nicht dazugehören zu einer Gesellschaft, dann haben wir keine andere Wahl, als vieles falsch zu machen. Wir müssen Regeln brechen und verlieren uns mehr und mehr in diesem Nicht-Dazugehören, anstatt uns selbst zu finden. Man sagt ja auch, dass man etwas erst dann zu schätzen lernt, wenn man es verloren hat. Bei mir war das so mit dem Gefühl von Zugehörigkeit.

Ich war vorher ein Mensch, der niemand anderen brauchte, ich war unabhängig. Aber als ich nach Deutschland kam, ist mit mir etwas passiert. Es war, als ob eine neue Sara auf die Welt gekommen wäre, die nicht dazugehörte. Weil ich die Sprache nicht verstand, niemanden hatte, niemanden kannte und mich selbst völlig verloren hatte. Was mich am meisten mitgenommen hat, war zu sehen, dass ich mich trotz all meiner Fähigkeiten nicht selbst auf den Beinen halten konnte. Stell dir vor, du hast deinen Platz, du hast dich selbst gefunden und lebst dein Leben. Dann ist das plötzlich, als hättest du dein Leben aus der Hand gegeben, als wärst du plötzlich bankrottgegangen. Es ist nicht einmal so, als würdest du von Null anfangen. Weißt du, wenn du von Null anfängst, dann hast du noch nicht so einen gefestigten persönlichen Hintergrund. Wenn du aber schon einen solchen Hintergrund hast, dann ist es wirklich bitter, das alles wieder zu verwerfen und dein Leben neu aufbauen zu müssen.

Dort, wo ich herkomme, hatte ich ja einen festen Platz, ich hatte mir schon ein Leben aufgebaut. Ich bin in Teheran groß geworden, habe

قانونية وفقاً للاتفاق الائتلافي بين حزب الاتحاد الديمقراطي المسيحي / الحزب الاجتماعي المسيحي في بفاريا والحزب الديمقراطي الاشتراكي لعام ٢٠١٨. المفترض أن الهدف من هذه المراكز هو تسريع قرارات قضايا اللجوء وترحيل الأشخاص الذين لا يُمنحون تصريح الإقامة بشكل أسرع وأسهل من ذي قبل. نتيجة لذلك، يُوزع الأشخاص الملتمسون للحماية الذين ينطبق عليهم (المنظور الايجابي للإقامة) على المدن والبلديات بعد احتيازهم لاختبار في (مركز AnKER). إن هذه المراكز المُصممة تعبر عن سياسات الرهن والسيطرة التي تعيق الأشخاص في رحلتهم على التنقل وحصولهم على السلع الاجتماعية، أما مصطلح »AnKER« فوُجد للإيحاء بمعنى الأمان، ولكن هذا الأمر في الواقع غير صحيح، إذ يثبت واقع الأمر أن المراكز تجهل الاحتياجات الفعلية للاجئين. [2]

اللجوء:

مكان إقامة محمي، باليونانية يعني »المكان الذي لا يؤخذ منه المرء بالقوة«. يمنح القانون الأساسي الألماني اللجوء للاجئين السياسيين (المادة ١٦ أ GG). يمنح هذا الحق الدائم للإقامة في ألمانيا، فقط لأولئك الذين تبين أنهم غادروا بلادهم بسبب الاضطهاد السياسي. [3]
إن اللجوء السياسي (حق اللجوء) بموجب المادة ١٦ أ GG هو صيغة وطنية للحماية ويعتبر أكثر تقييداً من وضع اللاجئ بموجب ⇐ اتفاقية جنيف للاجئين ويُمنح اللجوء السياسي لعدد قليل جداً من طالبي الحماية. حق اللجوء لا يُمنح فقط في ألمانيا - كما هو الحال في العديد من الدول الأخرى - على أساس الالتزام بالقانون الدولي من اتفاقية جنيف للاجئين لعام ١٩٥١، ولكنه كذلك يمتلك صفة دستورية كحق أساسي يعمل اللجوء على حماية الكرامة الإنسانية بمعناها الواسع. ويؤخذ بالاعتبار الملاحقة القضائية للدولة، أي بمعنى الاضطهاد الناشئ من الدولة. في حالة الدخول عن طريق بلد ثالث آمن، يتم استبعاد الاعتراف بالحق في اللجوء طبقاً للمادة ١٦ أ GG. [4]

:Asyltourismus

إن مصطلحات من قبيل »سياحة اللجوء« أو »إساءة استخدام اللجوء«، هي من المصطلحات السياسية المفاتيح التي تستخدم منذ الثمانينات، خاصة حينما يتعلق الأمر بتقييد قانون اللجوء. يستخدم اليمين المتطرف مثل هذه المصطلحات، من أجل التشكيك في حق ⇐ اللجوء وجعله في موضع تساؤل وشك في سبيل إلغاء شرعية طالبي اللجوء. إنه مصطلح خادع، إذ أن المطالبة أو الدعوى أو طلب الحصول على حق اللجوء، حتى وإن لم يكلل الطلب بنجاح، لا يعتبر إساءة استخدام، بما أنه حق. [5]

:Ausschiffungsplattform

تدعى حسب البيروقراطية الألمانية »منصة الهبوط«، وهي مراكز الاستقبال في السياق السياسي و ⇐ اللجوء التي سيتم إنشاءها خارج الاتحاد الأوروبي. تنص الخطة على إرسال الأشخاص الذين تم إنقاذهم من البحر الابيض المتوسط وأخذهم إلى هذه ⇐ المراكز، بدلا من أوربا. تقوم المفوضية العليا لشؤون اللاجئين التابعة لهيئة الأمم المتحدة والمنظمة الدولية للهجرة بتسجيل هؤلاء الأشخاص إما كـ»لاجئين« أو »مهاجرين« في هذه المخيمات. أما من يُعترف به ⇐ كلاجئ فتبقى لديه فرصة العودة إلى الاتحاد الأوروبي. [6]

studiert und mich für Design interessiert. Ich hatte im Iran meinen Master in Physik gemacht und war Physiklehrerin. Die Physik hat meine Gedanken über das Leben sehr geprägt. Während meines Studiums habe ich zum Beispiel ein Projekt eingereicht zu dem Thema »Quantentheorie, Mystik und Maulana« (bezieht sich auf den berühmten persischen Dichter Maulana Jalaladdin Rumi (1207–1273)). Darin ging es unter anderem um das Schallgesetz, welches besagt: Wenn du vor einem Berg sprichst, dann hörst du das Echo deiner Stimme. Maulana hat es aber sehr viel weitreichender gedacht, er sagt: »Diese Welt ist der Berg, und unsere Taten sind der Klang; zu uns kommen zurück Klänge und Stimmen.« Das heißt, Schwingungen sind überall. Dann ist mir im Iran etwas passiert: Ich war außerhalb der Stadt unterwegs, da bin ich hingefallen und habe mir das Bein gebrochen. Zum Glück hat mir jemand in dieser misslichen Lage geholfen. Für mich war das eine dieser Schwingungen; jetzt wollte ich auch etwas an die Welt zurückgeben. Als ich dann nach Teheran zurückkam, habe ich zuerst einen Kurs beim Roten Kreuz absolviert. Seitdem ich mich für diesen neuen Weg entschieden habe, richte ich alles, was ich in meinem Leben mache, danach aus, wie ich anderen Menschen helfen kann. Ich sehe das als meine Mission, mein Ziel; das ist das Einzige, was mir wirklich ein Gefühl der Ruhe gibt: in der Pflege oder in der Krankenbetreuung oder im Bereich der Psychologie.

Durch die Situation, in der ich als Schutzsuchende war, habe ich nämlich selbst viele schlimme Erfahrungen gemacht, die mich in große psychische Probleme gestürzt haben. Ich habe also selbst viele dieser seelischen Zustände durchlitten, und ich glaube, dass viele Menschen nicht allein aus solchen Problemen herauskommen. Deshalb möchte ich anderen Menschen, denen es so geht, wie es mir ging, auf ihrem Weg helfen – denn der Weg, den ich hinter mir habe, ist aus psychischer Sicht ein sehr schwieriger und gefährlicher und anstrengender Weg. Bei mir war das so, dass meine Gedanken durch die Situation, in der ich hier in Deutschland war, sehr negativ wurden. Ich war richtig müde, denn ich hatte das Gefühl, ich müsste alle meine Einstellungen zum

الدائرة الاتحادية للهجرة وشؤون اللاجئين (BAMF):

المكتب الاتحادي للهجرة وشؤون اللاجئين (BAMF)؛ سلطة ألمانية مسؤولة عن ⇐ اللجوء/ حماية اللاجئين والهجرة / عملية الاندماج والعودة.

فنادق محتلة في اليونان:

بسبب الظروف الكارثية في مساكن اللاجئين في اليونان، احتلت بعض الجماعات اليسارية وناشطين/ات منذ ٢٠١٦ مباني فندقية شاغرة، في بعض المدن من بينها أثينا. كان الدافع من هذا الفعل هو الحاجة للحصول على سكن، يتم تسييره بشكل مستقل وذاتي. ولكن هذه الأماكن التي أصبحت إقامة للاجئين، باتت مهددة بالإخلاء وبعضها قد تم اخلاؤه بالفعل. [7]

المخيمات Camps:

⇐ مصطلح يستخدم في سياق اللجوء لأنواع مختلفة من المساكن (أنظر ⇐ مساكن جماعية و مخيمات Lager و⇐ ملاجئ الطوارئ).

إجراء دبلن:

إجراء دبلن هو إجراء قضائي يجري قبل النظر بطلب ⇐ اللجوء. ينص على أن الدولة الأولى الأوروبية التي سُجل فيها طالب اللجوء، بما أنها »تقع ضمن منطقة دبلن«، مسؤولة عن النظر في طلب اللجوء الذي تم التقدم به. يُرفض الطلب، ويُعتبر غير مشروع إذا كان الشخص الذي يطلب الحماية قد مُنح مسبقاً فرصة التقدم بطلب لجوء في أي دولة أخرى »تقع ضمن منطقة دبلن« أو أنه قدم الطلب بالفعل. الغرض مما يسمى بلائحة دبلن، هو أن يُنظر في كل طلب للجوء في منطقة دبلن من قبل دولة واحدة فقط. تضم منطقة دبلن الدول الأعضاء في الاتحاد الأوروبي والنرويج وأيسلندا وسويسرا وليشتينشتاين. [8]

تصريح التسامح أو التعليق المؤقت للترحيل (Duldung):

وفقا لقانون الهجرة الألماني فإن وثيقة »الإيقاف المؤقت ⇐ للترحيل« للأجانب الملزمين بمغادرة البلاد تسمى Duldung، هذا التسامح لا يمنح الشخص إقامة قانونية في ألمانيا، وعلى حامل/حاملة هذه الوثيقة مغادرة البلاد في المستقبل. تم الامتناع بصورة مؤقتة عن فرض الالزام بمغادرة البلاد بطرق قسرية. يمكن إصدار Duldung لبضعة أيام أو بضعة أشهر. ومع انتهاء صلاحية الوثيقة، أو سحبها على الشخص أن يتوقع ترحيله على الفور. هناك حظر عن العمل في الأشهر الثلاثة الأولى من استلام الوثيقة، يسمح بالعمل -بشكل استثنائي- إذا كانت موافقة دائرة التوظيف غير مطلوبة. مبدئيا يمكن لمن لديه وثيقة Duldung لأكثر من ثلاثة أشهر الحصول على عمل، ولكن هذا يتم فقط بإذن من مصلحة الأجانب. يمكن لحاملي الوثيقة البقاء في ولاية اتحادية واحدة فقط، خلال الأشهر الثلاثة الأولى، ما لم تقلص مصلحة الأجانب هذه الحدود الإقليمية بدورها (ما يسمى بـ ⇐ وجوب الاقامة Residenzpflicht) مع استثناء لبعض الحالات الفردية. [9]

Leben hinterfragen und wieder neu aufbauen. Ich habe mir immer gesagt: »Siehst du, was du warst? Jetzt hier in Deutschland hast du nichts mehr. Oh Gott, bin ich in deiner Welt überflüssig geworden?« Ich hatte am Anfang wirklich das Gefühl, in dieser Welt überflüssig zu sein – das ist ein sehr schlimmes Gefühl. Das ging mir immer im Kopf rum. Es war besonders schlimm, weil ich keinen Kontakt zu anderen Menschen hatte, besonders nicht zu Deutschen. Das Leben im Heim hat meine Probleme noch verschärft.

Ich war insgesamt in drei verschiedenen Heimen. Im ersten Heim war ich 20 Tage. Im zweiten Heim habe ich drei Monate lang gelebt, und nach drei Monaten hat man mich in ein drittes Heim geschickt. Im ersten Heim ging es mir noch ganz gut. Es war eine Schule, dort habe ich mir ein Zimmer mit einer Frau namens Silvia geteilt. Sie sprach fließend Arabisch, Englisch und hat Deutsch gelernt, um dann Medizin zu studieren. Sie war sehr umsichtig und hat mir das Ankommen in dem Heim erleichtert; wir haben uns gut verstanden. Ich habe mich auch noch mit einer anderen Frau angefreundet, die so wie ich Christin war und eine sehr freundliche und angenehme Person. In diesem Heim habe ich dann in der Zeit, in der ich dort wohnte, gearbeitet. Der Leiter des Heims hatte mich gefragt, wer ich sei und was ich gemacht hätte. Ich erzählte ihm, dass ich Physik studiert habe und auch ein bisschen Englisch verstehe, und daraufhin gab er mir eine Arbeit in der Wäscheabteilung. Ich habe Laken und Bettdecken gefaltet, ausgegeben und eine Liste darüber geführt, wer wann seine Bettwäsche wechseln darf.

Aber dann wurde ich in ein anderes Heim geschickt, dort haben die Probleme angefangen. Ich habe mich überhaupt nicht wohlgefühlt: Das Heim war aus hygienischer Sicht sehr schwach, und ich hatte wirklich keine Privatsphäre. In meinem Zimmer waren noch acht andere Frauen. Sie haben ständig ihr Essen mit auf das Zimmer genommen und sich nicht darum geschert, wie das Zimmer danach aussah. Außerdem ist es mehrfach passiert, als ich abends nach meinem Deutschunterricht

لم شمل الأسرة:

إن لم شمل الأسرة هو نتيجة منطقية للمادة ٦ من القانون الألماني الأساسي التي بموجبها يكون الزواج والأسرة في ألمانيا تحت الحماية الخاصة لنظام الدولة. هذه الحماية تنطبق أيضا على المهاجرين/ات. لا ينطبق الحق في لم الشمل إلا على أفراد الاسرة النواة (أي الأسرة من الدرجة الأولى). ففي المانيا يقتصر الأمر فقط على الزوج أو الزوجة شريك أو شريكة الحياة (الشريك/ة إن كانو مسجلين كشركاء حياة) والقاصرين بالإضافة إلى حق من هو تحت سن الرشد القاصرين في استقدام أبويه. [10]

بالنسبة للأشخاص الذين حصلوا على ⇐ وثيقة لجوء معترف بها والذين تقدموا مباشرة وفي مرحلة مبكرة بطلب لم الشمل الأسري فالشروط الواجبة تقديمها تكون أسهل. لهذا السبب، تسمى أيضا بامتياز لم شمل الأسرة. في هذه الحالة، لا يحتاج القادمون من خلال عملية لم الشمل إلى إثبات قدرتهم على التكفل بمصاريف المعيشة إو إلى إثبات معرفتهم باللغة الألمانية. [11] أما بالنسبة لأولئك الذين يحملون ⇐ حماية مؤقتة، فقد تم توقيف إمكانية لم شمل الأسرة منذ مارس ٢٠١٦ [12]. منذ ذلك التاريخ، تم تمديد التوقيف عدة مرات. اعتباراً من ١ أغسطس ٢٠١٨ تم إعادة قانون لم شمل العائلة لأفراد العائلة المقربين بالنسبة لذوي الحماية المؤقتة. ومع ذلك فالنسبة محدودة في ١٠٠٠ شخص في الشهر. [13]

الجيش السوري الحر:

تألف الجيش السوري الحر في البداية من وحدات صغيرة من الجنود المهجرين الذين انضموا تدريجياً إلى العديد من المدنيين/المدنيات وعدد قليل من المقاتلين/المقاتلات الأجانب. تأسس في صيف عام ٢٠١١ في البداية بهدف حماية المظاهرات السلمية ولكن في مسار المقاومة تطور إلى وحدة حزبية يملك أعضاؤها خلفيات إيديولوجية مختلفة. [14]

المسكن الجماعي:

استخدم مصطلح »المسكن الجماعي« لأول مرة في قانون إجراءات اللجوء لعام ١٩٨٢. قد يكون العامل الحاسم في اختيار الكلمات هو الدلالات الإيجابية التي تحملها كلمة »الجماعي«. [15] لكن في الواقع، غالباً ما توصف هذه المساكن بكونها تقتصر على بنية تحتية سيئة وعدم تجانس كبير، وفي نفس الوقت عزل السكان مع وجود بعض أفراد الأمن الغير مدربين بصورة جيدة أو ممن يمارسون ⇐ العنصرية أو ⇐ التمييز الجندري، بالإضافة إلى انخفاض مستويات المعيشة والسيطرة الدائمة على حياة السكان، بل وإمكانية الوصول الدولة إليهم في أي وقت من أجل ⇐ ترحيلهم. مما يجعل مصطلح »الجماعي« غير ملائم في هذا السياق.

اتفاقية جنيف للاجئين:

اتفاقية جنيف للاجئين(GFK)هي أهم اتفاقية بموجب القانون الدولي تخص الذين تم الاعتراف بهم كلاجئين، ليتمتعوا من ثمة، بالحماية الدولية. تمت الموافقة على »اتفاقية وضع اللاجئين« أو ما يسمى بـ GFK في عام ١٩٥١. في غضون ذلك، وقعّت أكثر من ١٠٠ دولة على هذه الاتفاقية GFK بما في ذلك ألمانيا. ينص الحق الألماني في الإقامة على أنه لا يجوز ترحيل أي شخص ينطبق عليه تعريف اللجوء الخاص باتفاقية جنيف. [16]

nach Hause kam und schlafen wollte, dass die Security-Typen einfach um zehn, elf Uhr abends in unser Zimmer kamen. Sie waren nämlich mit einigen meiner Mitbewohnerinnen befreundet. Es war für mich sehr schwer, überhaupt keinen Ort zu haben, an den ich mich zurückziehen konnte, an dem ich selbst bestimmen konnte. Interessanterweise gab es in dem Heim sehr viel Security, aber keine Sozialarbeiter*innen, zu denen man gehen konnte. Das Heim war in dieser Hinsicht sehr schlecht aufgestellt und unorganisiert. Nur einmal alle zwei Wochen gab es eine Sprechstunde mit einem oder einer Sozialarbeiter*in.

Nach drei Monaten, in denen ich dort sehr gelitten habe, bin ich in ein drittes Heim gekommen. Ich hatte sehr darauf hingearbeitet. Als ich dann endlich umgezogen war, dachte ich, dass nun endlich alles in Ordnung wäre. Es war auch alles in Ordnung, bis ich merkte, dass ich psychische Probleme bekommen hatte. Das lag daran, dass ich mich immer einsamer fühlte. Ich bin allein nach Deutschland gekommen, meine Familie war nicht bei mir, und ich hatte große Schwierigkeiten, soziale Kontakte aufzubauen. Ich habe nicht verstanden, woran es genau lag, aber es gelang mir einfach nicht, Freund*innen zu finden. Das hat mich auch in meiner Persönlichkeit sehr verunsichert. Ich glaube, dass wir andere Menschen brauchen, um uns sicher zu fühlen, damit wir wissen, welchen Weg wir gehen wollen. Solche Menschen geben uns ein Gefühl der Sicherheit, aber solche Menschen hatte ich nicht. Interessanterweise hatten alle Leute, die da waren, selbst so große Probleme und Schwierigkeiten, dass sie gar keine Zeit hatten, mit anderen in Kontakt zu treten. Dabei waren die meisten von ihnen ja verheiratet und hatten zumindest einander, ich jedoch nicht.

Dazu kam auch noch, dass ich eben eine alleinstehende Frau aus dem Iran war. Mein Frau-Sein wurde hier zur größten Schwierigkeit meines Lebens. Wenn ich mich einfach nur mit einem Mann unterhielt, unterstellte man mir, dass ich auch etwas von ihm wollte. Viele Männer im Heim dachten, dass ich ihnen zum Problem werden könnte, wenn sie Umgang mit mir haben. Aber ich habe nicht so gedacht. Ich war

النقاط الساخنة:

النقاط الساخنة هي ⇐ مراكز استقبال في الجزر اليونانية. تضفي هذه التسمية مسحة من الحداثة والفعالية على المسألة. لكن الواقع يثبت غير ذلك، إذ أن »النقاط الساخنة« في اليونان هي عكس ذلك تماماً: إذ أن الناشطين/ات في حقوق الإنسان يبلّغون بصورة دائمة عن الظروف السيئة، التي غالبا ما تتخللها حالات عنف في هذه الأماكن. [18]

مكتب العمل:

مكاتب العمل هي مؤسسات عامة لرعاية الأشخاص الحاصلين على إعانة بطالة (II) (ALG II) - أي التأمين الأساسي للمعيشة. هذه التسهيلات مدعومة من قبل وكالة التوظيف الفدرالية(BA)ومن قبل المؤسسات البلدية أيضا. تتمكن مراكز التوظيف من إعطاء فرص للتدريب المهني وتسهيل تدابير إعادة الاندماج (في سوق العمل) - كما تستطيع إجبار الأشخاص على أخذ هذا التدريب. كما يخلقون تواصلا بين المتدربين وأصحاب عمل محتملين. [19]

الامتياز الطبقي:

تعني الطبقية أشكال التمييز القائمة على أساس الوضع الاجتماعي داخل المجتمعات. هذا التمييز موجه ضد الطبقة العاملة أو »الطبقة الفقيرة«، بالإضافة إلى الممارسات والآراء التي تُعزى إلى هذه الطبقات الاجتماعية-الاقتصادية. [20]

كردستان:

مصطلح في اللغة الفارسية ظهر في القرن الثاني عشر (حسب العصر المسيحي) وتعني ترجمته »أرض الأكراد«. وبسبب عدم وجود تعريف متفق عليه بشكل عام، تستخدم كردستان بشكل مختلف اعتمادا على السياق - بدءا من استخدامها كمصطلح للتقليل من شأن فئة معينة، إلى استخدامها كمصطلح سياسي. ولكن في جميع الأحوال، يشير المصطلح إلى منطقة تمتد على طول كل من إيران والعراق وسوريا وتركيا. تعتبر منطقة كردستان تاريخياً تنافسية لأسباب منها وفرة المياه واحتياطياتها النفطية. يقاوم الأكراد الذين يعيشون بها بشكل منتظم جهود الحكومات القومية المجاورة. مصطلح كردستان لا يتوافق مع أي كيان سياسي تابع لدولة ذات حدود معروفة تحمل هذا الاسم. لهذا يتغير التعريف الجغرافي حسب الجهات المختلفة. [21]

مخيم Lager:

يستخدم هذا المصطلح للإشارة إلى أماكن إقامة مؤقتة وانتقالية للعديد من الناس. ينطبق تصنيف هذا المخيم على ⇐ المساكن الجماعية. يعتبر هذا المخيم هو الحل الانتقالي المؤقت إلى أن يتم اتخاذ قرار سريع بشأن طلب ⇐ اللجوء، ولكن واقع الحال يثبت سنوات وعقودا من السكن. سوء المنشآت وقصورها أمر مقصود سياسيا، إذ على هذه المنشآت المؤقتة أن لا تضمن إلا مستوى معيشيا منخفضا حتى ينزع هؤلاء اللاجئون إلى العودة إلى بلدانهم. ومع إنشاء هذه المخيمات كجزء من إعادة تنظيم قانون اللجوء لعام ١٩٨١ كان الهدف المتوخى هو ردع اللاجئين من الفرار إلى المانيا بسبب سوء الأحوال المعيشية هناك. إن أهم وظائف السكن في هذه المخيمات هي عزل هذه الفئة اجتماعيا وتخفيض مستوى المعيشة في محاولة

immer der festen Überzeugung, dass eine iranische Frau auch allein leben kann, dass eine iranische Frau frei entscheiden kann. Aber ich habe mich zunehmend unsicher gefühlt, weil ich sehr viel von Vergewaltigungen gehört hatte, von Belästigungen, denen Frauen ausgesetzt sind, und ich wollte mich davor bewahren. Es gab auch einige alleinstehende Männer im Heim. Ich fühlte mich gezwungen, mir eine Mütze oder eine Kapuze überzuziehen, wenn ich in die Gemeinschaftsräume ging, damit mich niemand anschaut. Ich war einem so großen Druck ausgesetzt, dass ich dachte, ich müsste losgehen, mich operieren lassen und ein Mann werden. Das heißt, mein größtes Problem in dieser Zeit war, Frau zu sein.

Das war auch der Moment, in dem ich gemerkt habe, dass es mir schlechter ging, dass ich völlig fertig war. Ich hatte psychische Probleme, Depressionen. Aus diesem Grund bin ich zu einer iranischen Sozialarbeiterin gegangen, die in unserem Heim für die persischsprachigen Bewohner*innen zuständig war. Ich habe gesagt: »Ich habe bis jetzt keinerlei Hilfe von dir gewollt und habe versucht, soweit wie möglich alles selbst zu regeln, weil ich nicht meine Eigenständigkeit und die Fähigkeit verlieren wollte, selbst Probleme zu überwinden. Aber manche Dinge kann man einfach nicht allein schaffen. Ich brauche deine Hilfe.« Sie hat mich dann an das Projekt »Ipso« (International psychosocial organization gGmbH) verwiesen, die psychologische Begleitung anbieten. Denn ich, Sara, habe, obwohl ich mich sehr bemüht habe, in meinem Leben hier so etwas wie Selbstliebe nicht gefunden. Im Ipso-Projekt habe ich gelernt, diese Selbstliebe wieder zu fühlen. Die Sozialarbeiterin hat mich auch an dieses Buchprojekt mit den Studierenden verwiesen. Da mache ich mit, habe Kontakt zu Leuten und kann mich austauschen. Das Projekt hat mir psychisch sehr geholfen, weil ich in einem akademischen Umfeld aufgewachsen bin, in einem akademischen Umfeld gelebt habe, und als ich dann wieder in ein solches Umfeld kam, hatte das eine sehr positive Wirkung. Ich hatte das Gefühl, Menschen getroffen zu haben, die ähnlich denken wie ich.

من الدولة لتهجير هؤلاء الناس من جمهورية ألمانيا الاتحادية-وإشعارهم بمدى قصور تفكيرهم الذي أتى بهم إلى هذه الدولة. وفي نفس الوقت تسيطر هذه المخيمات سيطرة مباشرة على المهاجرين، لضمان إمكانية وصول السلطات إليهم في أي وقت إذا ما رغبت في ⇐ ترحيلهم. [22]

الوزارة الاتحادية للعمل والصحة LaGeSo:

كان مكتب الدولة للصحة والشؤون الاجتماعية(LaGeSo)مسؤولاً في برلين عن تسجيل اللاجئين ورعايتهم والاعتناء بهم وإيجاد مسكن لهم. وبسبب الظروف الكارثية في (LaGeSo) تولى مكتب الدولة لشؤون اللاجئينLAF الذي تأسس حديثاً في منتصف عام ٢٠١٧ هذه المهام. [23]

القومية:

مصطلح القومية هو الإيديولوجية التي تحكم الدولة. فالقومية هي النقطة المرجعية المركزية لها. هناك فرق بين القومية بمعناها الشامل والحصري. تشير القومية الشمولية إلى صورة معتدلة من الوعي الوطني الذي يشمل المجموعات السياسية والثقافية للمجتمع، وبالتالي يكون له تأثير متكامل. هذا هو الحال على سبيل المثال، في البلدان الافريقية أو الآسيوية حيث ساهمت القومية في خلق هوية الدولة من خلال إنهاء الاستعمار كوسيلة للاندماج الاجتماعي وبناء هوية وطنية. يتحدث هذا الكتاب فقط عن القوميات الحصرية التي تشير إلى إيديولوجية تُمجد وتضخّم الأمة الخاصة بها وفي نفس الوقت تقلل من الأمم الاخرى والأشخاص المعرضين ⇐ للعنصرية والتمييز في بلادهم. الآثار التاريخية والحالية للقوميات الحصرية هي على سبيل المثال: الاستعمار والاشتراكية الوطنية وما يسمى بالتطهير العرقي والإبادة الجماعية. في أوروبا غالباً ما تكون القومية هي الأساس الايديولوجي لليمين المتطرف. [24]

ملاجئ الطوارئ:

ملاجئ الطوارئ هي أماكن إقامة مؤقتة للاجئين، تم إنشاؤها في عام ٢٠١٥ وبأعداد كبيرة. من المفترض أن يتم تأسيسها فقط عند عدم توفر السكن الاجتماعي للأشخاص الذين هم في بداية أو في خضم إجراءات اللجوء. تم تحويل المدارس وقاعات الألعاب الرياضية والقواعد الجوية ومباني المطارات ومراكز التسوق السابقة وأحياناً النُزل والفنادق التي لا تحتوي على البنية التحتية اللازمة لاستيعاب المئات وأحياناً الآلاف من الأشخاص لفترة قصيرة. وعلى الرغم من كون هذه المنشآت مؤقتة الا إن الناس عاشوا هناك لفترة طويلة وأحيانا تتم إعادتهم إلى هذه الملاجئ حتى بعد انتقالهم وعيشهم بشكل ثابت في ⇐ المخيم المشترك.

البطريركية (المجتمع الذكوري):

يشير مصطلح »الأبوية« إلى البنى الاجتماعية حيث يهيمن الذكور ويسود نظام القمع والاستغلال على أساس جندري. هذه الهياكل ليست ظاهرة طبيعية أو بديهية ولكنها من خلق البشر. فالسلطة البطريركية تدعمها هياكل سلطة أخرى بما في ذلك الرأسمالية و ⇐ العنصرية وطبيعة العلاقة بين الجنسين وفكرة وجود جنسين فقط (الذكر والأنثى)؛ هما »الطبيعيين«

Vor zwei Jahren war mein größter Wunsch, mich selbst zu finden. Deshalb bin ich auch in diese zwei Projekte eingestiegen. Und ich finde es sehr spannend, dass ich heute, am 10. Februar 2018 ganz klar sagen kann, dass ich mich selbst gefunden habe. Und ich glaube, dass es für jede Einzelne der größte Wunsch ist, sich selbst zu erkennen und herauszufinden, was er oder sie im Leben wirklich will. Denn ein Mensch braucht Ziele, und ein Mensch ohne Ziele ist tot. Sogar ein drogenabhängiger Mensch hat eben das Ziel, aufzustehen und seine Drogen zu konsumieren: ein unglücklicher Mensch hat Ziele – alle haben Ziele. In diesen zwei Jahren habe ich mit Menschen gelebt und gesprochen, die in dieser Gesellschaft wirklich benachteiligt sind. Dabei habe ich viele Erfahrungen gesammelt und mich selbst kennengelernt. Sie haben mir auch gezeigt, dass jeder Mensch Ziele braucht – [lachend] »follow your dreams« – man muss ja seinen Wünschen folgen. Obwohl ich denke, dass wir uns für unsere Wünsche anstrengen müssen, darf man nicht sich selbst aus dem Blick verlieren. Denn während wir uns darum bemühen, unsere Ziele zu erreichen, vergessen wir oft, wer und wie wir überhaupt sind und was wir eigentlich wollten. Jeder Mensch muss sich Gedanken darüber machen, was aber seine wirklichen Ziele sind. Das, was ich im Leben wirklich will, ist zu einer inneren Ruhe zu finden. Haus, Auto, Leben, Geld, Familie, Kinder, Ehemann, Ehefrau – das können ja alles Wünsche sein. Aber oft sehen wir in unserem Leben, dass wir das alles haben und trotzdem müde sind oder uns unwohl fühlen. Denn wir haben nicht das Gefühl, zur Ruhe gekommen zu sein.

Diese Einsicht hatte ich selbst lange nicht. Ich habe zum Beispiel hier in einem Gespräch mit einem Freund gesagt: »Ich will in meinem Leben einige dieser Dinge erreichen.« Aber er meinte: »Das sind nicht die Dinge, die ich erreichen möchte.« Ich habe ihn gefragt: »Warum?« Darauf hat er geantwortet: »Weil ich in meinem Dasein schon alles habe.« Das war für mich ein bisschen hart, denn als ich darüber nachdachte, sah ich, dass ich vielleicht im Inneren kein Glück empfinde, dass ich vielleicht in meinem Dasein keine Ruhe habe und diese fehlende

PoC:

الشخص الملون أو ذوي البشرة الملونة (PoC) ، هو التعبير الذي يطلق بدافع عنصري على كل من ليس أبيض. نشأت التسمية من قبل حركة الحقوق المدنية في الولايات المتحدة الأمريكية وتهدف إلى توحيد المجموعات المختلفة التي تعاني من العنصرية من أجل توحيد القوى ومكافحة العنصرية. [25]

مراكز الاعتقال السياسية:

مراكز الاعتقال هي معتقلات تابعة لأجهزة الاستخبارات السورية، تحتجز أولئك الذين يعتبرون معارضين ومعارضات سياسيين من قبل نظام الأسد. والمعارضة تسمية تعميمية، إذ ليس من الضروري أن تكون ناشطاً ضد النظام بل يكفي العيش في منطقة تعتبر معارضة. غالباً ما يتم الاحتجاز بدون قانون جنائي ويتم انتهاك حقوق الإنسان. في المعتقلات السورية، لا يتوقف الأمر على تعريض المعتقلين لأشكال مختلفة من العنف المسكوت عنه والتعذيب المنظم، بل وكذلك، وحسب تقارير منظمات حماية حقوق الإنسان، تم تعذيب عشرات الآلاف من المعتقلين إلى الموت أو حتى قتلهم. [26]

العنصرية:

العنصرية هي ايديولوجية قائمة على أسس عملية وممارسة التقييم السلبي والتمييز العنصري وتهميش الأفراد والجماعات كمجموعات متجانسة تشترك فعلياً أو كما هو مزعوم في صفات جسدية أو ثقافية (مثلا اللون أو الأصل أو اللغة أو الدين). [27] تعتبر الخصائص المزعومة/الفعلية المرتبطة بهذه الجماعات غير قابلة للتغيير، مما يدفع للتعامل مع هذه الجماعات على أنها أقل شأناً. [28] العنصرية هي نظام حكم متطور تاريخياً، مرتبط ارتباطاً وثيقاً بالاستعمار الأوروبي والاستعباد والاستغلال الاقتصادي، وأفكار سيادة ⟸ البيض. العنصرية أمر شائع ويمكن أن تحدث على المستوى الفردي والهيكلي والمؤسسي. [29]

وجوب الاقامة:

يشير مصطلح وجوب الإقامة إلى الالتزام بالبقاء في مناطق محددة، ويفرض على ملتمسي اللجوء وأصحاب ⟸ وثيقة السماح بالاقامة المؤقتة (إقامة الدولدونج Duldung)وأولئك الذين يُسمح لهم بالإقامة في المدينة أو المقاطعة أو في بعض الأحيان حتى بالدولة التي تقع فيها مصلحة الاجانب المسؤولة عن اللاجئين. وفي حال لو رغب الشخص بمغادرة هذه المنطقة بشكل مؤقت أو دائم فعليه أولاً أن يتقدم كتابياً بطلب للحصول على إذن بذلك. تم تخفيف قانون اللجوء(Residenzpflicht)في بداية عام ٢٠١٥: ومنذ ذلك الحين سُمح لطالبي اللجوء عموماً بالتحرك بحرية خلال ثلاثة أشهر فقط. ومع ذلك فإن طالبي اللجوء وأصحاب وثيقة السماح بالاقامة المؤقتة (إقامة الدولدونج Duldung) ومن لا يتم ضمان سبل معيشتهم، فيبقى خيار الإقامة بالنسبة لهم مقيداً بشرط (تصريح الإقامة). بالإضافة إلى ذلك، تم إدخال قانون الاندماج الفقرة 12 AufenthG في منتصف عام ٢٠١٦ والذي بموجب شروط معينة ينص على تصريح إقامة ⟸ للاجئين المعترف بهم. [30]

مهرب/ات:

يشير مصطلح المهرب/ة في هذا الكتاب إلى أشخاص أو منظمات تأخذ من المهاجرين/ات أموالا لتمريرهم

Ruhe von Gegenständen oder von Menschen bekommen will. Ruhe ist etwas, das nicht von Habgier überschattet werden darf, man muss sie mit einem Glas Tee oder ein paar ganz banalen Kleinigkeiten erringen können. Es ist eine persönliche Ausgeglichenheit.

Ich habe schon gesagt, dass ich ein Gefühl der Ruhe empfinde, wenn ich anderen Menschen helfe, weil ich ihre Situation verstehen kann. Ich glaube aber auch, dass man das Gefühl der Ruhe nicht ohne ein Gefühl von Sicherheit erreichen kann. Das suchen wir alle in unserem Leben. Deshalb möchte ich auch bleiben, weil ich hier die Möglichkeit auf Sicherheit habe. Was ich meine, ist psychische Sicherheit, körperliche Sicherheit, finanzielle Sicherheit – es gibt verschiedene Aspekte von Sicherheit. Das bedeutet, dass meine grundlegenden Bedürfnisse erfüllt sein müssen – wie im Modell der Maslowschen Pyramide, die ja sehr bekannt ist. Es geht darum, dass wir erst dann, wenn unsere primären Bedürfnisse erfüllt sind – Essen, Schlafen, Kleidung, Wohnung, geschlechtliche Beziehung – auf die nächste Ebene der Pyramide steigen können. Also wenn wir hungrig sind, können wir nicht vernünftig entscheiden; wenn wir geschlechtliche Lust verspüren, können wir uns nicht konzentrieren, bis wir etwas gefunden haben, was uns beruhigt. Erst wenn diese primären Bedürfnisse erfüllt sind, werden wir die Erfüllung neuer sekundärer Bedürfnisse anstreben, wie zum Beispiel Arbeitsplatzsicherheit.

Deshalb möchte ich auch nicht in den Iran zurück. Ich habe in meinem Land als Frau kein Gefühl der Sicherheit. Zum Beispiel ist es mir vor fünf Jahren passiert, dass mein Hijab ein kleines bisschen nach hinten gerutscht war. Da nahm ein sehr strenggläubiger Mensch, ein Radikaler, die Lenkradsperre aus seinem Auto, schlug einfach so mein Autofenster ein und ging weg. Das Land ist seitdem viel aufgeklärter geworden und trotzdem gibt es so etwas noch, aber niemand spricht darüber. Immer wieder kommen solche Nachrichten. Letztens wurde wieder etwas berichtet: Ein Typ wollte mit einem Mädchen eine Beziehung eingehen. Sie hatte aber schon einen Freund und hat

عبر الحدود مستفيدة من يأسهم. غالباً ما يتصرف المهربون/ات بشكل إجرامي وإهمال كبير. فعلى سبيل المثال يقومون بإرسال أشخاصاً في قوارب مطاطية غير صالحة للإبحار عبر المتوسط. هناك أيضا تقارير عن العنف البدني والنفسي الذي يمارسه هؤلاء المهربين/ات على المهاجرين/ات. وليس المقصود به اولئك الذين يساعدون/ن الناس (بشكل مجاني) أو الذين يعملون/ن في (خدمة الانقاذ في البحر) أو الناشطين/ات في مجال مساعدة اللاجئين.

أسود:

الأسود هو تعريف يصف وضعاً اجتماعياً متأثراً بالعنصرية. تبدأ الكلمة باللغة الألمانية بحرف تاجي Schwarz وتشير إلى أنها بنية اجتماعية قائمة على اتفاق لون البشرة. وهكذا، فإن كونك أسود لا يعني فقط فعليا أو افتراضيا أنك تنتمي إلى»مجموعة عرقية« بل يرتبط أيضاً بالتجربة العنصرية المشتركة التي يتم النظر إليها اجتماعياً بطريقة معينة. [31] »الاسود« يشير أيضا هذا المصطلح إلى الأناس السود الذين يرجع أصلهم إلى إفريقيا أو إلى الشتات الإفريقي. يعني الشتات الافريقي أن هؤلاء الاشخاص لديهم روابط عائلية عبر التاريخ مع القارة الافريقية. أما مصطلح »أفرو ألمان«، في السياق الاماني، فيعني الشعوب الافريقية المتواجدة في ألمانيا. [32]

التمييز الجندري Sexismus:

ظهر مصطلح »التمييز الجندري« في الستينيات كجزء من الحركة النسائية في الولايات المتحدة. كان المصطلح في بادئ الامر يشير إلى التمييز بين الذكر والأنثى. يشير التمييز الجندري إلى التمييز وعدم المساواة الذي تتعرض إليه المرأة، فقط لكونها أنثى. إذ تُنسب إليها خصائص نمطية معينة، كما يتم تقييمها بشكل مختلف. ويمكن لأشخاص مختلفين من أجناس مختلفة التعرض إلى التمييز ولكن ليس أولئك الذين تُنسب لهم صفة »ذكر« عند الولادة، او الذين يُعّرفون أنفسهم على أنهم ذكور »ما يسمى cis-Männer«. يتقاطع التمييز الجنسي مع أشكال أخرى من التمييز مثل ⇐ العنصرية والعداء ورهاب المثليين او المتحولين جنسياً. على هذا الأساس، لا يعاني جميع الأشخاص الذين يتعرضون للتمييز الجنسي من نفس العواقب، فعلى سبيل المثال تواجه النساء ⇐ السود تمييزاً عنصريا غير ذلك الذي تواجهه النساء ⇐ البيض. [33]

الانثروبولوجيا الاجتماعية والثقافية:

تتعامل الأنثروبولوجيا الاجتماعية والثقافية مع تنوع أنماط العيش البشرية من منطلق التركيز على الحاضر. يدرس هذا الحقل المعرفي أشكال التنظيم المجتمعية والاقتصادية والسياسية والدينية بالإضافة إلى نظم القواعد والقيم التي توجّه الفعل الانساني. وينصب التركيز أيضا على دور الأفكار والرموز واللغة (اللغات) والممارسات والأشياء، وكذلك على السياقات السياسية والاقتصادية والدينية التي تشكل التعايش الاجتماعي والثقافي. [34] وبناء على ذلك فإن الموضوع يتناول أيضا أشكال عدم المساواة الاجتماعية. [35]

شهادة اللغة:

يقسم الإطار المرجعي الأوروبي المشترك للغات مستويات اللغة للمتعلمين إلى ستة مستويات من الكفاءة من A1 (مبتدئ) إلى C1 (خبير). [36]. يتم تحديد مستويات الكفاءة من خلال اختبارات اللغة الموحدة.

ihn deshalb abgelehnt. Daraufhin ist er zu ihr gegangen und hat ihr Säure ins Gesicht geschüttet. Oder allgemein, nehmen wir eine junge Frau. Sie hat studiert, sie ist eine ganz tolle Frau und jetzt gefällt ihr dieser Typ – und weil ihr dieser Typ gefällt, muss sie seine Mutter betüdeln, seinen Vater betüdeln, sie muss alle betüdeln. Wenn sie das nicht macht, dann geht ihr ganzes Leben den Bach runter. Allgemein gibt es in meinem Land viel Sexismus. Einer Frau wird kein Wert zugemessen, als ob sie ein Wesen wäre, das nur geschaffen wurde, um Essen zu kochen, sich um die Kinder zu kümmern, den Haushalt zu machen ... Du kannst die erfolgreichste Frau sein, aber wenn du jetzt kein Essen machst, dann bist du keine gute Frau, erfüllst deine weiblichen Pflichten nicht. Es geht auch nicht darum, was du in deinem Leben machst – mein Ruf als Frau ist mehr damit verbunden, ob ich einen Mann heirate, der ein tolles Auto und ein gutes Leben hat. Das geht sogar so weit, dass ich mir als junge Frau vielleicht einen Mann aussuche, dessen Gedanken mit meinen nicht auf einer Linie liegen. Warum? Damit ich vor meinen Freund*innen nicht schlecht dastehe.

Etwas anderes, das ich auch nie verstanden habe, ist, weshalb sich Frauen überall anpassen müssen. Wenn ich zum Beispiel im Iran zur Arbeit gehe, dann muss ich als Frau nach unten schauen, wenn ich mit einem Mann spreche. Wenn in meinem Team alle offen miteinander umgehen und lachen würden, müsste ich mich auch anpassen; wenn alle religiös wären, müsste ich mich auch religiös geben. Ich kann nicht selbst bestimmen. Wenn ich zum Beispiel keine Lust habe, jemanden zu begrüßen und es tatsächlich nicht tue, dann bekomme ich ein Problem. Das sind einige der Sachen, die die iranische Regierung und die Gesellschaft nicht thematisieren wollen. Ich will jetzt überhaupt nicht nur negativ darüber reden, es gibt auch gute Seiten. Aber diese Themen sind mir nun einmal wichtig, ich war in diesem Bereich richtig aktiv. Und deswegen war ich in meinem Land ein Mensch, der nicht akzeptiert wurde. Ich wurde ständig angegangen. Ich habe im Iran dieses Etwas namens Lebenssicherheit nicht. Deshalb möchte ich in Deutschland bleiben. Aber bis jetzt

أما بالنسبة للتقدم بطلب خاص للعمل أو الدراسة، فإن مستويات الكفاءة المحددة الإلزامية تختلف (على سبيل المثال يتطلب مستوى C1 للدراسة في الجامعات ألمانيا).

الحماية الموقتة:

الحماية المؤقتة هي تصريح إقامة يحصل عليه الأشخاص إذا لم يتلقوا حماية اللاجئين أو الحق في ⇐ اللجوء بموجب المادة 16 (أ) من القانون الأساسي بموجب⇐ اتفاقية جنيف للاجئين. تُمنح هذه الحماية لأولئك الذين استطاعوا إثبات أنهم عرضة لخطر شديد في بلدهم الاصلي ولا يستطيعون المطالبة بحماية من بلدهم، أو أنهم تعرضوا لتهديد جعلهم غير راغبين في هذه الحماية. كما أن هذا الضرر الخطير قد يأتي من الجهات الحكومية وغير الحكومية. يحصل الأشخاص المؤهلون للحماية المؤقتة على تصريح إقامة لمدة عام واحد وإذا تم تمديد هذه الحماية فيتم ترخصيها لمدة عامين آخرين. وبعد مرور خمس سنوات، تتاح لهم فرصة التغيير إلى تصريح إقامة دائمة وهو أمر يصعب تحقيقه بسبب العديد من الشروط (مثل تأمين سبل العيش). ويمنح تصريح الإقامة »الحماية المؤقتة« حق الوصول الغير مقيد إلى سوق العمل (أنظر خلاف ذلك إلى ⇐ وثيقة قبول الاقامة المؤقتة »Duldung«). [37] منذ عام ٢٠١٦ وعلى وجه التحديد تزايد حصول اللاجئين السوريين على حماية ثانوية بدلاً من حماية GFK (الاتفاقية الخاصة بوضع اللاجئين)، ومع الحصول على حماية ثانوية تصبح الامتيازات محدودة، ما يتعلق مثلاً ⇐ بلم شمل الأسرة.

مركز العبور:

يحيل مصطلح »العبور« وفقا لقاموس Duden على عبور البضائع أو عبور الأشخاص عبر بلد ثالث. ويوظف هذا المصطلح اليوم في المطار، للإشارة إلى المنطقة التي يعبرها المرء في سبيل الانتقال من طائرة إلى أخرى. يتم احتجاز ملتمسي اللجوء في ألمانيا الذين قد يكون بلد آخر مسؤولاً عنهم في مراكز العبور على الحدود مع النمسا. وبما أن هذه المناطق خارج الحدود القانونية فيعتبر اللاجؤن الذين أتوا من خلالها كما لو أنهم خارج البلد. ووفقاً لهذا المنطق فإن ⇐ الترحيل يمكن أن يطبق بشكل أسرع لأن هؤلاء الأشخاص لم يدخلوا البلد فعلياً - وبهذا يعتبر المصطلح لمثل هذه الحالات ب »تخييل اللادخول«. [38]

وثيقة رخصة السكن:

هي شهادة رسمية تتيح الحصول على مكان للسكن في الإسكان الاجتماعي (الإسكان المدعوم من القطاع العام) في برلين. وعادة ما يتم دفع مستحقات السكن للعائلات التي لا يصل دخلها للحد الأدنى المطلوب. اللاجئون الذين لديهم ⇐ حماية مؤقتة والذين لديهم ⇐ حق اللجوء (حسب 16 أ GG) والمعترف بهم كلاجئين ⇐ (وفق GFK) لديهم أيضاً فرصة الحصول على وثيقة رخصة السكن. [39]

أبيض:

»الأبيض« و »البياض« وكذلك »الأسود« لا يحيلان على سمة بيولوجية معترف بها أو على ما يسمى لون البشرة بل إنه بناء سياسي واجتماعي. إن كون الشخص أبيض يعني المكانة المهيمنة والمميزة داخل هيكل علاقة القوة ⇐ بالعنصرية التي عادة ما تبقى غير معلنة وغير مسماة. [40] يسهل على الأشخاص المتمتعين بميزة

habe ich noch keine Antwort auf meinen Asylantrag bekommen.

Ich denke, bei meinem Interview, das ich für meinen Aufenthaltsstatus hatte, haben sie mich nicht verstanden. Ich hatte mich, weil mein Studienfach Physik war, anders ausgedrückt, als sie es vielleicht gewöhnt waren. Also so, dass ich zum Beispiel gedacht habe: Das ist wie eine mathematische Gleichung. Hier haben wir A und hier B, ich habe die dann miteinander verbunden. Für mich war das alles absolut logisch – aber mein Interviewer hat mich einfach nicht verstanden. Und dann kam die Ablehnung. Das war wirklich ein schwerer Schlag für mich, eine sehr schwerwiegende Ablehnung in meinem Leben. Sie hat mich psychisch auch wieder zurückgeworfen – so, als ob ich schon wieder vom ersten Punkt anfangen müsste. Ich hätte zwei oder drei Wochen später meine Sprachprüfung für das Niveau B1 des Sprachzertifikats ablegen müssen, aber die Ablehnung hat mich so getroffen, dass ich die Prüfung ausfallen lassen musste und bis jetzt noch nicht in der Lage war, sie nachzuholen. In meinen Gedanken wiederholte sich immer wieder diese Frage: »Ohje, warum ich, warum ich, die aus jeglicher Sicht in meinem Land unter Druck gestanden habe und wirklich eine Schutzsuchende bin? Warum passiert mir das?«

Die Ablehnung hat mich auch auf anderen Ebenen zurückgeworfen. Ich hatte einen Minijob gefunden, aber wegen der Ablehnung haben sie mir keine Arbeitserlaubnis erteilt. Und dann wurde ich auch noch eingeschränkt, was die Wohnungssuche angeht: Alle Vermietenden sprechen mich auf meine Aufenthaltserlaubnis an. Sie wollen mir keine Wohnung geben, weil sie denken, dass ich nach drei oder vier Monaten wieder gehe. So kann ich keine langfristigen Planungen für mein Leben machen. Ich war wieder in einem depressiven Zustand angekommen. Tief in meinem Herzen waren diese Niedergeschlagenheit und der Stress und die Angst vor der Zukunft. Deshalb konnte ich mich zum Beispiel auch gar nicht auf das Lernen der Sprache konzentrieren. Aber inzwischen bin ich zu dem Schluss gekommen, dass ich mein Leben verspiele, wenn ich mit diesen Gefühlen lebe. Ich muss sie bewältigen.

البياض الوصول إلى سوق العمل وسوق الإسكان والنظام التعليمي والرعاية الصحية والمشاركة السياسية أكثر من ⇐ PoC و⇐ ذوي البشرة السوداء.

Das schaffe ich, wenn ich mir selbst vertraue und daran glaube, dass ich klarkommen werde.

Für mich ist das Leben wie ein Quantum: Es ist für uns alle ungewiss, wir haben auf vieles keinen Einfluss. Aber ich bin in der Welt, ich habe einen Platz – vielleicht ist es kein guter Platz, vielleicht habe ich keine gute Lage. Aber ich kann versuchen, auf die Dinge Einfluss zu nehmen, auf die ich einen Einfluss habe – ich kann lernen, meine Sprachkenntnisse verbessern. So wird es mir vielleicht Stückchen für Stückchen für Stückchen besser gehen. Am Ende muss ich Kompromisse machen und geduldig sein. In Deutschland habe ich den Wert dieses Worts gelernt: »Geduld« [sie verwendet das deutsche Wort]. Geduld ist eines der Elemente, die ich brauche, um hier glücklich zu werden. Und vor allem brauche ich Glück.

Ich nenne es zum Beispiel Glück, dass ich jetzt nicht mehr in einer Unterkunft wohnen muss, sondern vor vier Monaten in eine WG (Wohngemeinschaft) mit einer deutschen Frau gezogen bin. Aber es ist leider schwierig mit ihr. Sie will alles kontrollieren und denkt, alle sollen so leben wie sie. Das finde ich problematisch. Ich versuche beispielsweise immer, nichts von anderen zu erwarten, sondern offen dafür zu sein, was sie denken und wie sie leben wollen. Menschen sind für mich keine Werkzeuge oder Mittel, um zu einem Ziel zu gelangen. Ich betrachte Menschen nur danach, ob ich Lust habe, mit ihnen eine angenehme Zeit zu verbringen. Das ist ja sehr wichtig für ein gutes Leben. Ich habe in der Kirche ein paar nette Menschen kennengelernt. Einen 60-jährigen Mann zum Beispiel; er ist ein sehr angenehmer Mensch und interessiert daran, mit mir Persisch zu lernen. Dann gibt es da noch eine andere deutsche Frau, mit der ich mich auch gut verstehe. Ich möchte am Ende allen Leser*innen dieses Buches sagen: Lasst uns interessiert sein – lasst uns Bücher lesen und offen miteinander sprechen. Und lasst uns ehrlich in unserem Umgang sein, lasst uns »direkt« [sie verwendet das deutsche Wort] miteinander sprechen. Ich meine damit, dass wir nicht versuchen sollten, uns selbst in ein gutes

شكر وتقدير

لا يسعنا هنا إلا أن نعبر عن امتناننا للعديد من الأشخاص، بالاضافة إلى مجموعة بولي لوج الذين ساهموا في إنشاء هذا الكتاب.

شكر وتقدير لاؤلئك الذين نقلوا هذه الحكايات من شفاهيتها لتصبح مكتوبة على هذه الأوراق. ولولا العدد الوفير من المترجمين لم يكن لهذا الكتاب أن يرى النور، ولولا تعاوننا الجماعي لما حدث هذا المشروع. نود أن نقدم الشكر والتقدير لأولئك الذين ساهموا وساهمن في ترجمة وتدوين الأحاديث بالعربية والفارسية والتركية. وهن حسب الترتيب الأبجدي: حنين أبوالروس وزليخة أفضالي وأماني السقاف وحشمت الله امين وعايدة أزرنوش وازجي بيازغول وريم ماهر وهنرييت رادداتز وفادي صالح بالاضافة الى موقع مهارة للترجمة. شكر وتقدير لزهرة غفارة غار حبوج و هايدي تلجبيني و نايارا عبد الرحمن ودانا حداد لمساهمتهن في الترجمة الفورية خلال جلسات ندوتنا. وايضا شكر وتقدير لفريدة زبرجد واناهيتا موسى زاده على ترجمة الوثائق والمعلومات الخاصة بالندوة. أما فيما يخص التدقيق اللغوي المتقن والمتفاني للنصين العربي والألماني، فنود شكر أسماء السكوتي وأش شميتث. ونشكر أيضًا نيكولا فيرديرام وفريدة زيبرجاد على التدقيق اللغوي للنصوص باللغة التركية والفارسية. كما لا ننسى شكر دنيا كوري على مساعدتها في المقارنة بين النصين الألماني والعربي.

غالبا ما يتم التقليل من أهمية رعاية الأطفال الجيدة والموثوقة التي تسمح للآباء بالمشاركة في المشاريع، لهذا نود أن نشكر بشكل خاص وكالة Pünktchen لرعاية الاطفال خلال ندوتنا التي تحققت بفضل الدعم المالي من قبل Welcome@FU في الجامعة الحرة في برلين.

شكر وتقدير لمارجو ريشي لمساعدتها في تنظيم جلسات الندوات من خلال ورشتها الحماسية والممتعة حول تعاون متعدد اللغات. وشكر آخر لسيان أوماتيش لتصميم ورشة عمل حول عملية النسخ الخاصة بالكتابة. شكر وتقدير لبيرجيتي رايزين كوستوديس للإرشاد النفسي للجامعة الحرة في برلين لتقديم الدعم النفسي خلال الندوة.

شكر وتقدير لهدى تكريتي على الزيارة التي قدمتها، ولعرض أعمالها في إحدى جلساتنا الدراسية، وبشكل

Licht zu rücken und uns verstellen, sondern offen über die Dinge, die uns beschäftigen, reden. Deshalb habe ich euch auch meine Gedanken erzählt, um einen weiteren Schritt in die Richtung zu machen, dass wir Menschen miteinander ins Gespräch kommen. Wenn ich von meinen Problemen erzähle, ihr auch von euren Problemen erzählt, sehen wir, dass wir alle ähnliche Gefühle und Schmerzen haben, weil wir alle Menschen sind. Für mich habe ich auch gelernt, dass ich besser leben kann, wenn ich es schaffe, anderen Menschen zu vergeben. Deshalb möchte ich versuchen, sie und ihre Sicht auf das Leben zu verstehen. Wir alle wissen nicht, wie unser Weg durch das Leben sein wird. Es ist wichtig, nicht aufzugeben, weiter nach vorne zu schauen und seinen Wünschen zu folgen!

Ich konnte vieles durch das verstehen, was iranische Philosoph*innen und Dichter*innen geschrieben haben – einer von diesen hat einmal gesagt: Wir sind wie Zugvögel und verspüren gegenüber dem Unbekannten vor uns das gleiche Gefühl wie ein Zugvogel gegenüber der Fremde. Wir gehen unterschiedliche Wege; und es ist wichtig, dass wir miteinander über unsere Gefühle und die Geschichten, die hinter uns liegen, sprechen. Sonst fangen wir an, schnell übereinander zu urteilen, uns unter falschen Annahmen zu vergleichen, weil wir den Lebensweg der anderen nicht verstehen. Und wenn wir uns nicht verstehen, können wir auch das Leid der anderen nicht sehen und verletzen sie. Ich sehe uns Menschen wie Glasflaschen: Wenn jemand kommt und uns ärgert, uns verletzt, dann ist das, als ob diese Flasche zerbricht und wir zu verwundeten Menschen werden, die jeden anderen Menschen, der uns zu nahekommt, verwunden. Und so entstehen dann Konflikte. Das gibt es in allen Gesellschaften.

خاص للمناقشات الفنية والرسومات التي رافقت جلساتنا. وفقط من خلال رسومتها حصل الكتاب على اللسمة التي أردناها.

تعمل العديد من الجمعيات والمنظمات في برلين بشكل مستمر لمساعدة الأشخاص في مختلف الاوضاع من خلال مشاريع مختلفة. نتوجه بالشكر والتقدير إلى الجمعيات والمنظمات التي بذلت وقتها لحضور اجتماعنا الخاص بالتواصل مع الاخرين في يناير ٢٠١٨ وذلك لتقديم أعمالها وعروضها وللتواصل على حده مع المشاركين والمشاركات في الندوة: Arrivo, Hinbun, in2TU, International Women Space eV, لولو (مكان لقاء الجيران القدامى والجدد) والراعي StadtRand gGmbH, ReDI School of Digital Integration, TIO eV, ونشكر روكان مالاس من Trixiewiz eV على الترجمة الفورية خلال الاجتماع

لقد كانت نيكولا لوري السامرائي ذات دعم قيم وكبير لنا من خلال مواكبتها لسير العمل بأكمله. نتوجه لها بخالص الشكر لمشاركة خبرتها معنا بالاضافة الى دعمها الديناميكي للمجموعة وللنصائح والاقتراحات العديدة التي دفعت بالمشروع قدماً. شكر وتقدير لميريام وولمر وماري باير على المراجعة القصيرة الامد والمكرسة للمصطلحات الخاصة بالمشروع.

شكر وتقدير الى توفي نخلة ورامي سرياني وكذلك العديد من مديري ومديرات المنازل والأخصائيين والاخصائيات الاجتماعيين الذين لن يتم ذكر اسمائهم واسمائهن هنا للحفاظ على الهوية السرية لبعض المشاركات. شكرا خالص لهم لتسهيل عملية التواصل التي من خلالها تمكنت المجموعة من الالتقاء ببعضها ضمن هذا الإطار الذي عليه الآن.

كما نتوجه بالشكر إلى مركز مارغريتا فون برينتانو التابع للجامعة الحرة في برلين على الدعم المالي للمشروع من خلال جائزة مارغريتا فون برينتانو وكذلك إلى قسم العلوم السياسية والاجتماعية في جامعة برلين الحرة الذي عزز المشروع مع قسم تدعيم الابحاث الخاصة بالنساءGleichstellungsmitteln. كما نشكر معهد الأنثروبولوجيا الاجتماعية والثقافية للدعم المالي لمشروع الكتاب وعلى وجه الخصوص بيربل شيلر لدعم تنظيم أماكن للاجتماع ورعاية الأطفال. ونتوجه بخالص شكرنا إلى جميع داعمي التمويل الجماعي. كل يورو تم إنفاقه لأجل المشروع قد ساهم بشكل كبير في مساعدتنا. ونتقدم بالشكر على وجه الخصوص لبيربل شيلر للمساعدة في تنظيم الاجتماعات وتسهيل عملية رعاية الاطفال. وشكر وتقدير أيضا لكل من دار النشر اورنست ومارتن شوريغ وأيضا اورسلا شمتز على ثقتهم واستعدادهم المستمر للإجابة على اسئلتنا. وأخيرا نود أن نشكر جميع ممولي هذه المشروع، إذ أن كل يورو يعتبر مساعدة كبيرة لنا! ومثلما دُعم هذا المشروع بالتبرعات سنتبرع ايضاً بعائدات بيع هذا الكتاب إلى المنظمات التي تعارض التمييز العنصري والجنسي وتدعو إلى مجتمع متضامن.

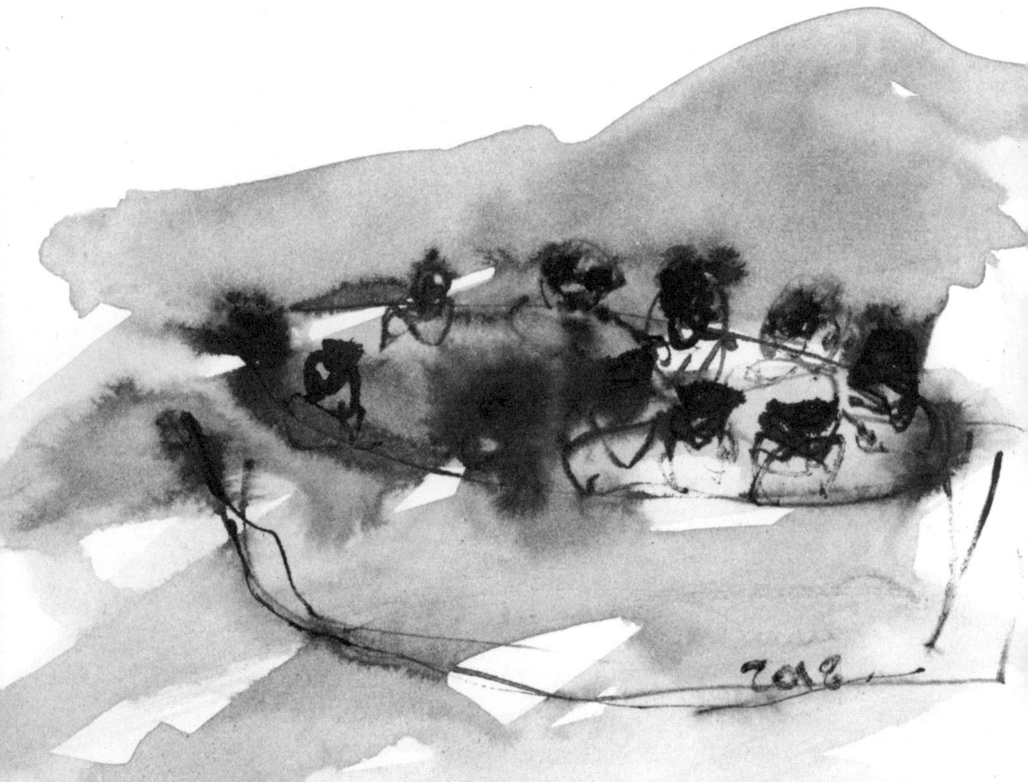

Boot / قارب

Tekne / قايق

»Das Wichtigste ist, dass man die Hoffnung nicht verliert«

Djamila Valiyeva kommt aus Aserbaidschan, ist 23 Jahre alt und absolviert zurzeit ein berufsbegleitendes Studium zur sozialpädagogischen Erzieherin.

Sozan Ibrahim, 17, ist Kurdin aus Syrien und seit drei Jahren mit ihrer Familie in Berlin. Sie war ein Jahr lang in einer Willkommensklasse und geht jetzt in die zehnte Klasse einer Berufsschule.

Djamila: Wir beide haben uns in der Notunterkunft kennengelernt, vor fast zwei Jahren. Angefreundet haben wir uns nicht sofort, sondern erst nach vier, fünf Monaten; wir waren beide sehr beschäftigt, aber irgendwann sind wir einfach miteinander ins Gespräch gekommen …
Sozan: ... in der Küche. Wir haben zusammen gegessen.
Djamila: Und von diesem Tag an waren wir immer in Kontakt. Wir waren jeden Tag zusammen, in der Küche oder in unseren Zimmern, wir waren aber auch viel draußen unterwegs, spazieren im Park und haben uns sehr gut angefreundet. Auch jetzt ist es noch so, obwohl Sozan mittlerweile mit ihrer Familie in einer Wohnung wohnt. Aber es ist kein Problem, dass sie nicht mehr da ist, weil wir über WhatsApp oder Instagram immer den Kontakt halten. Manchmal rufen wir uns an und sagen »Hi, wie geht's dir?« und an freien Tagen unternehmen wir etwas gemeinsam.
Sozan: Einige Monate nachdem ich Djamila kennengelernt habe, bin ich aus dem Heim ausgezogen. Wir sind jetzt sechs Personen in einer Zwei-Zimmer-Wohnung und müssen wieder umziehen, weil sie viel zu

klein ist. Aber es ist sehr schön in der Wohnung. Ich finde es besser als im Heim, weil ich mit meinen Schwestern ein eigenes Zimmer habe – nicht mehr wie früher, als wir keine privaten Räume hatten.

Djamila: Was sind für dich die Unterschiede zwischen dem Heim und der Wohnung?

Sozan: Also das Schönste an der Wohnung ist, dass wir wieder eine eigene Küche haben und kochen können, was und wann wir wollen – wie früher in Syrien. Im Heim war das anders, da haben wir uns die Küche mit allen geteilt. Es war auch schön, viele Leute kennenzulernen und mit ihnen zu essen, aber ich finde es besser, wieder eine eigene Küche zu haben. Und ich finde es gut, dass wir unseren Wohnraum nicht mehr mit Leuten teilen müssen, die wir nicht kennen. – Wie ist es für dich im Heim, Djamila?

Djamila: Wir wohnen ja in einer schönen Gegend im Zentrum, am Ku'Damm. Ich liebe Charlottenburg und möchte aus diesem Bezirk nicht weg. Aber weil ich arbeite und zusätzlich noch Unterricht am Sozialpädagogischen Institut habe, bleibt leider keine Zeit, die Umgebung zu erkunden. Ich bin nur zum Schlafen im Heim. Was für mich ein Problem ist, sind die vorgegebenen Essenszeiten, die sich mit meiner Arbeitszeit überschneiden. Man kommt abends hungrig nach Hause und es ist verboten, noch etwas zu kochen. Egal, ob fürs Kochen oder Lernen, man braucht einfach seine Ruhe und möchte sich die Zeiten selbst einteilen können. Manchmal muss ich früh um acht Uhr frühstücken, obwohl ich die Zeit lieber zum Schlafen nutzen würde, weil ich am Abend vorher erst um halb neun nach Hause gekommen bin. Wenn ich aber nicht um acht Uhr esse, bekomme ich kein Frühstück mehr und muss hungrig meine Hausaufgaben machen. Das geht nicht. Es wäre einfacher, wenn ich selbst kochen könnte. Ich bemühe mich derzeit um eine Wohnung, aber es ist sehr schwer, eine zu finden.

Sozan: Das war bei mir auch so, als ich mit der Schule beschäftigt war. Zum Beispiel musste man um halb zwei unten sein zum Essen. Und man durfte es auch nicht mit auf das Zimmer nehmen, um später zu essen. Und wenn man nicht bis halb drei da war, bekam man kein Essen mehr.

Djamila: Ja! Jetzt ist das so. Früher war es anders, da konnte man, wenn man krank war oder nicht runterkommen konnte, ein anderes Familienmitglied schicken. Jetzt ist es sogar verboten, Brot oder Saft mit auf die Zimmer zu nehmen.

Sozan: Mit den Waschmaschinen ist es so ähnlich. Man bekommt eine Terminkarte ...

Djamila: Und man kann sich nicht selbst aussuchen, wann man wäscht. Das ist nicht deine eigene Wohnung, und du kannst nicht einfach Wäsche waschen und sie aufhängen, wann du möchtest. Du hast auch keinen Anspruch darauf, den Schlüssel für die Wäschekammer auszuleihen, wenn deine Wäsche dort hängt und deine Tochter sie braucht, weil sie am nächsten Tag arbeiten muss ... – Was ich gerne noch wissen würde, ist, wie es dir ging, als du nach Deutschland kamst? Bist du gut klargekommen und hast schnell Anschluss gefunden?

Sozan: Als ich nach Berlin gekommen bin, habe ich erstmal mit meinem Bruder einen Deutschkurs besucht, damit wir hier zurechtkommen. Wir beide fanden die deutsche Sprache sehr schwer. Dann habe ich für ein Jahr die Willkommensklasse auf einem Gymnasium besucht. Die Lehrer*innen waren sehr nett. Aber für eine Freundin von mir, die Hijab getragen hat, war es nicht so einfach, weil viele sie wegen ihres Hijabs schlecht behandelt haben. Jetzt bin ich auf einer Berufsschule, weil ein Lehrer mir zu dem Wechsel geraten hat. Im April mache ich dann ein Praktikum als Hotelfachfrau. – Wie läuft es bei dir mit deinem Studium?

Djamila: Ich habe mich sehr bemüht, es war ein sehr langer Weg. Als ich nach Deutschland kam, hatte ich das Ziel, eine Ausbildung zu machen. Ich habe ein Praktikum als Altenpflegerin gemacht, mich dann aber doch nicht wirklich in diesem Beruf gesehen, sondern eher in der Hauswirtschaft. Dafür habe ich dann auch einen Ausbildungsvertrag bekommen, aber weil ich nur eine Duldung hatte, konnte ich meine Ausbildung nicht anfangen. Duldung bedeutet – vielleicht wissen manche Leute das nicht –, dass man jederzeit abgeschoben werden kann und für vieles keine Erlaubnis bekommt, zum Beispiel nicht arbeiten darf und so weiter. Also konnte ich ein Jahr lang nichts machen, außer ausharren und warten. Aber ich wollte immer noch unbedingt eine Ausbildung oder ein Studium machen – der Gedanke daran ging nie weg. Letztendlich kam am 5. Februar 2017 um 17:44 Uhr der Anruf, dass ich eine Aufenthaltserlaubnis erhalten habe [lacht]. Das werde ich nie vergessen, weil es für mich sehr viel bedeutet.

Jetzt mache ich ein Studium zur sozialpädagogischen Erzieherin und arbeite auch nebenbei mit Kindern. Dadurch, dass ich davor sieben Monate ehrenamtlich mit den Kindern in unserem Heim gearbeitet habe, ist mir aufgefallen, wie sehr mir der Beruf der Erzieherin gefällt. Deshalb will ich unbedingt ein staatlich zertifiziertes Diplom machen, damit ich meine pädagogischen Kenntnisse erweitern, in diesem Beruf arbeiten und den Kindern etwas Schönes für ihr Leben beibringen kann. Ich bin froh, dass ich dieses Studium jetzt mache! Ich habe mich einfach in diesem Beruf gesehen, denn in meiner Kindheit in Deutschland habe ich viel Liebe von meinen Erzieherinnen und Lehrerinnen bekommen. Diese Erfahrungen haben mich sehr geprägt.

Sozan: Das ist schön! Erzähl mal von deiner Kindheit ... du bist in Deutschland aufgewachsen?

Djamila: Ja, ich habe früher schon, im Alter zwischen drei und zwölf Jahren, in Deutschland gelebt – neun Jahre und acht Monate. Meine Kindheit habe ich also in Deutschland verbracht und nicht in Aserbaidschan. Ich kannte als Kind nur die deutsche Sprache.

Sozan: Und wieso seid ihr, als du zwölf warst, wieder zurück nach Aserbaidschan gegangen?

Djamila: Weil meine Mutter Heimweh hatte. Meine Schwester und ich sind mit ihr zurückgegangen, aber mein Vater ist hiergeblieben. Das war vielleicht ein Drama am Flughafen, alle waren in Tränen, und meine Schwester und ich wollten in Deutschland bleiben. Schon damals wusste ich, dass ich wiederkommen würde. Ich habe in Aserbaidschan studiert, mit einem Schwerpunkt auf deutscher Sprache. Dann habe ich

noch darauf gewartet, dass meine Schwester mit ihrem Studium fertig wird und wir sind wieder nach Deutschland zurückgekehrt. In den acht oder neun Jahren, die wir in Aserbaidschan gelebt haben, hatten wir immer Kontakt zu unseren Erzieherinnen aus dem Kindergarten, mit unseren Lehrerinnen, mit Freundinnen aus der Schule. Sogar meine Mutter hat nach einiger Zeit festgestellt, dass sie wieder nach Deutschland zurückkehren möchte und so sind wir zurückgekommen.
– Hattest du Kontakt mit Deutschen, als du hergekommen bist, Sozan?
Sozan: Ja, ich hatte viel Kontakt mit Deutschen. Meine Lehrerin in der Willkommensklasse meinte zu mir: »Du bist sehr nett zu anderen, dadurch baust du schnell Kontakte zu allen Leuten auf«. Ich habe auch viel Kontakt zu Leuten, die andere Nationalitäten haben: mit Menschen aus Afghanistan, aus dem Iran, aus der Türkei und so weiter ...
Djamila [flüstert]: Aserbaidschan.
Sozan: ... mit Leuten aus Aserbaidschan, ja [lacht], und auch mit Kurd*innen, weil ich selbst Kurdin bin, Kurdin aus Syrien. Ich habe in der Schule auch viele deutsche Freund*innen, aber nicht alle sind so nett zu mir oder zu den anderen Leuten, die auch geflüchtet sind. Manche wollen nicht mit ›den Flüchtlingen‹ befreundet sein. Ein Junge aus meiner Willkommensklasse war Deutscher, er konnte aber nicht so gut Deutsch, weil er nicht in Deutschland gelebt hatte. Er sagte immer: »Ich bin Deutscher, und ihr seid Flüchtlinge. Mein Vater ist Deutscher, das ist mein Land, und ich lerne die Sprache schnell, nicht wie ihr, ihr seid nur Flüchtlinge.« Wenn wir von ihm Hilfe brauchten, meinte er immer: »Ihr könnt das alleine lernen, ich will euch nicht alles erklären.« Einmal hat er sich deswegen mit einem Jungen aus unserer Klasse gestritten. Und trotzdem sage ich immer: Nicht alle Deutschen sind gleich, es gibt auch viele nette Leute.
Zum Beispiel in den meisten Unterkünften waren die Mitarbeiter*innen sehr nett zu uns, mit einigen haben wir immer noch Kontakt. Eine Unterkunft, in der wir gelebt haben, war vorher ein Krankenhaus. Es gab einen Kindergarten, einen Arzt, und weil ich vier Sprachen konnte – Deutsch, Kurdisch, Arabisch, Türkisch – haben die Mitarbeiter*innen

dort zu mir gesagt: »Du kannst immer kommen und uns beim Übersetzen helfen«, da habe ich natürlich geantwortet: »Immer gerne.« Ich habe ständig übersetzt, weil immer viele neue Geflüchtete gekommen sind. Wir haben in vielen verschiedenen Unterkünften gelebt. In einigen waren die Zustände sehr schlecht, deswegen sind wir mehrmals umgezogen. Einmal wurden wir vom Landesamt für Gesundheit und Soziales (LaGeSo) in eine Unterkunft nach Spandau geschickt, die sehr weit weg in einer einsamen Gegend war. Wir sollten in der 13. Etage wohnen, aber der Fahrstuhl war seit drei Monaten kaputt. Das Heim war so schlecht, dass wir nur eine Nacht dort geblieben sind, dann haben wir unsere Sachen gepackt und sind zurück zum LaGeSo gegangen. Schließlich haben sie uns in das Heim am Ku'Damm geschickt, wo ich dich, Djamila, kennengelernt habe. Insgesamt haben wir drei Jahre in Unterkünften für Geflüchtete gelebt, bevor wir in eine Wohnung ziehen konnten.

Djamila: Ja, was du erzählst, kommt mir bekannt vor. Wenn man neu nach Deutschland kommt, hat man bei allem Schwierigkeiten. Weil ich hierbleiben wollte, aber keine Aufenthaltserlaubnis hatte, hatte ich zum Beispiel Schwierigkeiten bei der Ausbildungs- und Wohnungssuche. Wir mussten ja wegen unseres Asylantrags zuerst in eine Notunterkunft ziehen. Und selbst jetzt, wo wir uns eine Wohnung suchen dürfen, finden wir nichts. Wegen der Probleme mit meinem Aufenthaltstitel und wegen der Ablehnung hatte ich sehr viel Stress und Depressionen. Gut, dass meine Familie hier ist, in meinem Heimatland. Deutschland ist meine Heimat. Aber durch den Status fühlte ich mich total entfremdet. Das war wirklich eine sehr schwierige Zeit für mich, weil ich mich hier in Deutschland besser fühle als in Aserbaidschan. Weil ich hier aufgewachsen bin. Weil ich hier nicht fremd bin. Meine ganze Familie ist hier, deswegen kann ich mich niemals fremd fühlen. Mein Wunsch ist jetzt erstmal, mein Studium zu beenden, um Stabilität in mein Leben zu bringen. Ich möchte einen guten Abschluss machen und eine gute Erzieherin sein. Ich denke, das Wichtigste ist, dass man immer ein Ziel hat und dass man die Hoffnung nicht verliert. Außerdem hoffe ich darauf, bald eine Wohnung zu finden.

Sozan: Ja, eine eigene Wohnung hat so viele Vorteile. Jetzt können wir endlich Besuch empfangen und müssen ihn nicht immer vorher anmelden. Mein Vater lebt in Köln und durfte uns immer nur für drei Tage im Heim besuchen kommen. Mein Bruder wohnt in Leipzig. Alle wohnen woanders [lacht]. Da ist es wichtig, dass man sich besuchen kann. Weil wir nicht zusammen nach Deutschland gekommen sind, wurden wir in unterschiedliche Städte verteilt. Mein Vater konnte damals nicht mit uns herkommen, weil es Probleme an der türkischen Grenze gab. Mein Bruder ist schon seit fünf Jahren in Deutschland, er ist jetzt 20 Jahre alt. Als er gekommen ist, war es noch einfacher einzureisen. Wir hingegen mussten von der Türkei aus das Meer mit dem Boot nach Griechenland überqueren. Wir hatten große Angst vor der Überfahrt. Aber wir konnten auch nicht in der Türkei bleiben. Mein kleiner Bruder musste wegen seiner Behinderung zum Arzt und hätte die Behandlung nicht in der Türkei bekommen, weil uns dafür die Papiere fehlten. Er war erst drei Jahre alt, und die Ärzt*innen meinten, die Behandlung wirkt am besten, wenn er noch klein ist. Wir haben insgesamt vier Jahre in der Türkei gelebt, aber es war schwer, weil mein Vater nicht da war und meine Mutter allein mit sieben Kindern war. Sie konnte nicht allein für uns das Geld verdienen, und wir konnten noch nicht arbeiten, weil wir zur Schule gingen.

Djamila: Man hatte nicht genug Unterstützung!

Sozan: Ja. Das war nicht so wie in Deutschland, du musst alles allein machen. Es gibt kein Jobcenter in der Türkei. Meine Mutter ist zuerst allein mit meinem kleinen Bruder und meiner kleinen Schwester hierhergekommen. Ich bin noch mit meinem großen Bruder in der Türkei geblieben. Dann musste ich auch die Schule verlassen, weil wir arbeiten mussten, um Geld zu verdienen. Wir sind nach Istanbul gegangen und haben dort mit Textilien gearbeitet. Das war sehr schwer … Aber jetzt bin ich hier und gehe wieder zur Schule. Ich bin sehr aktiv, schreibe sehr gerne, spiele Basketball, tanze, klettere. Ich möchte weiter in den Unterkünften für Geflüchtete helfen, weil ich selbst dort gelebt habe und weiß, wie schwierig es dort ist. Ich werde richtig gut Deutsch lernen und einen guten Abschluss machen. Dann werde ich auch eine Ausbildung beginnen. Aber mein größter Wunsch ist, dass es meinem kleinen Bruder gut geht!

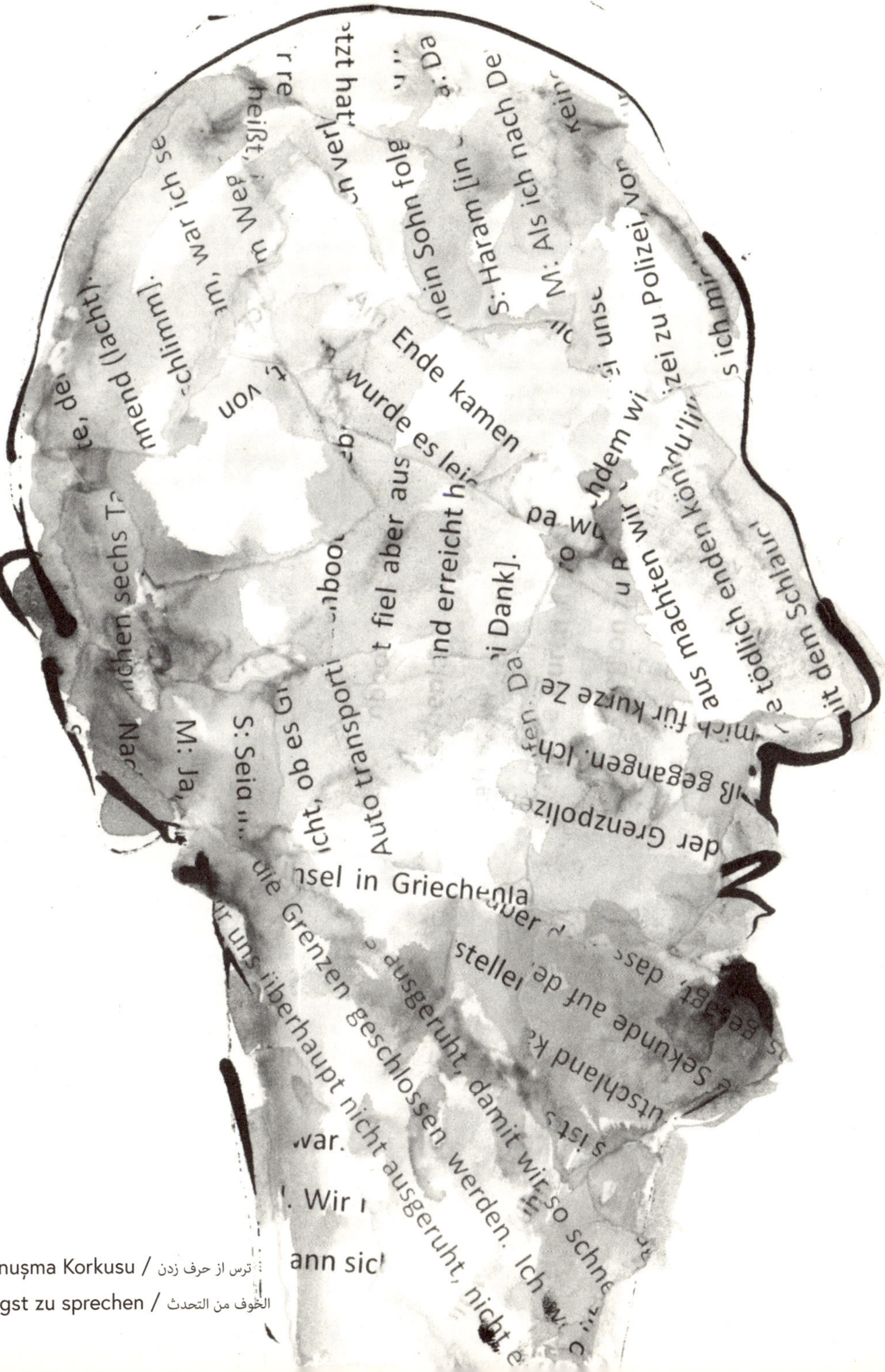

Konuşma Korkusu / ترس از حرف زدن
Angst zu sprechen / الخوف من التحدث

»Unsere Aufenthaltsgenehmigung ist zugleich das Problem und die Lösung«

Oum Ahmed ist Mutter zweier Kinder. In ihrem Land, dem Irak, war sie Lehrerin an einem Institut. Nach Deutschland kam Oum Ahmed auf der Suche nach einem Neuanfang – nach einem neuen Leben, das sich von ihrem alten Leben und dem Leiden in ihrem Heimatland unterscheidet.

Mari ist Aktivistin, Studierende, Arbeitende und Tochter.

Mari: Lass uns zuerst darüber reden, warum wir hierhergekommen sind. Soll ich anfangen?
Oum Ahmed: Ja, bitte.
Mari: Okay! 2014 lebte ich in Syrien und studierte Jura. In dieser Zeit arbeiteten mein Bruder und ich in einem Lager für Binnenflüchtlinge, also Menschen, die innerhalb des Landes geflüchtet waren. Wir hatten gemeinsam mit anderen Freiwilligen das Lager in einer alten Schule aufgebaut, und ich arbeitete dort vor allem mit den Frauen und Kindern. Ich kümmerte mich darum, sie unterzubringen und um ihre Grundbedürfnisse wie Essen, Kleidung und ähnliches. Die politische Situation im Land war extrem schwierig. Dazu arbeitete mein Vater in der Medienbranche, und sein Büro in Syrien wurde geschlossen. Wir standen deswegen alle unter Druck. Als ich mein Studium abgeschlossen hatte, entschied ich mich, sofort das Land zu verlassen. Wir hatten Glück, dass wir nach Dubai gehen konnten,

weil wir schon lange Zeit dort gelebt hatten. Ich blieb dort sieben Monate lang und arbeitete. Aus persönlichen Gründen entschloss ich mich dann, nicht länger in den Vereinigten Arabischen Emiraten zu bleiben – zum einen, weil ich mich dort nicht wohlfühlte und auch, weil ich eine Zulassung von einer deutschen Universität bekommen hatte. Ich kam also für mein Studium nach Deutschland.

Oum Ahmed: Meine Geschichte verlief ganz anders. Mein Mann und ich sind seit ungefähr sieben Jahren nicht mehr zufrieden miteinander. Ich versuchte lange, den Druck auszuhalten, der von allen Seiten kam. Besonders unsere Familien setzten mich unter Druck. Jedes Mal, wenn mein Mann und ich gestritten hatten, waren sie unzufrieden. Insbesondere meine Familie störte es, da sie der Meinung war, ich müsste mit meinem Mann zusammenbleiben. In unserer Gesellschaft ist es unangenehm, wenn die Frau von ihrem Mann getrennt oder geschieden ist – die Schuld daran hat immer die Frau. Wir versuchten mehrmals zusammenzubleiben, aber es hat nicht geklappt. Mein Mann kommt aus einer anderen Stadt als ich, und so lebte ich seit 2007 bei ihm in Erbil. Jedes Mal, wenn wir uns stritten, verließ er das Haus. Wir stritten uns ständig und aus verschiedenen Gründen, aber vor allem, weil er mich mit mehreren Frauen betrog. Unsere Streitereien hatten negative Auswirkungen auf das Wohlbefinden meines Sohnes Ahmed. 2011 bekamen wir noch ein Baby, meine Tochter Nina. Ich versuchte wieder, unsere Probleme zu überwinden, aber wieder hat es nicht funktioniert. Ich arbeitete an einer Hochschule. Ihn störte das sehr, denn er meinte, dass Frauen sozial nicht so aktiv sein sollten. Er meinte, sie sollten keine Präsentationen oder Seminare oder irgendwas vor anderen Leuten machen.

Mari: Was hast du unterrichtet?

Oum Ahmed: Methoden der Mathematikdidaktik an einer Universität. Vorher hatte ich Mathematik an einem Computerinstitut unterrichtet. Zurück zu meinem Mann. Er – oder genauer gesagt, seine Familie und seine Mutter – meinten, dass ich beispielsweise in einem Kindergarten arbeiten sollte. Irgendwann überzeugten sie mich mit dieser Idee, und ich versuchte es. Ich bewarb mich bei Schulen und Kindergärten, aber niemand wollte mich einstellen, da ich überqualifiziert war. Ich habe studiert, sogar eine Zeit lang am Birmingham College in Erbil, damit ich an diesem Institut lehren konnte; mein Fachbereich war sehr gefragt. Also widerstand ich den Forderungen meines Mannes und blieb bei meiner Arbeit. Mir gefiel es sehr gut, Erwachsene zu unterrichten, und ich mochte es, neue Methoden der Didaktik auszuprobieren – Wege von der Theorie hin zu eher praktischen Anwendungen.

Eines Tages im Jahr 2014 rief mich eine Frau an und sagte mir, sie sei die Ehefrau meines Mannes. Nach diesem Anruf verließ ich sein Haus, und nach ein paar Monaten ging ich zurück in meine Heimatstadt. Ich blieb die letzten zwei Jahre dort, bevor ich nach Deutschland kam. Ich versuchte, mit allen legalen Mitteln ein Visum für Europa zu bekommen. Ich wollte nach Europa – irgendwohin –, aber Deutschland war mein Wunschziel, da es seit dem Sommer 2015 die Hoffnung gab, eine Aufenthaltsgenehmigung in Deutschland zu bekommen. Außerdem wusste ich, dass in Deutschland Frauenrechte respektiert werden. Ich sah auch, dass die Deutschen syrischen Geflüchteten gegenüber Sympathie zeigten.

Im August 2016 wurde mein Sohn dann krank. Plötzlich fühlte er Schmerzen in allen Körperteilen. Die Ärzt*innen im Irak wussten nicht, wie sie seinen Zustand einschätzen sollten und verschrieben ihm falsche Medikamente. Das hatte einen sehr negativen Einfluss auf seine Gesundheit, es ging ihm immer schlechter. Am Ende bekam ich im März 2017 ein Touristenvisum. Gott sei Dank war das perfektes Timing: Das Datum auf dem Visum war der 17. März, und an genau dem Tag waren wir dann auch in Berlin.

Mari: Ach so. Du hattest also ein Touristenvisum nach Deutschland?

Oum Ahmed: Genau. Wir sind als Tourist*innen eingereist. Aber das war sehr schwierig. Im Irak ist alles schwierig. Es gibt eine Gruppe von Menschen, die alles dominiert. Wir hatten aber Glück und bekamen das Visum und so kamen wir hierher: mein Mann, mein Sohn Ahmed, meine Tochter Nina und ich. Hier in Berlin begleitete ich meinen Sohn zu

privaten Praxen, damit er untersucht werden konnte. Wir buchten ein Hotel als Tourist*innen. Die Untersuchungsergebnisse meines Sohnes waren nicht gut. Die Ärzt*innen sagten, wir sollten am besten mit ihm ins Krankenhaus gehen, da sein gesundheitlicher Zustand katastrophal sei. Wir waren so verwirrt davon, unsere Prioritäten änderten sich. Also beantragten wir Asyl. Ich wollte alles nach Vorschrift machen, reichte alle meine Dokumente ein und erzählte den Behörden alles. Erst später wurde mir klar, dass der ehrliche Weg im deutschen Asylsystem oft der schwerste ist. Nichtsdestotrotz: Ich wollte alles ordnungsgemäß machen, um für meine Kinder ein Vorbild zu sein. Ich hatte am folgenden Tag einen Termin beim Sozialamt. Der Zustand meines Sohnes war schlecht, und seine Körpertemperatur betrug über 39 Grad. Syrische Ärzt*innen beim Landesamt für Gesundheit und Soziales (LaGeSo) untersuchten ihn und entschieden, dass er ins Krankenhaus müsse. Es ging ihm gar nicht gut und mir auch nicht. Die Ärzt*innen befürchteten, dass er Krebs oder AIDS oder eine andere schlimme Krankheit haben könnte. Das Immunsystem seines Körpers wurde von Tag zu Tag schwächer.
Wir waren in einem Krankenhaus der Charité. Die Ergebnisse der Blutuntersuchung wurden kontinuierlich schlechter. Die Ärzt*innen vermuteten, dass er Blutkrebs hat. An dieser Krankheit sind auch schon mein Vater und meine Tante gestorben. Sie entnahmen Gewebeproben. Nach zwei Wochen bekamen wir Gott sei Dank die Ergebnisse. Wir verbrachten fast jeden Tag dieses Monats mit Untersuchungen. Am Ende fanden sie heraus, dass sein Immunsystem sich selbst angriff. Sie gaben ihm Medikamente. Nach fast zwei Monaten verließen wir das Krankenhaus. Jetzt geht es ihm besser. Seitdem lebt er sein Leben einigermaßen normal. Er besucht einen Deutschkurs, aber er hat nicht viel Energie und ist schwach. Er kann kein Koffein oder Alkohol trinken, nur Saft.
Mari: Also hast du wegen der Krankheit deines Sohnes Asyl beantragt?
Oum Ahmed: Mein erster Grund nach Deutschland zu kommen, waren meine Probleme mit meinem Mann. Allerdings war auch die Krankheit

von Ahmed ein ausschlaggebender Grund herzukommen. Alle Leute hatten uns gesagt, dass wir am besten in Deutschland Asyl beantragen sollten, auch wenn es nicht bewilligt würde. Die Regierung bezahlte die Behandlungskosten von Ahmed, insbesondere weil er zum Zeitpunkt unserer Ankunft noch unter 18 war. Im Irak hätten sie ihm nicht helfen können. – Aber warum hast du hier Asyl beantragt?
Mari: Ja, lass mich dir jetzt kurz von meiner Geschichte erzählen. Ich beantragte 2015, als ich hier ankam, Asyl. Das tat ich aus zwei Gründen: Erstens war ich noch Studentin, musste neben meinem Studium arbeiten, und die Kosten für meine Universität betrugen 8.000 Euro pro Jahr. Ich hatte kein Stipendium, ich musste dieses Geld bezahlen. Also suchte ich mir in dieser Zeit einen Vollzeitjob und einen zusätzlichen Teilzeitjob. Mein Vater und ich waren zu dieser Zeit ein wenig zerstritten, weshalb er mich finanziell nicht so richtig unterstütze. Ich musste arbeiten, zunächst als Sozialarbeiterin in einem Flüchtlingslager in Berlin. Eine Anwältin, die ich konsultierte, riet mir, Asyl zu beantragen. Die Aufenthaltsgenehmigung als Asylsuchende erlaubt es mir nämlich, eine unbegrenzte Anzahl an Stunden zu arbeiten – im Gegensatz zu einem Studierendenvisum. Das war einer der Gründe, weshalb ich Asyl beantragte. Der zweite Grund war, dass ich Angst hatte, nach der Absolvierung des Studiums plötzlich ausreisen zu müssen. Das wollte ich nicht, ich wollte die Möglichkeit haben, in Deutschland zu bleiben. Aber mein Asylantrag half mir nicht. Die Bürokratie war enorm. Mir ist bewusst, dass er bei mir als Studentin nicht mit so vielen Schwierigkeiten verbunden war wie bei anderen. Aber als syrische Studentin hatte ich kein Recht auf Asyl. Ich musste klagen. Als ich vor der Tür zum Gericht stand, musste ich meinen Pass abgeben, und die Sachbearbeiter*innen verloren ihn. Ich war verzweifelt und traurig und musste immer wieder weinen. Für mich als Syrerin ist es sehr schwierig, einen neuen Pass zu beantragen, und es hätte viel Zeit und bürokratischen Aufwand gekostet, ich glaube, das verstanden die Leute nicht. Irgendwann tauchte er wieder auf, und mir fiel ein Stein vom Herzen, ich war echt erleichtert. Der Streit um

meinen Aufenthaltstitel war unglaublich aufreibend, und gleichzeitig musste ich mich ja auch noch um mein Studium kümmern und arbeiten, das war wirklich schwierig. Meinen Aufenthaltstitel habe ich dann im Oktober 2017 bekommen. Also nach zwei Jahren, endlich! – Das war es. Du bist dran [beide lachen].

Oum Ahmed: Wir beantragten Asyl aus zwei Gründen. Der erste ist mein persönlicher Grund und der zweite mein Sohn und seine Behandlung. Ich wollte wissen, was mit ihm los war. Als Mutter vergisst man all seine Probleme, wenn es dem Kind schlecht geht. Deshalb beantragten wir Asyl, das war im April. Erst im August bekamen wir eine Ablehnung. Sie waren nicht von unseren Gründen überzeugt, in Deutschland sein zu müssen und wir sollten das Land innerhalb von zehn Tagen verlassen. Ich suchte einen Rechtsanwalt auf, aber es ist immer besser, von Anfang an eine*n Rechtsanwält*in zu konsultieren. Ich hatte keine Erfahrung und war verwirrt wegen der Krankheit meines Sohnes. Ich weinte tagelang. Mein einziger Wunsch war es, dass Ahmed gesund wird. Als wir hier ankamen, war er minderjährig und daher waren wir für das Gericht ein Härtefall. Aber nachdem er das Krankenhaus verlassen hatte, wurde er 18 Jahre alt und als Folge wurden unsere Asylanträge separat behandelt. Er bekam eine Ablehnung mit Duldung, während ich eine Abschiebung bekam. Unser Rechtsanwalt sagte, unser Antrag hätte nicht abgelehnt werden dürfen, vor allem da Ahmed krank ist und mindestens vier weitere Jahre ärztliche Behandlung und Medikamente brauchen wird. Ahmed wird immer noch in der Charité behandelt, und um die Aufenthaltserlaubnis kämpfen wir auch immer noch.

Mari: Ihr wartet noch auf eine Antwort?

Oum Ahmed: Ja. Aber wie ich den Rechtsanwalt verstanden habe, kann es noch ein oder zwei Jahre dauern, bis wir eine endgültige Antwort bekommen.

Mari: Ich wünsche euch viel Erfolg! Lebst du inzwischen in einer Wohnung?

Oum Ahmed: Ja, zum Glück! Seit fast einem Monat leben wir in einer privaten Wohnung. Davor wohnten wir in einem Heim, aber wegen der Krankheit meines Sohnes priorisierten sie uns. Er sollte vom Krankenhaus in eine Wohnung umziehen.

Mari: Und du lebst allein mit deinen Kindern?

Oum Ahmed: Ja, mit meinem Sohn Ahmed und meiner Tochter Nina. Wir sind allein.

Mari: Okay.

Oum Ahmed: Bevor ich nach Deutschland gekommen bin, hatte ich meine Scheidung beim Gericht in Sulaimaniyya eingereicht, aber mein Mann wollte mich nicht freilassen. Keine Ahnung, was sein Problem ist. Vielleicht aus finanziellen Gründen. Aber vor zwei Monaten habe ich endlich meine Scheidungsunterlagen bekommen, und der Anwalt meinte, dass das auch hinsichtlich des Aufenthalts etwas Positives für meinen Fall sei. Ich hoffe, er hat Recht.

Mari: Das heißt, du bist jetzt eine single mother? [lacht]

Oum Ahmed: Ja.

Mari: Lass uns ein bisschen über die Familie sprechen, wenn du möchtest. Ich erzähle dir mal ein bisschen von mir. Nachdem mein Vater und ich uns versöhnt hatten [lacht], konnte ich als Studentin Visa für meine Eltern organisieren. Das war toll. Dann wollte ich auch meinen Bruder herbringen. Zu dieser Zeit lebte er in Ägypten, und es war schier unmöglich, für ihn ein Visum nach Deutschland zu bekommen. Also nahm er an einem Forschungsprogramm in Spanien teil und reiste von dort aus nach Deutschland weiter. Aber das Problem war, dass seine Fingerabdrücke bereits bei seiner Einreise in Spanien registriert worden waren. Wegen der Dublin-Verordnung soll er jetzt abgeschoben werden. Wann genau, weiß niemand, aber wir werden auf jeden Fall alles tun, damit er hierbleiben kann.

Mein Freund ist meine Familie. Wir leben zusammen und haben einen kleinen Hund. Natürlich sind meine Eltern auch wichtig. Ich habe Glück, dass sie für mich da sind, da kann ich wirklich nicht jammern. Die Beziehung zu meinen Eltern hat sich auch verändert, seit wir alle in Deutschland sind. Keine Ahnung. Vielleicht wegen des Alters oder weil wir hierhergezogen sind oder weil ich studiere und gleichzeitig arbeite. Meine Eltern sind nicht besonders traditionell oder religiös, mein Vater ist sogar Atheist. Sie sind aufgeschlossen, trotzdem war es ihnen früher unangenehm, dass ich mit meiner Unabhängigkeit gegen die kulturellen Sitten und Gebräuche vor Ort verstoßen habe. Syrien ist halt eine sehr patriarchale Gesellschaft, und mein Vater kam nicht so gut mit dem sozialen Druck klar. Zum Glück ist die Situation jetzt viel besser. Meine Eltern mögen meinen Freund sehr, und sie haben auch kein Problem mehr damit, dass wir zusammenleben und nicht verheiratet sind.

Ich fühle mich relativ wohl, aber wegen meines Bruders mache ich mir Sorgen, da ich nicht weiß, was in der Zukunft mit ihm passieren wird. Ich weiß nicht, was er machen kann und ob er nach Spanien muss oder nicht. Es macht mich traurig; er war Medizinstudent, hatte eine tolle Zukunft vor sich und musste alles zurücklassen, was er sich aufgebaut hatte. Jetzt ist seine Zukunft ungewiss, er weiß nicht, ob und wann er abgeschoben wird und wie lange er noch in diesem legalen Limbo feststecken wird. Weiterstudieren kann er auch erst einmal nicht. In Spanien wird er allein sein, das ist echt frustrierend. – Aber genug von mir. Erzähl du mal, wie es dir mit deiner Familie geht.

Oum Ahmed: Ich lebe allein mit meinen beiden Kindern. Sie sind für mich die wichtigsten Menschen auf der Welt, und ich kämpfe mein Leben lang für sie. Ich habe versucht, hier zu arbeiten, da mir gesagt wurde, dass ich mit einem Job einfacher eine Aufenthaltsgenehmigung bekomme und hier bleiben darf. Dann wäre ich glücklich und würde mich abgesichert fühlen. Mein Sohn macht sich viele Sorgen und denkt ständig darüber nach, wie er seine Behandlung fortsetzen soll, falls wir Deutschland verlassen müssen. Es gibt Leute, deren Anträge zweimal abgelehnt wurden, daher ist er sehr besorgt. Ich habe mich um verschiedene Jobs bemüht, aber die Sprache ist das größte Problem. Ich spreche Englisch, Arabisch und meine Muttersprache Kurdisch, aber das hilft nicht. Man muss Deutsch sprechen, das ist das Wichtigste. Wie ich vorhin gesagt habe, unterrichtete ich vorher an einer Hochschule.

Eine solche oder ähnliche Stelle wollte ich finden, aber das hat nicht funktioniert. Ich hatte ein Gespräch bei der Agentur für Arbeit, obwohl wir nicht dort registriert sind, sondern beim Sozialamt. Alle Leute mit Universitätszeugnissen wurden dazu eingeladen. Sie fragten mich nach meinen Arbeitserfahrungen, woraufhin ich antwortete, 17 Jahre lang im Bildungsbereich aktiv gewesen zu sein. Aber eine andere Beschäftigung wäre auch in Ordnung für mich gewesen. Ich versuche zurzeit, mich selbst zu beweisen und zu sein, wie ich früher war. Vor 20 Jahren, im Jahr 1996, beendete ich mein Studium. Ich entschied mich dagegen zu arbeiten, da waren mein Ex-Mann und ich uns einig. Ich mochte es, zu Hause zu bleiben und mich um mein Kind zu kümmern. Dann änderte er sich – ich mich auch. Unsere finanzielle Situation war nicht gut. Ich versuchte zu arbeiten, und das funktionierte gut. Jetzt bin ich es gewohnt zu arbeiten. Ich muss arbeiten, um finanzielle Freiheit zu haben und unabhängig zu leben. Deshalb fühle ich mich im Moment, als wäre ich in einem Gefängnis. Zurzeit besuche ich einen Deutschkurs für das Sprachniveau A2 des Sprachzertifikats, aber ohne einen Master-Abschluss kann ich nicht unterrichten. Hätte ich nur eine Aufenthaltsgenehmigung vom Staat, damit ich in Deutschland arbeiten und Deutschland etwas zurückgeben könnte! Ich wünsche mir, meinen Kindern das bestmöglichste Leben ermöglichen zu können. Hier haben Schüler*innen mehr Möglichkeiten auszuwählen, was sie studieren wollen, es basiert nicht alles auf den Noten wie in unseren Ländern. Das finde ich toll.

Mari: Aber im Moment habt ihr noch keinen gesicherten Aufenthaltsstatus. Habt ihr deswegen Probleme im Alltag?

Oum Ahmed: Ja, unsere rechtliche Situation bringt uns viele Schwierigkeiten. Ein großes Problem war es, einen Handy- oder Internetvertrag abzuschließen. Seit zwei Monaten versuchen mein Sohn und Paulina, eine Freundin von mir, das zu organisieren. Sie spricht Deutsch, sie ist Deutsche, aber das hilft auch nicht. Wir versuchten bei allen Anbietern, Internet in unserer neuen Wohnung zu bekommen, aber überall wollten sie einen deutschen Ausweis oder eine Aufenthaltserlaubnis für mindestens zwei Jahre haben. Unsere Ausweise sind nur bis August gültig, also wollte uns niemand Internet installieren. Wir alle kämpften jeden Tag. Wir suchten allerorts, bei Vodafone, Telekom und anderen Anbietern. Am Ende fanden wir ein Angebot im Internet, wo nicht nach unserem Aufenthaltsstatus gefragt wurde. Erst gestern, nach zwei Monaten und elf Tagen, haben wir Internet bekommen.

Mari: Man kann nichts machen, solange der Aufenthaltsstatus nicht geklärt ist …

Oum Ahmed: Ja, wir sind total eingeschränkt.

Mari: Darfst du auch nicht reisen?

Oum Ahmed: Genau, wir haben Residenzpflicht. Deswegen dürfen wir Berlin nicht verlassen und auch nicht ohne Genehmigung des LaGeSo innerhalb von Deutschland verreisen. Es ist, als ob wir im Gefängnis wären. Anderes Beispiel: Ich fahre seit 15 Jahren Auto und möchte jetzt meinen Führerschein umschreiben lassen – aber das geht nicht wegen der Aufenthaltsgenehmigung. Auch mein Sohn ist jetzt erwachsen und soll einen Führerschein haben. Aber auch er kann keinen machen, weil er nur eine Duldung hat. Unser Aufenthaltsstatus ist immer das Problem. Hätte ich die Freiheit, würde ich auch ein Auto fahren. Jeden Tag dauert es eine Ewigkeit, mit den öffentlichen Verkehrsmitteln den Deutschkurs zu erreichen – von Lichtenberg bis zur Turmstraße. Als alleinerziehende Mutter brauche ich ein Auto. Ich habe viele Verantwortungen. Im Irak half mir das Auto sehr. Es ersetzte meinen Mann.

Mari: Ich stimme voll und ganz zu. Eines der Probleme, denen ich als Syrerin an der Uni begegne, ist, dass ich nicht in die USA reisen kann. Ich kann als Flüchtling in Deutschland außerhalb von Europa nur mit Visum einreisen. Meine Chancen auf ein Visum für Länder wie die USA oder die Türkei sind aber sehr gering. Es gibt viele Wissenschaftler*innen bei uns an der Uni, die dorthin fahren, um zu forschen. Ich kann das nicht machen. Das ist ärgerlich, obwohl das Visum nur ein Stück Papier auf dem Pass ist.

Oum Ahmed: Ja, ich habe mich auch sehr geärgert. Früher habe ich es nicht beachtet, aber als ich merkte, in wie vielen Alltagsituationen nach meinem Aufenthaltsstatus gefragt wird, realisierte ich, dass dieses Stück Papier extrem wichtig ist.
Mari: Ja natürlich. Es begrenzt dich.
Oum Ahmed: Stimmt. Man kann sich ohne die Aufenthaltspapiere nicht bewegen. Wenn wir innerhalb Deutschlands reisen möchten, müssen wir die Sondergenehmigungen immer dabeihaben – zu viel Bürokratie und Komplexität!
Mari: Genau.
Oum Ahmed: Das ist zeitraubend. Unsere Gedanken drehen sich ständig im Kreis. Der Aufenthaltstitel: Werden wir ihn bekommen? Und was, wenn wir abgeschoben werden? Und was ist mit meinem Sohn? Das ist das Problem.
Mari: Auch wenn man eine Aufenthaltsgenehmigung hat, macht man sich immer Sorgen. Man fragt sich, ob sie verlängert wird oder man plötzlich das Land verlassen muss, weil das Visum nicht verlängert wird.
Oum Ahmed: Der erste Schritt ist, die Aufenthaltsgenehmigung zu bekommen. Dann versuche ich Arbeit zu finden, trotz der Sprachschwierigkeiten. Ich werde nicht vom Staat oder vom Sozialamt abhängig bleiben. Aber wie ich dir schon gesagt habe, bin ich eingeschränkt und kann nichts dafür. Es ist so, als sei ich in einem Kreis gefangen. In der Mathematik gibt es eine Theorie, die besagt, dass es manche mathematischen Probleme gibt, die nicht lösbar sind, beziehungsweise dass man immer wieder an den Anfangspunkt zurückkehren muss: ein Teufelskreis! Für mich ist das mit der Aufenthaltsgenehmigung genauso: Sie ist der Anfangspunkt, und ohne sie kann ich meine Probleme nicht lösen. Unsere Aufenthaltsgenehmigung ist zugleich das Problem und die Lösung. Sie ist der Schüssel; aber auch wenn wir sie kriegen, bleibt es fraglich, ob sie verlängert wird. Sie ist sehr wichtig für den Fall meines Sohnes und auch für mich. Ich will nicht nach Hause zurückkehren müssen.

Mari: Ja, die Aufenthaltsgenehmigung ist erst der Anfang. Wie sieht es bei dir mit dem Geld aus?

Oum Ahmed: Ich bekomme momentan noch Leistungen vom Staat. Es ist, wie du weißt, sehr wenig, besonders wenn man die Kosten für Strom, den Rechtanwalt und die Schule beziehungsweise die Kantine abzieht. Ich habe es ausgerechnet. Sie geben mir circa 600 Euro pro Monat. Davon sind mehr als 250 Euro Fixkosten. Es ist kaum genug. Und alles Geld, was ich im Irak angespart hatte, ist für die Reise hierher draufgegangen. Ich musste mehr als 30.000 Euro bezahlen, um ein Visum und ein Flugticket hierher organisieren zu können. Also haben wir momentan sehr wenig Geld, und das ist schwierig, wenn unerwartete Ausgaben anstehen. Zum Beispiel hatte ich gestern ein Problem mit meinen Zähnen. Ich muss das privat behandeln lassen, und meine Zähne benötigen viel Arbeit beziehungsweise viel Geld.

Mari: Zahnfüllungen und so etwas?

Oum Ahmed: Ja, genau. Ich musste etwa 80 Euro für die Zahnfüllung bezahlen. Mein Sohn hat auch Zahnschmerzen. Hätte ich eine Arbeit, wären wir nicht mehr so abhängig. Aber wie gesagt erschweren der Aufenthaltsstatus und die Sprache die Jobsuche.

Mari: Für mich war die Arbeit kein Problem. Ich hatte Glück, einen Job zu finden.

Oum Ahmed: Während meiner Studienzeit habe ich auch, wie du, viel arbeiten müssen. Denn obwohl mein Vater mir bei der Finanzierung meines Studiums half, war mein Geld knapp; nach dem zweiten Golfkrieg hatten die USA nämlich Wirtschaftssanktionen gegen den Irak verhängt, und die wirtschaftliche Situation im Land war schlecht. Trotzdem gelang es mir, mein Studium abzuschließen. Und ab dann, ab 1996, war ich unabhängig durch meine Arbeit im Bildungsbereich. Zum Beispiel unterrichtete ich sogar drei Jahre lang in Libyen, wo dann auch mein Sohn Ahmed geboren wurde.

Mari: Wie ist dein Leben hier in Deutschland? Erzähl mir mal über deinen Alltag, was du machst, wann du aufstehst [beide lachen].

Oum Ahmed: Wir stehen alle um sechs Uhr auf, und ich bereite für alle das Frühstück vor. Wegen seiner Krankheit achte ich besonders auf die Ernährung und Gesundheit meines Sohnes. Um sieben Uhr geht er aus dem Haus, und ich bringe meine Tochter zur Schule. Dann fahre ich mit der S-Bahn zu meinem Deutschkurs in der Turmstraße. Am Nachmittag kehre ich nach Hause zurück. Manchmal, wenn ich Zeit habe, hole ich um viertel nach vier meine Tochter von der Schule ab. Manchmal habe ich aber auch einen Ärzt*innentermin oder so etwas und bitte meinen Sohn darum, sie abzuholen. Ich versuche dann trotzdem, um viertel nach vier zu Hause zu sein, um Mittagessen zu kochen. Nachmittags lernen wir häufig Deutsch. Das Problem dabei ist, dass wir niemanden haben, der uns beim Lernen der Sprache unterstützen könnte. Sprache muss man mit jemandem üben, man muss sie sprechen. Auch du hast die Sprache ja durch Üben gelernt. Aber allein können wir nur Grammatik lernen. Wir haben zum Üben ja nicht einmal einen Fernseher oder Internetzugang.

Mari: Ja, ich stimme dir völlig zu. Ohne das Sprechen kann man die Sprache gar nicht lernen. Als ich hier ankam, sagte ich, es ist unmöglich, diese Sprache zu lernen. Die Grammatik ist sehr schwer. Ich kann sie nicht verstehen.

Oum Ahmed: Bei mir ist das genau umgekehrt. In Prüfungen finde ich das Schreiben einfacher als das Sprechen.

Mari: Aber dann hast du die härteste Phase schon überwunden.

Oum Ahmed: Und zwar?

Mari: Die Grundstufe.

Oum Ahmed: A1?

Mari: Ich meinte die Grammatik. Sie ist die Grundlage der Sprache.

Oum Ahmed: Ja, aber im Test haben wir zwei Stunden lang geschrieben. Ich war danach echt kaputt.

Mari: Ich dachte, ich wäre die einzige, die früh aufsteht. Aber du sagtest, du stehst um sechs auf [beide lachen]. Ich bin keine alleinerziehende Mutter, aber stehe um viertel nach sieben auf. Ich muss mit meinem Schäferhund eine Stunde lang spazieren gehen. Mein Hund ist ein besonderer Fall. Er ist ein Hund, der viel Energie hat. Er muss immer in Bewegung bleiben und draußen laufen. Ansonsten sind meine Tage sehr unterschiedlich: Zum Beispiel habe ich montags einen Sprachkurs. Mittwochs und freitags muss ich um zehn zur Arbeit und an manchen Tagen habe ich Seminare von halb neun bis fünf. Aber meistens stehe ich um viertel nach sieben auf, gehe mit meinem Hund nach draußen und frühstücke oder nehme das Frühstück mit. Mittags bin ich leider selten zu Hause. Das ärgert mich, da …

Oum Ahmed: … du deshalb morgens zwei Mahlzeiten in einer essen musst.

Mari: Das Frühstück ist wichtig. Aber ich esse meistens nichts zu Mittag. Manchmal esse ich unterwegs. An manchen Tagen gehe ich nachmittags mit Freund*innen aus. Ansonsten bleibe ich zu Hause und unterhalte mich mit meinem Freund, oder wir putzen gemeinsam die Wohnung. Am Wochenende lerne ich für die Uni und den Deutschkurs. Ich engagiere mich zusätzlich noch mehrmals in der Woche ehrenamtlich in verschiedenen Projekten, aber das ist ganz unterschiedlich. Ich sehe nicht so viel fern, weil ich oft keine Zeit habe, aber wenn ich Zeit habe, mache ich das gern [beide lachen]. Spätestens um zehn gehe ich schlafen, weil ich am Morgen früh aufstehen muss.

Oum Ahmed: Ah! Da fällt mir noch ein wichtiger Punkt ein. Dieses Thema habe ich bei meinem letzten Besuch im Krankenhaus auch mit den Ärzt*innen diskutiert. Es bezieht sich auf die Frage, wie ich Deutschland etwas zurückgeben kann. Deutschland hat uns Geflüchtete aufgenommen und uns Sicherheit gegeben, dafür bin ich dankbar. Vor allem für die Gesundheit meines Sohnes. Er schwebte zwischen Leben und Tod, und Deutschland hat ihm das Leben gerettet. Die negativeren Erlebnisse mit den Ausländerbehörden vergebe ich Deutschland. Obwohl wir auch negative Erfahrungen gemacht haben: Einmal haben wir zum Beispiel einen Polizisten bei der Ausländerbehörde angesprochen, um ihn etwas zu fragen. Er sagte uns, wir sollten erst zu ihm kommen und ihm Fragen stellen, wenn wir ordentlich deutsch sprächen. Solche Dinge passieren – doch sie interessieren mich nicht. Falls meine Zeugnisse und Zertifikate tatsächlich erfolgreich anerkannt

werden und ich die Sprache beherrsche, werde ich die Gefallen, die Deutschland mir erwiesen hat, auf zwei Arten zurückgeben: Erstens werde ich arbeiten und unterrichten und die Gesellschaft intellektuell profitieren lassen. Zweitens möchte ich meine Organe in Deutschland spenden, damit sie auch nach meinem Tod noch Nutzen bringen. Das wollte ich schon früher machen, als mein Kind im Krankenhaus lag. Das wäre meines Erachtens der passende Weg, Deutschland meine Dankbarkeit für die heutige Gesundheit meines Sohnes zu zeigen. Selbst wenn ich den Aufenthaltstitel nicht erhalte, möchte ich diesen Schritt gehen.
Mari: Ich weiß, dass du ein besonderer Mensch bist und ich schätze das. Das ist sehr nett von dir.
Oum Ahmed: Besonders, da meine Eltern an Krankheiten gestorben sind. Daher möchte ich den Leuten helfen.
Mari: Das ist sicherlich eine sehr ehrenwerte Position von dir. Aber meine Sicht auf die Situation ist eine andere. Ich bin dem Krieg in Syrien entkommen, an dem viele Länder sich beteiligen und von dem sie profitieren. Deutschland ist eines dieser Länder. Deutschland ist einer der weltweit größten Waffenexporteure und auch diplomatisch in das Kriegsgeschehen involviert. Ich arbeite seit drei Jahren hier in Deutschland und zahle Steuern, und ehrlich gesagt finde ich den Gedanken schmerzhaft, dass dieses Geld Waffen finanziert, die Syrer*innen töten. Deutschland hat vielleicht keine Truppen nach Syrien geschickt, aber wer Waffen verkauft, trägt auch einen Teil der Schuld.
Deswegen finde ich, dass der deutsche Staat nur seine Pflicht erfüllt, wenn er den Leuten, die aus Kriegsgebieten fliehen, hilft. Ich fühle nicht, dass ich dafür etwas geben muss. Außerdem glaube ich nicht, dass das Konzept von Nationalstaaten richtig ist. Ich habe kein Zugehörigkeitsgefühl zu irgendeinem Land. Mir sind die Leute und mein Lebensort wichtig. Ich fühle mich wohl in Berlin und mag die Stadt. Aber ich glaube nicht, dass ich etwas für die Stadt Berlin tun muss. Ich glaube, dass ich der Gesellschaft, in der ich lebe, dienen

sollte. Egal, wo sie sich befindet. Aber ich verstehe, warum du so denkst. Ich persönlich habe deine Erfahrungen nicht gemacht. Also, ich verstehe dich und fühle mit dir. Und finde es großartig, dass du so denkst.

Oum Ahmed: Ich verstehe. Aber als wir im Krankenhaus waren, war mir noch nicht klar, dass wir Asyl beantragen würden. Damals hatte ich auch die Frauengruppe von LouLou (Begegnungsort für alte und neue Nachbar*innen in Berlin-Moabit) noch nicht kennengelernt. Aber ich versuche immer in meinem Leben, die anderen zufrieden zu machen. Die Erfahrung im Krankenhaus war sehr schwierig, aber die Ärzt*innen hier waren sowohl fachlich als auch sozial sehr kompetent. Sie verhielten sich Ahmed gegenüber, als wären sie seine Eltern und mehr. Er war sehr deprimiert und dachte, er müsste bald sterben. Er bat mich ständig darum, ihn in den Irak zurückkehren zu lassen, damit er unter unseren Freund*innen und Verwandten sterben kann. Aber die Ärzt*innen hier kümmerten sich nicht nur um seinen Körper, sondern auch um seine seelische Gesundheit, und das war eine tiefgreifende Unterstützung für mich. Dafür bin ich sehr dankbar.

Mari: Natürlich.

Oum Ahmed: Das ist meine persönliche Meinung.

Ev / خانه
Heimat / وطن

»Wir sind gekommen, um hier in Frieden zu leben«

Vera ist Syrerin, Lehrerin und Ehefrau.

Die folgende Erzählung enthält explizite Schilderungen darüber, welche Foltermethoden ein Familienangehöriger von Vera durch Geheimdienste des syrischen Regimes erleiden musste.

Ihr fragt mich, ob ich zurückkehren will?! Wie sollte ich nach Syrien zurückkehren? Ich kann dort nicht leben; nicht einmal mehr besuchen könnte ich diese Orte! Ich möchte auch nicht mehr darüber sprechen. Ich will nur vergessen.

Ich bin am 27. Juni 2015 in Deutschland angekommen. Seit drei Jahren bin ich also jetzt schon hier, und Deutschland hat mich als Flüchtling anerkannt. Vor kurzem habe ich geheiratet. Mein Mann kommt auch aus Syrien, aus Homs, aber wir haben uns erst in Deutschland kennengelernt.

In Syrien habe ich als Lehrerin gearbeitet – ich hatte mich für mein Diplom auf die Erziehung und Psychologie von Kindern spezialisiert. Eigentlich wollte ich auch noch den Master machen, aber ich bin durch die Englisch-Prüfung gefallen. An diesem Punkt würde ich gerne wieder ansetzen.

Ich versuche, so wenig wie möglich über meinen Aufenthaltsstatus in Deutschland nachzudenken. Wenn plötzlich etwas geschehen sollte, sie mich zum Beispiel wieder ablehnen und zurück nach Syrien schicken, dann wäre das die absolute Katastrophe.

Ich will nicht, nein, ich kann nicht zurückgehen! Ich muss in Deutschland bleiben, ich habe Syrien nicht verlassen, um dorthin zurückzukehren. Ich hatte mir dort ein Leben aufgebaut, hatte sieben Jahre studiert und gerade angefangen, richtig zu leben – aber dann sind plötzlich all die schlimmen Dinge passiert. Sie haben mich auf die unterste Stufe geworfen und mir den Weg zurück nach oben versperrt. Jetzt muss ich hierbleiben und mir hier ein neues Leben aufbauen, besonders für meine zukünftigen Kinder. Mein Mann glaubt, dass die Situation besser werden könnte und dass er dann zurückgehen würde. Wir streiten nicht darüber, aber für mich gibt es diese Möglichkeit nicht. Wenn er zurück will, bin ich bereit, ihn zu verlassen. Wenn er zurückgeht, geht er. Ich denke gar nicht daran zurückzugehen, weil ich das einfach nicht kann.

Ich habe dort zu viele schlimme Dinge gesehen. Mein Vater und meine Mutter sind gestorben, meine Brüder wurden ermordet. Niemand, der mir einmal nahestand, ist dort noch am Leben. Ich kann nicht in diesem Land leben, in dem überall solche Erinnerungen an den Tod und das Leid auf mich warten. Wenn ich in unser Haus gehen würde, würde mich die Erinnerung an meine Familie verfolgen. Zum Beispiel mein Onkel – er ist dort in der Dunkelheit ausgerutscht, weil es keinen Strom gab; sein Kopf ist gegen die Wand geknallt, und er ist tot liegengeblieben.
Mein Bruder wurde auf offener Straße vom syrischen Sicherheitsdienst angeschossen. Aber er konnte es nicht melden und ins Krankenhaus gehen, sonst hätte die Regierung gedacht, er gehöre der Freien Syrischen Armee (FSA) an und sie hätten uns alle in politische Haftanstalten gebracht.
Obwohl meine Mutter schon sehr krank war, hat sie meinen Bruder

genommen, und sie sind nach Jordanien geflohen. Sie kannte einen Mann, der ihnen Kontakte vermittelt hat, um über die Grenze zu gehen. Später sind auch meine anderen Brüder nachgekommen, weil meine Mutter Angst hatte, dass ihnen in Syrien etwas Schlimmes passiert. Ich selbst bin in Syrien geblieben, weil ich dort gearbeitet habe. Dann ist meine Mutter noch kränker geworden und musste behandelt werden. Aber die Ärzt*innen in Jordanien hatten keine Informationen über ihre Krankengeschichte; sie durfte bestimmte Medikamente nur in den Muskel gespritzt bekommen, nicht direkt ins Blut. Nachdem sie ihr eine Spritze in die Vene gegeben hatten, ist sie gestorben [weint]. Es sind noch viele andere schlimme Dinge passiert. Mit meinem Cousin zum Beispiel; wir beide hatten einander immer sehr gestützt. Doch er wurde verhaftet und gefoltert. Ich musste ansehen, wie sein Körper misshandelt worden war. Er war ohne Augen, hatte Messerstiche im Rücken, und seine Nägel und Zähne waren ihm ausgerissen worden. Sie hatten ihn auch mit Elektroschocks gequält. Ich meine – wie soll ich dorthin, wie kann ich dorthin zurückgehen?

Aber ich möchte mich nicht daran erinnern, und ich möchte auch nicht, dass mich jemand danach fragt. Ich bin noch zwei Monate in Damaskus geblieben. Dann bin ich geflohen und schließlich hierher nach Berlin gekommen.

Der erste Ort für mich war eine Geflüchtetenunterkunft in Spandau – fast drei Monate habe ich dort gelebt. Das Gebäude hatte drei Etagen mit Mehrbettzimmern. Es war überhaupt nicht schön dort; ein großes Problem war, dass es keine Privatsphäre gab.
Ich wurde in einem Zimmer mit drei Frauen untergebracht, die Russisch sprachen. Eigentlich habe ich mich ganz gut mit ihnen verstanden. Es gab aber einige Wechsel, und öfter haben meine Mitbewohnerinnen auch Leute über Nacht aufs Zimmer geholt. Ich habe das nicht verstanden. Einmal zum Beispiel hat eine Frau in der Nacht ihren Freund mitgebracht, ohne zu fragen, ob das in Ordnung wäre. So saßen sie dann zu zweit bei ihr auf dem Bett, und ich konnte nicht schlafen. Sie

haben auch getrunken und solche Sachen gemacht, ich hatte Angst. Ich bin dann immer an die Rezeption oder in die Küche gegangen und habe bis sechs Uhr morgens dort gewartet. Da saß ich bis früh morgens wie auf dem Präsentierteller und war dann den ganzen Tag müde. So etwas ist mir mehrmals passiert. Ich hatte die Nase voll! Als ich zu einer Mitarbeiterin ging, meinte sie, dass Besuch nicht verboten sei. Aber ich hatte ja nichts gegen Besuch! Mir ging es darum, dass ich nicht schlafen konnte, weil der Besuch die ganze Nacht da war.

Nicht einmal im Bad konnte man für sich allein sein. Es gab ein Bad für Frauen und eins für Männer, aber man konnte nicht abschließen. Die Duschen waren nicht separiert, es gab nur niedrige Plastikwände. Dazu kam, dass manchmal Männer einfach ins Bad gekommen sind und mit Frauen zusammen geduscht haben – während ich daneben war. Das alles hat mich anfangs sehr überrascht und gestört. Ich wusste nicht, was ich machen sollte. Deswegen habe ich eigentlich nie tagsüber geduscht, sondern in der Nacht, wenn die meisten Leute schliefen. Ich habe mich geschämt, am Tag zu duschen, aber manchmal waren selbst nachts Leute da. Dann musste ich immer warten, bis sie fertig waren, um nach ihnen die Dusche verlassen zu können. Außerdem hatte ich Angst, wenn ich nachts drei Stockwerke nach unten in mein Zimmer ging.

Ich habe mich überhaupt nicht sicher gefühlt. Wir hatten alle Angst in der Nacht. Jeden Tag wurden Sachen gestohlen, und die Polizei kam manchmal unangekündigt ins Heim. Es war furchtbar – und ich wusste nicht einmal, wie lange ich noch in dem Heim bleiben würde. Ich war ja ganz allein dort, meine Schwester hat am anderen Ende der Stadt, in Marzahn, gewohnt.
Es gab keine Sozialarbeiter*innen im Camp, an die ich mich hätte wenden können. Als ich mich zum Beispiel an der Rezeption beschweren wollte, sagten sie mir, ich müsse halt damit klarkommen. Ich konnte mich einfach nicht wohlfühlen.

Nach drei Monaten habe ich meinen Aufenthaltsstatus bekommen. Nachdem ich fast eine ganze Jahreszeit im Camp gelebt hatte, lief der Vertrag aus und man schmiss mich einfach heraus. Das Jobcenter hat mir dann gesagt, ich solle mir erst einmal ein Hotel (sie bezieht sich auf Hotels, die als temporäre Geflüchtetenunterkünfte umfunktioniert wurden) suchen. Aber kein Hotel wollte mich aufnehmen, obwohl das Jobcenter die Kosten übernommen hätte: »Zehn Tage! Das rentiert sich nicht für uns. Bring drei andere Frauen mit, und wir nehmen dich auf. Sonst machen wir keinen Gewinn.«

Ich wollte in mein Heim zurück, aber die Mitarbeiter*innen dort haben nicht auf mich reagiert. Sie sagten nur: »Komm, hol deine Sachen und geh. Du kannst nicht bei uns schlafen. Geh zurück zum Landesamt für Gesundheit und Soziales (LaGeSo) und nerve sie, damit sie dir ein Hotel geben.« Nicht einmal hinein gelassen haben sie mich, damit ich meine Sachen holen kann. Stattdessen haben sie mir diese einfach auf die Straße geworfen!

Zehn Tage bin ich also auf der Straße geblieben. Ich musste bei Freund*innen unterkommen – heute bei einer, morgen bei einer anderen und das immer mit all meinen Sachen! Ich war öfter bei meiner Schwester, in ihrem Heim, obwohl ich dort eigentlich nicht sein durfte. Die Sicherheitsbeamt*innen haben uns beiden den Schlaf geraubt, ich musste mich vor ihnen verstecken. Manchmal bin ich durch das Küchenfenster hinein und sehr früh wieder verschwunden, bevor die Security kam und mich entdeckt hätte. Tagsüber bin ich dann die ganze Zeit herumgelaufen und habe darauf gewartet, dass der Tag vorübergeht. Nach zehn Tagen hat das Jobcenter meinen Fall neu aufgenommen. Meine Schwester war kurz vorher umgezogen, und mir wurde die gleiche Unterkunft wie ihr zugewiesen, ein ehemaliges Hotel. Das Jobcenter bezahlt ein Einzelzimmer für mich, aber die Betreiber*innen der Unterkunft haben einfach noch eine weitere Frau in mein Zimmer gesteckt, damit sie doppelt verdienen. Zwischenzeitlich waren wir sogar zu dritt in dem Zimmer und sollten alle im gleichen

Bett schlafen – alle nebeneinander. Manchmal haben wir uns aber gestritten oder waren traurig, wie sollten wir dann nebeneinander schlafen?

Wenn ich an die vergangene Zeit in Deutschland denke, kann ich nur sagen, dass es sehr schlimm war. Ich habe mich nicht sicher gefühlt in den Camps, auch in dieser Unterkunft nicht. Die Menschen haben mich behandelt, als hätte ich keine Ehre. Das war ungefähr einen Monat, bevor ich geheiratet habe. Wenn du heiratest, dann verbessert sich die Situation, weil du mit jemandem zusammen bist. Sie lassen dich in Ruhe – ich habe seitdem unter keiner Belästigung mehr leiden müssen. Das ist eine gute Sache.

Jetzt wohnt mein Mann mit in diesem Zimmer. Meine ehemalige Mitbewohnerin ist zu ihrer Tante gezogen. Sie hat uns das Zimmer überlassen, bis wir eine Wohnung finden. Seitdem geht es mir viel besser. Mein derzeitiger Plan ist es, einen Master im Bereich Kinderrechte zu machen. Doch um diesen Traum verwirklichen zu können, brauche ich ein Deutsch-Niveau von C1 des Sprachzertifikats. Gerade mache ich A2, das dauert also noch. Mein Mann möchte auch weiterstudieren, im Bereich Bankwesen. Sein Deutsch-Level ist schon besser als meines. Am 27. dieses Monats (Februar 2018) hat er eine Prüfung für das B1-Niveau! Das Jobcenter meinte, dass er dann ein Praktikum bei der Sparkasse machen kann und damit auch Aussicht auf eine Anstellung hat.

Wenn ich an die Zukunft denke, denke ich zuallererst an Lernen, Studieren und Arbeiten. Wenn es für mich in Deutschland aus irgendwelchen Gründen zu schwer sein sollte, als Lehrerin zu arbeiten, könnte ich mir auch gut vorstellen, im Bundesamt für Migration und Flüchtlinge (BAMF) anzufangen. Ich möchte gerne den Menschen helfen, die wie ich nach Deutschland geflüchtet sind – ihnen von meinen Erfahrungen berichten und so vermeiden, dass sie dieselben Probleme bekommen wie ich. Ich könnte zum Beispiel als Übersetzerin dort arbeiten. Das Studium, um Übersetzer*in zu werden, ist leider sehr schwer, aber mir würde es gefallen, glaube ich.

Im Moment ist aber vor allem noch die Sprache das Problem. LouLou (Begegnungsort für alte und neue Nachbar*innen in Berlin-Moabit) hat mir dabei schon sehr geholfen. Bevor ich zu dieser Gruppe gekommen bin, war meine Sprache viel schlechter. Obwohl ich seit drei Jahren hier bin, konnte ich erst vor einem Jahr anfangen, Deutsch zu lernen. Ich wollte anfangs direkt in den Alphabetisierungskurs, aber mir wurde gesagt: »Du musst sofort in einen Kurs für Fortgeschrittene!« Solange wir nämlich unseren Namen auf Deutsch schreiben konnten, ging man davon aus, dass wir das deutsche Alphabet gut kennen. Ich wurde dann in einen Kurs geschickt, wo uns Grammatik auf sehr hohem Niveau beigebracht wurde, fast wie an der Uni. Dabei hätte ich doch zuerst die Buchstaben lernen sollen und dann die Wörter und so weiter! Das haben mir auch Freund*innen gesagt, aber die Schule hat mir nicht geglaubt, als ich gesagt habe, dass ich auf Deutsch nicht lesen und schreiben kann. Und auch das Jobcenter nicht, da ich ja studiert hatte in Syrien – aber wieso sollte ich denn beim Jobcenter lügen?

Letztes Jahr (2017) hat es aber geklappt, und ich bin jetzt endlich in einem Alphabetisierungskurs. Ich hoffe, ich schaffe die Prüfung! In der Grammatik gibt es noch immer Sachen, die ich nicht kenne oder nicht verstehe. Meine Aussprache ist nicht gut, und ich kann auch nicht wirklich lesen. Ich weiß einfach nicht, wie ich die Buchstaben aussprechen soll. Einzelne Wörter kann ich, aber ganze Sätze … Ich weiß noch nicht, ob ich die Barrieren der Angst überwunden haben werde, wenn ich in die Prüfung gehe. Vielleicht wird das Blatt unbeschrieben bleiben, oder vielleicht gibt es Wörter, die ich nicht kenne, oder etwas steht geschrieben, das mir Angst macht.

Auch deswegen möchte ich gern mehr Kontakt zu Deutschen aufbauen: um mit ihnen Sprechen zu üben – also, dass ich ihnen zuhöre und sie mir. Aber niemand hat Zeit. Für mich haben die Deutschen keine Zeit und keine Geduld.

So erlebe ich jeden Tag unangenehme Situationen. Manchmal sage ich etwas, das falsch verstanden wird und dann denken die Menschen schlecht über mich. Das passiert mir so oft, zum Beispiel wenn ich zur Apotheke oder zu Lidl oder zu DM oder zum Frauentreffen von LouLou gehe. Die Deutschen haben nie Zeit, es gibt keine Möglichkeit, etwas zu erklären oder nochmal klarzumachen, was ich meine. Einmal zum Beispiel habe ich meinen Mut zusammengenommen und bin zur Apotheke gegangen. Um mit dem Apotheker zu sprechen, hatte ich einen Satz eingeübt. Ich habe ihn wegen eines Medikaments für Risse in der Haut gefragt. Er wollte dann ganz genau wissen, was ich mit dem Medikament vorhabe und hat mich mit Fragen gequält. Es hat mich gestört, dass er mir unterstellt hat, nicht zu wissen, wie man das Medikament verwendet. Aber man weiß doch, wie man etwas benutzt, wenn man es kaufen möchte! Ich konnte ihm nicht antworten und habe ihm den Rücken zugekehrt. Diese Apotheke habe ich danach nie wieder betreten.

Wenn ich etwas nicht kenne oder nicht gelernt habe, dann habe ich immer Angst, etwas Falsches zu machen. Ich suche noch immer den Kontakt zu Deutschen, aber mir sind schon so viele ärgerliche Dinge passiert. Ich denke, einige Menschen hier haben viele Vorurteile. Einmal wollte ich einer älteren Frau beim Tragen ihrer Tasche helfen. Ich hatte sie von weitem gesehen und bin extra die Treppe hinuntergegangen, um ihr meine Hilfe anzubieten. Doch statt diese anzunehmen, hat sie sich lauthals darüber beschwert! Sie dachte vielleicht, ich sei eine Diebin, die ihre Tasche klauen will. Oder ein anderes Mal habe ich einer Person in der U-Bahn meinen Platz angeboten, aber auch sie hat gereizt reagiert. Ich hatte plötzlich das Gefühl, sie beleidigt zu haben.

Ich möchte euch Menschen, die ihr hier geboren seid und dieses Buch lest, gerne sagen, dass ihr euch nicht zu schnell eine Meinung über uns bilden sollt. Wir sind gekommen, um hier in Frieden zu leben. Es ist schwierig, aber wir versuchen es so gut wir können. Wir leben hier in einer Abhängigkeit von Deutschland und den Behörden, und es gibt viele Regeln, die es uns schwermachen, selbstbestimmt zu leben.

Frauen, die wie ich neu nach Deutschland gekommen sind oder noch kommen werden, möchte ich wirklich dringend raten, möglichst schnell die Sprache zu lernen. Wenn ich die Möglichkeit gehabt hätte, die Sprache schneller zu lernen, wären mir viele Probleme erspart geblieben. Es ist anstrengend und mühsam, aber es ist machbar. Mittlerweile bin ich optimistischer, wenn ich an meine Zukunft denke.

Ev / خانه

Zuhause / منزل

Glossar

Wörtliche Zitate sind kursiv markiert. Die Quellen dieser Zitate – die wir teilweise leicht angepasst, gegendert beziehungsweise ergänzt haben – werden am Ende des Glossars aufgeführt. Begriffe, die einen eigenen Eintrag im Glossar haben, sind entsprechend ⇒ gekennzeichnet.

Abschiebung:
Beschönigend auch als ›Rückführung‹ bezeichnet. Es handelt sich hierbei um eine Ausreise aus Deutschland, die unter polizeilichem oder behördlichem Zwang erfolgt, teilweise mit Gewalt. Abschiebungen werden in der Regel durchgeführt, wenn Aufenthaltstitel nicht verlängert werden oder Menschen keine Aufenthaltserlaubnis haben.

Anerkannter Flüchtling:
Damit ist ein Aufenthaltstitel gemeint, den Menschen auf Grundlage der ⇒Genfer Flüchtlingskonvention (GFK) erhalten. Demnach gelten Menschen als Flüchtlinge, die sich außerhalb ihres Herkunftslandes befinden, den Schutz ihres Herkunftslandes nicht beanspruchen können oder aufgrund von begründeter Furcht vor Verfolgung durch staatliche oder nichtstaatliche Akteur*innen nicht in Anspruch nehmen wollen. Furcht vor oder tatsächliche Verfolgungen durch ⇒Rassismus, ⇒Nationalismus und/oder aufgrund von Religionszugehörigkeiten, politischen Überzeugungen und Zugehörigkeiten zu bestimmten sozialen Gruppen (unter anderem auf Grund der sexuellen Orientierung) werden dabei vom Staat als gerechtfertigte Gründe angesehen, das Herkunftsland zu verlassen.

Menschen mit dem Aufenthaltstitel ›Anerkannter Flüchtling‹ erhalten eine *Aufenthaltserlaubnis für drei Jahre*. Erst *nach drei bis fünf Jahren haben sie die Möglichkeit, eine unbefristete Aufenthaltserlaubnis zu beantragen*, was allerdings aufgrund vieler Voraussetzungen schwer zu erreichen ist. Mit dem Aufenthaltstitel ›Anerkannter Flüchtling‹ dürfen Menschen arbeiten (im Unterschied beispielsweise zu ⇒Duldung) und haben unter bestimmten Voraussetzungen einen *Anspruch auf privilegierten Familiennachzug* (⇒Familienzusammenführung). [1]

Ankerzentrum (AnKER = *Ankunft, Entscheidung, kommunale Verteilung bzw. Rückführung*):
Mit diesem Begriff werden in Deutschland Unterkünfte *zur Unterbringung und ⇒Abschiebung geflüchteter Menschen bezeichnet. Die ersten Zentren sollten bereits im Herbst 2018 in Betrieb gehen.* […] *Sie sind als zentrale Aufnahme-, Entscheidungs- und Rückführungszentren für geflüchtete Menschen geplant. Asylverfahren* (⇒Asyl) *sollen dort ›schnell, umfassend und rechtssicher bearbeitet werden‹, heißt es im Koalitionsvertrag zwischen* CDU/CSU und SPD 2018. […] *Das Ziel dieser Zentren soll sein, die Entscheidungen in Asylverfahren deutlich zu beschleunigen und Menschen, denen kein Aufenthalt gewährt wird, schneller und unkomplizierter als bisher abzuschieben. In der Folge sollen auf die Städte und Kommunen nur noch diejenigen Schutzsuchenden ›verteilt‹ werden, denen nach Prüfung im ›AnKER-Zentrum‹ eine ›positive Bleibeperspektive‹ zugeschrieben wird.* […] *Die geplanten Zentren sind Ausdruck einer Abschottungs- und Kontrollpolitik, die Menschen auf der Flucht an ihrer Mobilität und ihrem Zugang zu gesellschaftlichen Gütern behindert.* […] *Die Begrifflichkeit ›Anker‹ erweckt den Eindruck, den Menschen Sicherheit zu geben; tatsächlich scheinen die Zentren jedoch* ignorant gegenüber den *tatsächlichen Bedürfnissen der Geflüchteten zu sein.* [2]

Asyl:
Ein *geschützter Aufenthaltsort*, im Griechischen *der ›Ort, von dem man nicht gewaltsam weggeholt wird‹. Das deutsche Grundgesetz*

gewährt politischen Flüchtlingen Asyl (Art. 16a GG). Dieses unbefristete Aufenthaltsrecht in Deutschland wird nur denjenigen gewährt, bei denen eine Prüfung ergibt, dass sie wegen politischer Verfolgung [...] *ihre Heimat verlassen haben.* [3] Beim politischen Asyl (Asylberechtigung) nach Art. 16a GG handelt es sich um eine nationale Schutzform, die enger gefasst ist als die Flüchtlingsanerkennung nach der ⇒Genfer Flüchtlingskonvention (GFK) und nur äußerst wenigen Schutzsuchenden erteilt wird. *Das Asylrecht wird in Deutschland nicht nur – wie in vielen anderen Staaten – auf Grund der völkerrechtlichen Verpflichtung aus der Genfer Flüchtlingskonvention (GFK) von 1951 gewährt, sondern hat als Grundrecht Verfassungsrang. Es dient dem Schutz der Menschenwürde in einem umfassenderen Sinne* [...]. Berücksichtigt wird grundsätzlich nur staatliche Verfolgung, also Verfolgung, die vom Staat ausgeht. [...] *Bei einer Einreise über einen sicheren Drittstaat ist eine Anerkennung der Asylberechtigung* nach Art. 16a GG *ausgeschlossen.* [4]

Asyltourismus:
Begriffe wie ›Asyltourismus‹ oder ›Asylmissbrauch‹ sind politische Schlagwörter, *die seit den 1980er Jahren vor allem dann verwendet werden, wenn es um eine Einschränkung des Asylrechts geht.* [...] Wortschöpfungen wie diese dienen der extremen Rechten als Kampfbegriffe, unter anderem um das Recht auf ⇒Asyl an sich infrage zu stellen oder die Gründe von Asylsuchenden pauschal zu delegitimieren. Die Begriffe sind dabei irreführend, da es kein Missbrauch ist, *ein Recht einzufordern* beziehungsweise *zu beantragen,* [...] *selbst wenn das Begehren erfolglos bleibt.* [5]

Ausschiffungsplattform:
*Im Bürokrat**innen *deutsch auch ›Anlandeplattformen‹ genannt. In der Asylpolitik* (⇒Asyl) *handelt es sich um Auffanglager* (⇒Lager), *die außerhalb der Europäischen Union entstehen sollen. Der Plan ist, jene Menschen dorthin zu schicken, die im Mittelmeer aufgegriffen werden. Bislang werden sie nach Europa gebracht. In den Lagern*

*sollen das UN-Flüchtlingshilfswerk UNHCR und die Internationale Organisation für Migration die Menschen entweder als ›Flüchtling‹ oder als ›Migrant*in‹ registrieren. Wer als Flüchtling anerkannt ist* (⇒ anerkanner Flüchtling), *hat eine Chance, in die EU gebracht zu werden.* [6]

Bundesamt für Migration und Flüchtlinge (BAMF):
Das Bundesamt für Migration und Flüchtlinge (BAMF) ist eine deutsche Behörde, die für die Bereiche ⇒Asyl/Flüchtlingsschutz, Migration/ Integration und Rückkehr zuständig ist.

Besetzte Hotels in Griechenland:
Aufgrund der katastrophalen Zustände in Geflüchtetenunterkünften in Griechenland besetzten einige linke Gruppen und Aktivist*innen ab 2016 leerstehende Hotelgebäude unter anderem in Athen, um diese in selbstverwaltete Geflüchtetenunterkünfte umzuwandeln. Die Unterkünfte sind von Räumung bedroht beziehungsweise wurden bereits geräumt. [7]

Camps:
Eine Bezeichnung, die im Asylkontext für verschiedene Unterbringungsarten genutzt wird (⇒Gemeinschaftsunterkünfte, ⇒Lager, ⇒Notunterkünfte).

Dublin-Verfahren:
Das Dublin-Verfahren ist ein Zuständigkeitsverfahren, das vor der eigentlichen Prüfung des Asylantrages (⇒Asyl) *stattfindet. Darin wird festgestellt, welcher europäische Staat für die Prüfung eines Asylantrags zuständig ist* – nämlich derjenige Staat im Dublin-Raum, in den die schutzsuchende Person nachweislich zuerst eingereist ist. Der Antrag wird als unzulässig abgelehnt, falls eine schutzsuchende Person bereits vorher die Möglichkeit hatte, einen Asylantrag in einem Dublin-Staat zu stellen oder dies bereits getan hat. *Die sogenannte Dublin-Verordnung bezweckt damit, dass jeder Asylantrag, der im Dublin-Raum gestellt wird, inhaltlich nur durch einen Staat geprüft*

wird. Zum Dublin-Raum gehören die Mitgliedsstaaten der Europäischen Union, Norwegen, Island, die Schweiz sowie Liechtenstein. [8]

Duldung:
*Als Duldung wird nach dem deutschen Ausländerrecht die Bescheinigung über eine ›vorübergehende Aussetzung der ⇒Abschiebung‹ ausreisepflichtiger Ausländer**innen *bezeichnet. Eine Duldung verschafft* der Person *keinen rechtmäßigen Aufenthalt in Deutschland; der*die Geduldete muss weiterhin das Bundesgebiet verlassen, es wird aber vorübergehend davon abgesehen, die Ausreisepflicht mit dem Zwangsmittel der Abschiebung durchzusetzen.* [...] *Eine Duldung kann für wenige Tage oder einige Monate ausgestellt werden.* [...] *Mit dem Auslaufen der Bescheinigung oder ihrem Widerruf muss* die Person *unmittelbar damit rechnen, abgeschoben zu werden.* [...] *Für die ersten drei Monate besteht ein Arbeitsverbot, sofern die Aufnahme der Beschäftigung nicht ausnahmsweise ohne Zustimmung der Arbeitsverwaltung zulässig ist.* [...] Personen, *die seit drei Monaten eine Duldung besitzen, können grundsätzlich eine Beschäftigung aufnehmen*, jedoch nur mit Erlaubnis der Ausländerbehörde. *Inhaber**innen *einer Duldung dürfen sich innerhalb der ersten drei Monate nur in einem Bundesland aufhalten, sofern die Ausländerbehörde den Aufenthalt nicht weitergehend beschränkt hat (sog. ⇒Residenzpflicht). Ausnahmen von der räumlichen Beschränkung des Aufenthalts sind in Einzelfällen möglich.* [9]

Familienzusammenführung:
Die Familienzusammenführung ist eine logische Konsequenz aus dem Artikel 6 des Grundgesetzes, nach dem Ehe und Familie in Deutschland unter dem besonderen Schutz der staatlichen Ordnung stehen. Dieser Schutz gilt ebenso für Zuwander*innen. Das Nachzugsrecht gilt *nur für Mitglieder der Kernfamilie*, also in Deutschland nur für *Ehegatt**innen [...], *eingetragene Lebenspartner**innenschaften [...], *minderjährige, unverheiratete Kinder* [...] und für *Eltern eines minderjährigen unbegleiteten Kindes*

[...]. [10] Für Menschen mit dem Aufenthaltstitel ⇒›Anerkannter Flüchtling‹, die frühzeitig einen _Antrag auf Familienzusammenführung stellen, gelten erleichterte Voraussetzungen_, weshalb dies auch als ›privilegierter Familiennachzug‹ bezeichnet wird. _Dann entfallen sowohl die Voraussetzung der Lebensunterhaltssicherung als auch der Nachweis von Deutschkenntnissen._ [11] Für Personen mit dem Aufenthaltstitel ⇒Subsidiärer Schutz wurde die Möglichkeit der Familienzusammenführung seit März 2016 ausgesetzt. [12] Die Aussetzung wurde seitdem mehrfach verlängert. _Ab dem 1. August 2018 ist der Familiennachzug von engsten Familienangehörigen zu subsidiär Schutzberechtigten wieder möglich. Allerdings für ein begrenztes Kontingent von 1.000 Personen pro Monat._ [13]

Freie Syrische Armee (FSA):
_Die Freie Syrische Armee (FSA) bestand anfangs aus kleinen Einheiten desertierter Soldat_*innen, _der sich nach und nach viele Zivilist*innen sowie eine geringe Anzahl ausländischer Kämpfer_*innen _anschlossen. Gegründet wurde sie im Sommer 2011 zunächst mit dem Ziel, friedliche Demonstrationen zu schützen. Im Laufe des Widerstands entwickelte sie sich jedoch zu einer Partisan_*inneneinheit, _deren Mitglieder die unterschiedlichsten ideologischen Hintergründe haben._ [...] [14]

Gemeinschaftsunterkunft:
Der Begriff ›Gemeinschaftsunterkunft‹ wurde erstmalig im Asylverfahrensgesetz (⇒Asyl) _von 1982 verwendet._ [...] _Ausschlaggebend für die Wortwahl dürften die positiven Konnotationen des Wortbestandteils ›Gemeinschaft‹ gewesen sein._ [15] De facto zeichnen sich solche Unterkünfte häufig durch infrastrukturelle Mängel aus, eine große Heterogenität bei gleichzeitiger Isolation der Bewohner*innen, Anwesenheit von teils schlecht ausgebildetem beziehungsweise ⇒rassistischem und/oder ⇒sexistischem Security-Personal, Herabsetzung von Lebensstandards, eine permanente Kontrolle der Bewohner*innen sowie die Möglichkeit für staatliche Behörden, jederzeit Zugriff auf diese zu haben, um sie ⇒abschieben zu können.

Der Begriff Gemeinschaft scheint vor diesem Hintergrund nur wenig passend.

Genfer Flüchtlingskonvention (GFK):
Die Genfer Flüchtlingskonvention (GFK) *ist die wichtigste völkerrechtliche Vereinbarung darüber, wer als ⇒Flüchtling anerkannt wird und damit internationalen Schutz genießt. Das ›Abkommen über die Rechtsstellung der Flüchtlinge‹, wie die GFK eigentlich heißt, wurde 1951 verabschiedet. Mittlerweile haben über 100 Staaten die GFK unterzeichnet, darunter auch Deutschland. Im deutschen Aufenthaltsrecht ist festgelegt, dass niemand abgeschoben werden darf, der die Flüchtlingsdefinition der GFK erfüllt.* [16]

Hijab:
Hijab ist ein arabischer Begriff, der Verhüllung bedeutet und in Deutschland oft im Sinne von Kopftuch verwendet wird. *Gemeint ist ein Tuch, das den Kopf, meist auch den Hals und teils die Schultern bedeckt, das Gesicht aber freilässt.* Inspiriert durch sich verändernde Traditionen oder global zirkulierende Modevorstellungen *gibt es viele verschiedene Trageweisen des Hijab.* [17] Von Musliminnen wird der Hijab häufig als Teil ihrer Glaubenspraxis getragen.

Hot-Spot:
Hot-Spots sind [...] *Auffanglager* (⇒Lager) *auf den griechischen Inseln* [...]. *Der Begriff klingt modern und effizient* [...]. *Doch die ›Hotspots‹ in Griechenland sind alles andere: Menschenrechtler**innen *beklagen regelmäßig schlimme Zustände, häufig kommt es zu Gewalt.* [18]

Insha'allah:
Insha'allah ist eine Redewendung, die unter Muslim*innen in unterschiedlichen Ländern (auch außerhalb des arabischen Sprachraums) sowie unter arabisch sprechenden Personen unabhängig von der Religionszugehörigkeit häufig Verwendung findet. Sie ist (wie viele weitere arabische Begriffe) auch in andere Alltagssprachen gewandert. Aus dem Arabischen übersetzt bedeutet insha'allah in etwa ›[es liegt]

in Gottes Willen‹ oder ›wenn Gott will‹ und markiert eine Bezugnahme auf ein in der Zukunft liegendes Ereignis beziehungsweise eine in der Zukunft liegende Möglichkeit. Dabei kann die Redewendung auch im Sinne von ›hoffentlich‹ verwendet werden.

Jobcenter:
Jobcenter sind öffentliche Einrichtungen zur Verwaltung von Menschen, die Arbeitslosengeld II (ALG II) – also Grundsicherung – erhalten. Diese Einrichtungen werden *von der Bundesagentur für Arbeit (BA) und* (jeweils) *kommunalen Trägern getragen. Jobcenter können berufliche Weiterbildungen und Eingliederungsmaßnahmen* (in den Arbeitsmarkt) ermöglichen – aber auch zwangsweise als Maßnahmen anordnen – und *vermitteln Menschen, die ALG II beziehen, an potenzielle Arbeitgeber**innen. [19]

Klassismus/klassistisch:
*Klassismus beschreibt die Diskriminierungsform aufgrund des sozialen Status innerhalb von Gesellschaften. Diese Diskriminierung richtet sich gegen die Arbeiter*innenklasse und die sogenannte ›Armutsklasse‹* sowie die diesen sozioökonomischen Klassen *zugeschriebenen Praktiken und Meinungen*. [20]

Kurdistan:
Der ursprünglich farsisprachige Begriff Kurdistan entstand im zwölf-ten Jahrhundert (nach christlicher Zeitrechnung) und bedeutet übersetzt ›Land der Kurd*innen‹. Mangels einer allgemein akzeptierten Begriffsbestimmung wird Kurdistan kontextabhängig unterschiedlich benutzt – das reicht von der Verwendung als Abwertung bis zur Verwendung als politisches Schlagwort. In allen Verständnissen jedoch wird mit dem Begriff eine nationalstaatliche Grenzen überschreitende Region im Iran, Irak, Syrien und der Türkei bezeichnet. Das Gebiet von Kurdistan ist historisch sehr umkämpft, nicht zuletzt aufgrund seines Wasserreichtums und Ölvorkommens; die darin lebenden Kurd*innen leisten regelmäßig Widerstand gegen Regierungsansprüche und

Homogenisierungsbestrebungen angrenzender Nationalstaaten. Auch weil der Begriff Kurdistan *nie zusammengefallen ist mit einer staatlich-politischen Einheit gleichen Namens, die fest umrissene und dauerhafte Grenzen gehabt hätte*, werden die Gebietsansprüche durch die verschiedenen Akteur*innen unterschiedlich definiert. [21]

Lager:
Als Lager werden behelfsmäßige, vorübergehende, provisorische Unterbringungsstätten für viele Menschen [...] *bezeichnet. Die Kategorisierung als Lager trifft auf die ⇒Gemeinschaftsunterkünfte zu, wobei das Lagerkonzept, also die kurzfristige und provisorische Übergangslösung bis zur schnellen Entscheidung über den Asylantrag* (⇒Asyl), *im Kontrast zur Realität der jahrelangen oder jahrzehntelangen Unterbringung steht*. Es ist dabei politisch gewollt, dass die provisorische Einrichtung der Lager nur einen niedrigen Lebensstandard ermöglicht. *Mit ihrer Installation im Rahmen der Neuordnung des Asylverfahrensgesetz 1981 sollten potentiell noch fliehende Flüchtlinge durch die schlechten Lebensbedingungen in der BRD vor einer Flucht abgeschreckt werden.* [...] *Die wichtigsten Funktionen der Lagerunterbringung sind die gesellschaftliche Isolation der Betroffenen und die Herabsetzung des Lebensstandards zur Vertreibung der Menschen aus der Bundesrepublik – die Perspektivlosigkeit des Aufenthalts soll erlebbar werden. Gleichzeitig dienen die Lager der direkten Kontrolle der Migrant*innen, ein Behördenzugriff zur ⇒Abschiebung soll immer möglich sein.* [22]

Landesamt für Gesundheit und Soziales (LaGeSo):
Das Landesamt für Gesundheit und Soziales (LaGeSo) war in Berlin zuständig für die *Registrierung, Versorgung, Betreuung und Unterbringung von Geflüchteten*. Aufgrund katastrophaler Zustände im LaGeSo hat Mitte 2017 das neugegründete Landesamt für Flüchtlingsangelegenheiten (LAF) diese Aufgaben übernommen. [23]

Nationalismus/nationalistisch:
Unter dem Begriff Nationalismus ist eine Ideologie zu verstehen, deren zentraler Bezugspunkt der Nationalstaat ist. Es lässt sich *zwischen einem inklusiven und einem exklusiven Nationalismus unterscheiden.* Inklusiver Nationalismus bezeichnet *eine moderate Form von Nationalbewusstsein, der die politischen und kulturellen Gruppen einer Gesellschaft einschließt und somit integrierend wirkt.* Dies ist zum Beispiel in einigen Ländern Afrikas oder Asiens der Fall, wo Nationalismen *im Zuge der Entkolonialisierung* [...] als ein Mittel sozialer Integration [...] *zur Schaffung einer staatlichen Identität* beitrugen. Im vorliegenden Buch ist lediglich von exklusiven Nationalismen die Rede. Diese bezeichnen eine Ideologie, die die eigene Nation überhöht und verherrlicht und gleichzeitig andere Nationen sowie ⇒rassistisch diskriminierte Menschen und Minderheiten im eigenen Land herabsetzt. Historische und aktuelle Auswirkungen von exklusiven Nationalismen sind beispielsweise Kolonialismus, Nationalsozialismus, sogenannte ethnische Säuberungen und Genozide. In Europa sind Nationalismen oft die ideologische Grundlage der extremen Rechten. [24]

Notunterkünfte:
Notunterkünfte sind provisorisch eingerichtete Unterkünfte für geflüchtete Menschen, die insbesondere 2015 in großer Anzahl entstanden. Sie sollten nur übergangsweise eingerichtet werden, in erster Linie für Menschen, die sich am Anfang des beziehungsweise mitten im Asylverfahren (⇒Asyl) befinden. Dafür wurden Schulen, Turnhallen, Traglufthallen, ehemalige Flughafengebäude, ehemalige Einkaufszentren und vereinzelt auch ehemalige Hostels und Hotels ohne die notwendige Infrastruktur zur Unterbringung von hunderten und manchmal auch tausenden von Menschen kurzfristig umfunktioniert. Trotz ihrer angedachten zeitlich begrenzten Einrichtung haben Menschen teilweise Jahre in Notunterkünften gelebt, einige wurden sogar nach Aufnahme in eine reguläre ⇒Gemeinschaftsunterkunft wieder in eine Notunterkunft zurückverlegt.

Patriarchat/patriarchal:
Der Begriff Patriarchat bezeichnet soziale Strukturen männlicher Dominanz und ein weltweit vorherrschendes System geschlechtsbasierter Unterdrückung und Ausbeutung. Diese Strukturen sind kein natürliches oder selbstverständliches Phänomen, sondern von Menschen geschaffen. Das Patriarchat wird durch weitere Machtstrukturen gestützt, unter anderem durch Kapitalismus, ⇒Rassismus, die Norm der Heterosexualität sowie die Vorstellung, dass es nur zwei ›naturgegebene‹ Geschlechter gebe.

Person/People of Color (PoC):
Person/People of Color (PoC) *ist die Selbstbezeichnung von Menschen, die Rassismuserfahrungen machen. Die Bezeichnung ist in der Bürgerrechtsbewegung in den USA entstanden und zielt darauf ab, die unterschiedlichen Gruppen, die ⇒Rassismus erfahren, zu vereinen, um Kräfte zu bündeln und gemeinsam gegen Rassismus zu kämpfen.* [25]

Politische Haftanstalten:
Politische Haftanstalten sind Gefängnisse des syrischen Machtapparats, in denen Menschen inhaftiert werden, die das Assad-Regime als politische Gegner*innen einstuft. Diese müssen nicht unbedingt aktiv gegen das Regime vorgegangen sein, es reicht beispielsweise schon, in einer Gegend zu wohnen, die als oppositionell gilt. Die Inhaftierung erfolgt oftmals ohne strafrechtliche Grundlagen und verstößt gegen die Menschenrechte. In den syrischen Gefängnissen sind die Inhaftierten nicht nur unsäglichen Haftbedingungen und systematischer Folter ausgesetzt, laut Berichten von Menschenrechtsorganisationen sind Zehntausende Inhaftierte seit 2011 zu Tode gefoltert und ermordet worden. [26]

Rassismus/rassistisch:
Rassismus ist eine Ideologie, ein *Prozess* und eine Praxis, welche Personen und Gruppen *aufgrund tatsächlicher* oder zugeschriebener *körperlicher oder kultureller Merkmale (z. B. Hautfarbe, Herkunft,*

Sprache, Religion) als homogene Gruppen konstruiert, negativ bewertet, diskriminiert *und ausgrenzt.* [27] *Dabei werden die tatsächlichen oder zugeschriebenen Merkmale* und die mit ihnen verknüpften Eigenschaften *als unveränderbar und die diskriminierten Kollektive als minderwertig dargestellt.* [28] Rassismus ist ein historisch gewachsenes Herrschaftssystem, das untrennbar mit dem europäischen Kolonialismus, mit Versklavung, ökonomischer Ausbeutung und Vorstellungen ⇒weißer Überlegenheit verbunden ist. Rassismus ist alltäglich und kommt auf individueller, struktureller und institutioneller Ebene vor. [29]

Residenzpflicht:
Residenzpflicht bezeichnet die Verpflichtung von Asylsuchenden (⇒Asyl) *und ⇒Geduldeten, ihren Wohnsitz in der Stadt, dem Landkreis oder manchmal auch dem Bundesland zu nehmen, in dem sich die für sie zuständige Ausländerbehörde* befindet, und sich nur in einem festgelegten Bereich zu bewegen. *Wollen sie diesen Bereich* temporär oder dauerhaft *verlassen, müssen sie zuvor schriftlich um Erlaubnis bitten.* [...] *Anfang 2015 wurde die Residenzpflicht (§56 Asylgesetz) gelockert: Seitdem dürfen sich Schutzsuchende in der Regel nach Ablauf von drei Monaten frei im Bundesgebiet bewegen. Asylsuchenden und Geduldeten, deren Lebensunterhalt nicht gesichert ist, wird* die Wahl des Wohnsitzes jedoch *weiterhin durch eine Auflage (›Wohnsitzauflage‹) eingeschränkt. Das Integrationsgesetz führte Mitte 2016 zudem den §12a AufenthG neu ein, der unter bestimmten Bedingungen eine Wohnsitzauflage für ⇒anerkannte Flüchtlinge festlegt.* [30]

Schmuggler*innen:
Der Begriff Schmuggler*innen bezieht sich in dem vorliegenden Buch auf Menschen beziehungsweise Organisationen, die migrierende Personen gegen Geld über Grenzen bringen und von deren Verzweiflung profitieren. Schmuggler*innen handeln oft kriminell und fahrlässig, zum Beispiel wenn sie Menschen in fahruntüchtigen Gummibooten

über das Mittelmeer schicken. Desweiteren häufen sich Berichte von körperlicher und psychischer Gewalt von Schmuggler*innen gegenüber migrierenden Personen. Ausdrücklich nicht gemeint sind all jene, die Menschen (unentgeltlich) helfen, die Seenotrettung betreiben oder Geflüchtete unterstützen.

Schwarz:
Schwarz ist eine Selbstbezeichnung und beschreibt eine von ⇒Rassismus betroffene gesellschaftliche Position. *›Schwarz‹ wird großgeschrieben, um zu verdeutlichen, dass es sich um ein konstruiertes Zuordnungsmuster handelt und keine reelle Eigenschaft* ist, *die auf die Farbe der Haut zurückzuführen* wäre. *So bedeutet Schwarz-Sein nicht, einer tatsächlichen oder angenommenen ›ethnischen Gruppe‹ zugeordnet zu werden, sondern ist auch mit der gemeinsamen Rassismuserfahrung verbunden,* gesellschaftlich *auf eine bestimmte Art und Weise wahrgenommen zu werden.* [31] ›Schwarz‹ ist außerdem *die korrekte Bezeichnung für Schwarze Menschen, die afrikanische bzw. afrodiasporale Bezüge haben. Afrodiasporal bedeutet, dass Menschen in ihrer Geschichte verwandtschaftliche Bezüge zum afrikanischen Kontinent haben.* [...] *Im deutschen Kontext existiert auch die Bezeichnung ›Afrodeutsche*r‹.* [32]

Sexismus/sexistisch:
Der Begriff ›Sexismus‹ ist in den 1960er Jahren im Rahmen der US-amerikanischen Frauenbewegung entstanden. Anfangs bezog sich der Begriff auf die Diskriminierung von Menschen, die dem weiblichen Geschlecht zugeordnet sind oder werden. Sexismus bezeichnet die Diskriminierung und ungerechte Ungleichbehandlung von Menschen aufgrund ihres Geschlechts. Menschen werden dabei bestimmte stereotypisierende Eigenschaften zugeschrieben, die überdies unterschiedlich bewertet werden. Verschiedene Menschen verschiedenen Geschlechts können sexistische Diskriminierung erfahren, jedoch keine Menschen, denen bei Geburt das Geschlecht ›männlich‹ zugeschrieben wurde und die sich auch als männlich

identifizieren (sogenannte cis-Männer). Sexismus überschneidet sich mit weiteren Diskriminierungen wie ⇒Rassismus, Homo- und Trans*feindlichkeit etc. Demzufolge erfahren nicht alle Menschen, die sexistisch diskriminiert werden, die gleichen Konsequenzen. Beispielsweise werden ⇒Schwarze Frauen mit anderen Diskriminierungen konfrontiert als ⇒weiße Frauen. [33]

Sozial- und Kulturanthropologie:
Die Sozial- und Kulturanthropologie beschäftigt sich *mit der Vielfalt menschlicher Lebensweisen aus einer primär gegenwartsbezogenen Perspektive. Die Gegenstandsbereiche der Disziplin* [...] *umfassen die sozialen, wirtschaftlichen, politischen und religiösen Organisationsformen sowie die Norm- und Wertsysteme, die menschliches Handeln motivieren.* [...] *Der Fokus liegt dabei ebenso auf der Rolle von Ideen, Symbolen, Sprache(n), Praktiken und Objekten, wie auf den größeren politischen, wirtschaftlichen und religiösen Zusammenhängen, die das soziale und kulturelle Miteinander gestalten.* [34] Folglich beschäftigt sich das Fach ebenso mit Formen von sozialen Ungleichheiten. [35]

Sprachzertifikat:
Der Gemeinsame Europäische Referenzrahmen für Sprachen teilt das Sprachniveau der Lernenden in sechs verschiedene Kompetenzstufen von A1 (Anfänger*innen) bis C2 (Expert*innen) ein. [36] Die Kompetenzstufen werden durch vereinheitlichte Sprachtests festgestellt. Für die Bewerbung um bestimmte Arbeits- oder Ausbildungsplätze sind spezifische Kompetenzstufen zwingend erforderlich (zum Beispiel C1 für ein Studium in Deutschland).

Subsidiärer Schutz:
Subsidiärer Schutz ist ein Aufenthaltstitel, den Menschen erhalten, wenn sie weder nach der ⇒Genfer Flüchtlingskonvention (GFK) den Flüchtlingsschutz noch die Asylberechtigung (⇒Asyl) nach Artikel 16a Grundgesetz erhalten, ihnen jedoch *ernsthafter Schaden* im

Herkunftsland *droht und sie den Schutz ihres Herkunftslandes nicht in Anspruch nehmen können oder wegen* einer *Bedrohung nicht in Anspruch nehmen wollen.* Dieser *ernsthafte Schaden kann sowohl von staatlichen als auch nichtstaatlichen Akteur**innen *ausgehen.* Menschen, die als subsidiär schutzberechtigt gelten, erhalten eine *Aufenthaltserlaubnis für ein Jahr,* bei einer Verlängerung des subsidiären Schutzes wird diese jeweils für zwei weitere Jahre genehmigt. Erst nach fünf Jahren haben sie die Möglichkeit in eine unbefristete Aufenthaltserlaubnis zu wechseln, was allerdings aufgrund vieler *Voraussetzungen (wie etwa die Sicherung des Lebensunterhalts)* schwer zu erreichen ist. Der Aufenthaltstitel ›Subsidiärer Schutz‹ berechtigt zu einem unbeschränkten Arbeitsmarktzugang (im Unterschied beispielsweise zu ⇒Duldung). [37] Seit 2016 wird insbesondere syrischen Geflüchteten vermehrt der subsidiäre Schutz anstelle des GFK-Schutzes zugesprochen. Damit verbunden sind eingeschränkte Berechtigungen beispielsweise in Bezug auf ⇒Familienzusammenführung.

Transitzentrum:
Der Begriff ›Transit‹ bedeutet laut Duden die ›Durchfuhr von Waren oder Durchreise von Personen durch ein Drittland‹. […] *Heute kennt man den Transitbereich vor allem vom Flughafen als jenen Bereich, in dem man von einem Flugzeug zum anderen kommt. In Deutschland sollen künftig Asylsuchende* (⇒Asyl), *für die eigentlich ein anderes Land zuständig wäre, in Transitzentren an der Grenze zu Österreich festgehalten werden. Diese sollen rechtlich als exterritoriales Gebiet gelten, als ob sie außerhalb des Landes wären. Nach dieser Logik ist die ⇒Abschiebung schneller möglich, weil die Menschen ja nicht wirklich eingereist sind – der Begriff dazu: ›Fiktion der Nichteinreise‹.* [38]

Wohnberechtigungsschein (WBS):
Der Wohnberechtigungsschein (WBS) ist eine amtliche Bescheinigung, mit der in Berlin Zugang zu Sozialwohnungen (öffentlich geförderte Wohnungen) erlangt werden kann. *Anspruch auf einen WBS haben*

grundsätzlich Haushalte, deren Einkommen die jeweils maßgebliche Einkommensgrenze nicht überschreitet. Auch Geflüchtete *mit ⇒subsidiären Schutz, ⇒Asylberechtigung* (nach 16a GG) *und Flüchtlingseigenschaft* (nach ⇒GFK) *haben* [...] d*ie Möglichkeit, einen WBS zu bekommen.* [39]

weiß/Weißsein:
›weiß‹ und ›Weißsein‹ bezeichnen ebenso wie ›Schwarzsein‹ keine biologisch feststehende *Eigenschaft* oder gar eine sogenannte *Hautfarbe, sondern eine politische und soziale Konstruktion. Mit Weißsein ist die dominante und privilegierte Position innerhalb des Machtverhältnisses ⇒Rassismus gemeint, die sonst zumeist unausgesprochen und unbenannt bleibt.* [40] Menschen, die aufgrund ihres Weißseins privilegiert sind, haben leichtere Zugänge zum Arbeitsmarkt, Wohnungsmarkt, Bildungssystem, zu Gesundheitsversorgung und politischer Teilnahme als ⇒PoC und ⇒Schwarze Menschen.

Quellen

[1] Bundesamt für Migration und Flüchtlinge (2016): Flüchtlingsschutz. Online: http://www.bamf.de/DE/Fluechtlingsschutz/AblaufAsylv/Schutzformen/Fluechtlingsschutz/fluechtlingsschutz-node.html (07.12.2018).
[2] Schmitt, Caroline und Wienforth, Jan (2018): »AnKER-Zentren«. Eine kritische Reflexion. In: MiGAZIN (Migration in Germany). Online: http://www.migazin.de/2018/04/18/euphemismus-anker-zentren-eine-reflexion/ (07.12.2018).
[3] Thurich, Eckart (2011): pocket politik. Demokratie in Deutschland. Bonn: Bundeszentrale für politische Bildung. S. 8.
[4] Bundesamt für Migration und Flüchtlinge (2016): Asylberechtigung. Online: http://www.bamf.de/DE/Fluechtlingsschutz/AblaufAsylv/Schutzformen/Asylberechtigung/asylberechtigung-node.html (07.12.2018).
[5] Neue deutsche Medienmacher: Asylmissbrauch. Online: https://glossar.neuemedienmacher.de/glossar/asylmissbrauch/ (07.12.2018).
[6] Migration in Germany (MiGAZIN) (2018): »Ausschiffungsplattform« und »Pull-Faktor«: Begriffe der Asylpolitik. Online: http://www.migazin.de/2018/07/04/kurz-ausschiffungsplattform-pull-faktor-begriffe/ (07.12.2018).
[7] Crabapple, Molly (2017): Griechenland räumt besetzte Häuser, die als Flüchtlingsunterkünfte dienen. In: Vice. Online: https://www.vice.com/de_ch/article/vvjq7m/griechenland-raumt-besetzte-hauser-die-als-fluchtlingsunterkunfte-dienen (07.12.2018).

[8] Bundesamt für Migration und Flüchtlinge (2018): Prüfung des Dublin-Verfahrens. Online: http://www.bamf.de/DE/Fluechtlingsschutz/AblaufAsylv/PruefungDublinverfahren/pruefung-dublinverfahren-node.html (07.12.2018).
[9] Dienelt, Klaus (2016): Duldung: Was ist eine Duldung und mit welchen Rechten ist sie verbunden? In: Bundeszentrale für politische Bildung, Kurzdossiers. Online: http://www.bpb.de/gesellschaft/migration/kurzdossiers/233846/definition-fuer-duldung-und-verbundene-rechte?p=all (07.12.2018).
[10] Informationsverbund Asyl & Migration e.V.: Familiennachzug von Personen, die sich außerhalb Europas befinden. Online: https://familie.asyl.net/ausserhalb-europas/begriffsbestimmungen/ (07.12.2018).
[11] Die Beauftragte für Migration, Flüchtlinge und Integration: Familienzusammenführung. Online: https://www.integrationsbeauftragte.de/ib-de/themen/einreise-und-aufenthalt/familienzusammenfuehrung-326190
(07.12.2018).
[12] Flüchtlingsrat Niedersachsen e.V. (2017): Eingeschränkter Familiennachzug – für wen und ab wann? Online: https://www.nds-fluerat.org/19100/aktuelles/eingeschraenkter-familiennachzug-fuer-wen-und-ab-wann/ (07.12.2018).
[13] Bundesamt für Migration und Flüchtlinge (2018): Familienasyl und Familiennachzug. Online: http://www.bamf.de/DE/Fluechtlingsschutz/FamilienasylFamiliennachzug/familienasyl-familiennachzug-node.html (07.12.2018).
[14] Zein, Huda (2013): Identitäten und Interessen der syrischen Oppositionellen. In: APUZ (8/2013). Online: http://www.bpb.de/apuz/155112/identitaeten-und-interessen-der-syrischen-oppositionellen?p=all (07.12.2018).
[15] Wendel, Kay (2014): Unterbringung von Flüchtlingen in Deutschland. Regelungen und Praxis der Bundesländer im Vergleich. Frankfurt/M.: ProAsyl. Online: https://www.proasyl.de/wp-content/uploads/2014/09/Laendervergleich_Unterbringung_2014-09-23_02.

pdf, S. 11. (07.12.2018).
[16] Neue deutsche Medienmacher: Genfer Flüchtlingskonvention (GFK). Online: https://glossar.neuemedienmacher.de/glossar/genfer-fluechtlingskonvention-gfk/ (07.12.2018).
[17] Neue deutsche Medienmacher: Hijab/Hidschab. Online: https://glossar.neuemedienmacher.de/glossar/hijabhidschab/ (07.12.2018).
[18] Migration in Germany (MiGAZIN) (2018): »Ausschiffungsplattform« und »Pull-Faktor«: Begriffe der Asylpolitik. Online: http://www.migazin.de/2018/07/04/kurz-ausschiffungsplattform-pull-faktor-begriffe/ (07.12.2018).
[19] Bundesagentur für Arbeit: Jobcenter. Online: https://www.arbeitsagentur.de/lexikon/jobcenter (07.12.2018).
[20] Initiative Intersektionale Pädagogik bei GLADT e.V. (Hrsg.): I-PÄD. Intersektionale Pädagogik. Handreichung für Sozialarbeiter_innen, Erzieher_innen, Lehrkräfte und die, die es noch werden wollen. Online: http://ipaed.blogsport.de/images/IPD.pdf, S. 39. (07.12.2018).
[21] Strohmeier, Martin und Yalçin-Heckmann, Lale (2017): Die Kurden. Geschichte, Politik, Kultur. München: C.H. Beck.
[22] Pieper, Tobias: Das Lager als Struktur bundesdeutscher Flüchtlingspolitik. Online: https://www.nds-fluerat.org/aktionen/kampagnen/kampagnen-archiv/leben-in-lagern/das-lager-als-struktur-bundesdeutscher-fluechtlingspolitik/ (07.12.2018).
[23] Landesamt für Flüchtlingsangelegenheiten. Online: https://www.berlin.de/laf/ueber-uns/ (07.12.2018).
[24] Demokratie leben: Nationalismus. Online: https://www.demokratie-leben.de/wissen/glossar/glossary-detail/nationalismus.html (07.12.2018).
[25] Initiative Intersektionale Pädagogik bei GLADT e.V. (Hrsg.): I-PÄD. Intersektionale Pädagogik. Handreichung für Sozialarbeiter_innen, Erzieher_innen, Lehrkräfte und die, die es noch werden wollen. Online: http://ipead.blogspot.de/images/IPED.pdf, S. 63. (07.12.2018).
[26] Human Rights Watch (2015): If the Dead Could Speak. Mass Deaths and Torture in Syria's Detention Facilities. Online: https://

www.hrw.org/report/2015/12/16/if-dead-could-speak/mass-deaths-and-torture-syrias-detention-facilities (29.01.2019).
[27]: Informations- und Dokumentationszentrum für Antirassismusarbeit in NRW: Glossar. Online: https://www.ida-nrw.de/service-navigation/glossar/ (07.12.2018).
[28] GRA Stiftung gegen Rassismus und Antisemitismus (2015): Diskriminierung und Verfolgung von Minderheiten – Rassismus. Online: https://gra.ch/bildung/gra-glossar/begriffe/diskriminierung-und-verfolgung-von-minderheiten/rassismus/ (07.12.2018).
[29] glokal e.V. (Hrsg.) (2013): Mit kolonialen Grüßen ... Berichte und Erzählungen von Auslandsaufenthalten rassismuskritisch betrachtet. 2. Auflage. Berlin: hinkelsteindruck sozialistische GmbH. S.12–13.
[30] Neue deutsche Medienmacher: Residenzpflicht. Online: https://glossar.neuemedienmacher.de/glossar/residenzpflicht/ (07.12.2018).
[31] Schearer, Jamie und Haruna, Hadija (2013): Über Schwarze Menschen in Deutschland berichten. In: AntiDiskriminierungsBüro (ADB) Köln / Öffentlichkeit gegen Gewalt e.V. (Hrsg.): Leitfaden für einen rassismuskritischen Sprachgebrauch. Handreichung für Journalist_innen. Online: https://www.nrw-denkt-nachhaltig.de/anmeldungen/uploads/gruppe/Leitfaden_print%20(10-16-13-11-26-21).pdf, S. 22. (07.12.2018).
[32] Initiative Intersektionale Pädagogik bei GLADT e.V. (Hrsg.): I-PÄD. Intersektionale Pädagogik. Handreichung für Sozialarbeiter_innen, Erzieher_innen, Lehrkräfte und die, die es noch werden wollen. Online: http://ipaed.blogspot.de/images/IPD.pdf , S. 64. (07.12.2018).
[33] Die Gruppe MD. Linke politische Textsammlung: Definition Patriarchat – Sexismus. Online: http://www.die-gruppe-md.de/definition-patriarchat-sexismus (07.12.2018).
[34] Deutsche Gesellschaft für Sozial- und Kulturanthropologie: Über unsere Disziplin. Online: https://www.dgska.de/ueber-unsere-disziplin/ (07.12.2018).
[35] Freie Universität Berlin. Online: https://www.fu-berlin.de/studium/studienangebot/grundstaendige/sozial_kulturanthro_kombi/index.

html (07.12.2018).
[36] Gemeinsamer Europäischer Referenzrahmen für Sprachen. Online: http://www.europaeischer-referenzrahmen.de/sprachniveau.php (07.12.2018).
[37] Bundesamt für Migration und Flüchtlinge (2016): Subsidiärer Schutz. Online: http://www.bamf.de/DE/Fluechtlingsschutz/AblaufAsylv/Schutzformen/SubsidiaererS/subsidiaerer-schutz-node.html (07.12.2018).
[38] Migration in Germany (MiGAZIN) (2018): »Ausschiffungsplattform« und »Pull-Faktor«: Begriffe der Asylpolitik. Online: http://www.migazin.de/2018/07/04/kurz-ausschiffungsplattform-pull-faktor-begriffe/ (07.12.2018).
[39] Senatsverwaltung für Stadtentwicklung und Wohnen: Wohnberechtigungsschein (WBS). Online: https://www.stadtentwicklung.berlin.de/wohnen/mieterfibel/de/mf_wbs.shtml (07.12.2018).
[40] Wer anderen einen Brunnen gräbt (2012): Weiß/Weißsein. Online: https://weranderneinenbrunnengraebt.wordpress.com/2012/09/15/weisweissein/ (07.12.2018).

Danksagungen

Neben dem Kollektiv Polylog waren noch viele weitere Personen maßgeblich an der Realisierung dieses Buches beteiligt. Ihnen allen möchten wir an dieser Stelle unseren Dank aussprechen.

Allen voran danken wir denen, die dieses Buch erst zu Papier gebracht haben. Ohne die zahlreichen Übersetzungsarbeiten hätte es in dieser Form nicht entstehen und unsere Zusammenarbeit als Kollektiv nicht stattfinden können. Für die Übersetzungen und Transkriptionen der Gespräche auf Arabisch, Farsi und Türkisch danken wir in alphabetischer Reihenfolge Haneen Abualrous, Zulaikha Afzali, Amani Al-Saqaff, Haschmatullah Amin, Aida Azarnoush, Ezgi Beyazgül, Reem Maher, Henriette Raddatz, Fadi Saleh sowie dem Mahara Übersetzungs- und Dolmetschkollektiv.

Für die Simultanübersetzungen während unserer Seminarsitzungen danken wir Zahra Ghaffara Gharehbolagh, Haidy Talgbbini, Nayera Abdelrahman und Dana Haddad. Farideh Zebarjad und Anahita Musazadeh möchten wir unseren Dank für kurzfristige Übersetzungen von Dokumenten und Handouts aussprechen. Für ihr genaues und hingebungsvolles Lektorat des arabischen bzw. deutschen Manuskripts möchten wir uns sehr herzlich bei Asmaa Essakouti und Usch Schmitz bedanken. Ebenso danken wir Nicola Verderame und Farideh Zebarjad für das umsichtige Lektorieren des türkischsprachigen bzw. des farsisprachigen Manuskripts. Dunja Khoury danken wir für ihre Hilfe mit dem Abgleich des deutschen und arabischen Manuskripts.

Eine gute und zuverlässige Kinderbetreuung, die auch Eltern die Teilhabe an Projekten ermöglicht, wird oft unterschätzt. Ein besonderer Dank gilt deshalb der Kinderbetreuung durch die Agentur Pünktchen während unseres Seminars, die durch die finanzielle Unterstützung von Welcome@FU der Freien Universität Berlin ermöglicht wurde.

Für die Mitgestaltung einer Seminarsitzung durch ihren spannenden Workshop zu mehrsprachiger Zusammenarbeit danken wir Margaux Richet. Ein weiterer Dank gilt Siân O'matic für die Konzipierung eines Workshops zum Thema Transkription. Brigitte Reysen-Kostudis von der Psychologischen Beratung der Freien Universität Berlin danken wir für das Angebot einer psychologischen Begleitung während des Seminars.

Für ihren Besuch und das Vorstellen ihrer Arbeiten in einer unserer Seminarsitzungen, vor allem aber für ihre künstlerische Auseinandersetzung mit den Gesprächen möchten wir Huda Takriti unseren herzlichen Dank aussprechen. Erst durch ihre Illustrationen hat dieses Buch den Charakter bekommen, den wir uns gewünscht haben.

Zahlreiche Vereine und Organisationen in Berlin arbeiten stetig daran, Menschen in unterschiedlichen Situationen durch verschiedene Projekte beizustehen. Ein großer Dank geht an diejenigen Vereine und Organisationen, die sich für unser Vernetzungstreffen im Januar 2018 die Zeit genommen haben, ihre Arbeit und Angebote vorzustellen und mit einzelnen Teilnehmer*innen des Seminars in Kontakt zu treten: Arrivo Berlin, HÎNBÛN, in2TU, LouLou Frauentreff der StadtRand gGmbH, ReDI School of Digital Integration, TIO e.V. und Trixiewiz e.V. Rukan Malas danken wir für die Simultanübersetzung während dieses Treffens.

Eine unglaublich wertvolle Unterstützung durch ihre Begleitung des gesamten Arbeitsprozesses war für uns Nicola Lauré al-Samarai. Ihr danken wir herzlich für das Teilen ihrer Erfahrungen, für ihren gruppendynamischen Beistand sowie für die zahlreichen Ratschläge und Anregungen, die das Projekt sehr vorangetrieben haben.

Miriam Wollmer und Marie Piper danken wir für die kurzfristige und hingebungsvolle Durchsicht des Glossars.

Für die Vermittlung wertvoller Kontakte, durch die sich das Kollektiv in dieser Form erst zusammenfinden konnte, danken wir Tofi Nakhleh, Ramy Syriani sowie den Heimleiter*innen und Sozialarbeiter*innen, die hier zur Wahrung der Anonymität einiger Teilnehmerinnen nicht namentlich genannt werden können.

Ein großer Dank geht an das Margherita-von-Brentano-Zentrum der Freien Universität Berlin für die finanzielle Unterstützung durch die Vergabe des Margherita-von-Brentano-Preises sowie an den Fachbereich Politik- und Sozialwissenschaften der Freien Universität Berlin, der das Projekt mit Gleichstellungsmitteln förderte. Auch dem Institut für Sozial- und Kulturanthropologie danken wir für die finanzielle Unterstützung des Buchprojektes, insbesondere Bärbel Schiller für die Hilfe bei der Organisation von Räumlichkeiten für die Sitzungen und die Kinderbetreuung.

Unseren Ansprechpartner*innen beim Unrast Verlag, Martin Schürig sowie Usch Schmitz, danken wir für ihr Vertrauen und ihre stete Offenheit für unsere Fragen.

Zum Schluss möchten wir allen Unterstützer*innen unseres Crowdfundings sehr herzlich danken, jeder Euro hat uns weitergeholfen! So wie dieses Projekt unter anderem durch Spenden unterstützt wurde, werden auch wir die Einnahmen aus dem Verkauf dieses Buches an Organisationen spenden, die sich gegen rassistische und geschlechtsspezifische Diskriminierung wenden und für eine solidarische Gesellschaft eintreten.

Familienfoto / صورة عائلية

Aile Fotoğrafı / عکس خانوادگی

Das Kollektiv Polylog

مجموعة بولي لوج

Amal	أمل
Amanda Jiaqi Lee	أماندا جي أي لي
Avin	أفين
Camila von Hein	كاميلا فون هاين
Clara von Hirschhausen	كلارا فون هرشهاوسن
Daniel Rakosi	دانيل راكوسي
Djamila Valiyeva	جميلة فالييفا
Entesar	انتصار
Farah	فرح
Hansjörg Dilger	هانزيورج دلجار
International Women Space	مؤسسة المرأة الدولية
Jenny Miriam Fitz	جيني ميريام فيتز
Katharina Epstude	كاثرين ايبستودا
Klaudia Sandra Lagozinski	كلاوديا ساندرا لاكوزنسكي
Kristina Mashimi	كرستينا ماشيمي
Laura Strott	لاورا شتروت
Lea Suhasini Leutiger	ليا سهازيني لويتجر
Lee Lilith Zoé Jogwer	لي ليليت زوي جوجفر
Lena Nahrwold	لينا نافولد
Leslie Jorinde Fried	لزلي جورند فريد
Lola Zeller	لولا زيلر
Mara Erlenmaier	مارا اغلنماير
Mariana Karkoutly	مريانا كركوتلي
Maya Perusin Mysorekar	مايا بيروسين ميسوريكار
Miriam Bräu	ميريام بروي

Mouna Aleek	منى عليق
Nora-Friederike Graeve	نورا-فريدريك جريف
Nour	نور
Oscar Liam Duffy	أوسكار ليام دوفي
Oum Ahmed	أم أحمد
Pauline Charlotte Schultz	باولينا شارلوت شولتز
Pia-Lina Multhaup	بيا-لينا مولتوب
Saloua Nyazy	سلوى نيازي
Sara Bf.	سارة بف.
Sonja Keßner	سونيا كسنر
Sozan Ibrahim	سوزان
Valentina T.	فالنتينا ت.
Vera	فيرا

Kontakt: polylog@posteo.de

للتواصل: polylog@posteo.de

يؤلف هذا الكتاب بين تجربة وإبداعية ومعرفة كل عضو من أعضاء مجموعة بولي لوج. ورغم أن محور هذا الكتاب هو الحوار بين لاجئات يشاركن قصصهن، إلا أن هذا الحوار ليس سوى نتيجة لسيرورة أكبر نشترك فيها جميعا. يتضمن هذا الدمج المتعدد لغويا في الصفحتين التاليتين بعضا من كلماتنا الخاصة التي من المفترض أن تعكس »التعدد الحواري« الذي ضَمّنا.

In diesem Buchprojekt fließen die diversen Erfahrungen, die Kreativität und das Wissen aller am Kollektiv Polylog beteiligten Personen zusammen. Auch wenn in diesem Buch Gespräche zwischen geflüchteten Frauen im Zentrum stehen, die sich gegenseitig ihre Geschichten erzählen, so ist es doch das Ergebnis eines gemeinsamen Prozesses. Die mehrsprachige Collage auf den nächsten beiden Seiten enthält einige individuelle Worte von uns und soll so den Polylog, in den wir getreten sind, widerspiegeln.

Bei Neugierde fällt auf, wir haben viel gemein. Fragt nach. Sprecht aus. Ler kennen. Handelt! Hörbarkeit und Sichtbarkeit zwischen dir und mir, euch und ur für jede Stimme. Keine Abschottung, sondern Kommunikation.

آلمان و اروپا باید زمانی حاضر شوند آزادی حرکت در سراسر کره زمین را به رسمیت بشمارند و سیاست های نژادپرستانه که عواقب فاجعه باری برای جامعه دارند را کنار بگذارند. امیدوارم که این کتاب بتواند داستان ها و تجربیات برخی از زنان پناهنده را بازتاب دهد و مبارزه آنها در برابر سیاست های نژادپرستانه و سرکوبگر را نمایان کند. #نه به مرزها #نه به ملت ها.

Jetzt habt ihr unsere Geschichten gelesen. Was denkt ihr, was ihr jetzt tun könnt?

Dilerim ki, mülteci kampları, transit merkezleri, öne alınmış sınırlar ve önyargılar bunu zorlaştırsa da, ben dahil olmak üzere daha bir çok insan böyle rastlantısal bir şekilde bir araya gelen toplulukları deneyimleme şansına sahip olur.

الكلام لا يسمع على الفور. السمع لا يفهم على الفور. لا يفهم الشيء على الفور. ومع ذلك فإن التحدث مع بعض والاستماع الى الاخر بغض النظر عن اللغة ربما يكون الخطوة الأولى في إحداث فرق.

إذا وصلت امرأة أو فتاة لتوها إلى ألمانيا وقرأت هذا الكتاب فإنني أنصحها بعدم أخذ الأمور على محمل شخصي. لا يمكنكِ حل مشاكل معينة لأن الوضع السياسي ببساطة لا يسمح بذلك. ليس في أيدينا لتغيير النظام بأكمله.

Asyl ist ein Recht und kein Gefallen.

Das Projekt war sehr gut; es gab mir das Gefühl, dass es Menschen gibt, die uns helfen und auf uns aufpassen wollen. Wir hatten das Gefühl, dass es Menschen gibt, die uns lieben. In der Zukunft möchte ich lernen und arbeiten, um anderen zu helfen. Meinerseits danke ich allen Menschen, die daran gearbeitet haben, unsere Stimme anderen zu vermitteln.

دعونا نستمع إلى بعضنا البعض وندافع عن بعضنا ونكافح معاً من أجل مجتمع متضامن.

Deutschland liebt mich nicht so, wie ich es liebe.

این دنیا کوه است و اعمال ما صدایی که در کوه انعکاس می یابد؛ پژواک صدا به سوی ما باز خواهد گشت.

İnsanlar hep iyi bir gelecek için savaşmalı ve asla umudunu kaybetmemelidirler.

Mouna Aleek	مونا علیک
Nora-Friederike Graeve	نورا فردریکه گریو
Nour	نور
Oscar Liam Duffy	اسکار لیام دافی
Oum Ahmed	ام احمد
Pauline Charlotte Schultz	پولین شارلوته شولتس
Pia-Lina Multhaup	پیا لینا مولت هاپ
Saloua Nyazy	سلوی نیازی
Sara Bf.	سارا ب ف.
Sonja Keßner	سونیا کسلر
Sozan Ibrahim	سوزان ابراهیم
Valentina T.	والنتینا ت.
Vera	ورا

Kontakt: polylog@posteo.de

تماس باما: polylog@posteo.de

در این پروژه طیف گوناگونی از تجربه ها ، خلاقیت ها و دانسته ها، از انسانهایی که همه در مجموعه ی پولی لوگ نقش دارند؛ به صورت کتابی جمع آوری شده است. این کلاژ چند زبانه، حرفهای شخصی یک به یک ما را در بر دارد و انتظار می رود که بازتاب آن جامعه ی پولی لوگی باشد که در آن پا گذاشته ایم.

Gelecek iki sayfada kitap projesi Polylog Kolektifine katılan insanların şahsi deneyimlerini, yaratıcılıklarını ve bilgilerini topluyor. Aralarında birbirlerine hikayelerini anlatan kadınların konuşmaları merkezde olduğu halde bu kitap, Polylog Kolektifinde yer alan çoğul bir sürecin sonucudur. Bu çokdilli kolaj kişisel aktarlamalarımız sunup aralarımızda geçen polylogu yansıtmaktatır.

مقدمه

انجمن پولی لوگ

تصور کن جایی که تمام عمرت را در آن گذرانده‌های دیگر وجود ندارد و تو مجبور هستی در جایی غریب زندگی ات را دوباره از اول بسازی.

تصور کن که ناگهان به خاطر سبک لباس پوشیدنت مورد خصومت قرار بگیری و تهدید شوی.

تصور کن که فرزندی داری و اصلا مشخص نیست که چه وقت دوباره او را ببینی.

تصور کن که باید برای دو سال با سیصد غریبه در مکانی کوچک زیر یک سقف زندگی کنی.

تصور کن که زندگی ات در دستان قاچاقچیان آدم باشد.

تصور کن که سرنوشتت وابسته به فقط یک مصاحبه در یک اداره دولتی در کشوری غریب است.

تصور کن که می خواهی داستان زندگی ات را تعریف کنی اما هیچکس گوش نمی دهد.

این کتاب حرف‌ها و داستان های زنانی را به تصویر می کشد که از وطن خود گریخته اند و مدتی است که در آلمان زندگی می کنند. آنها از زندگی و داستان آمدن خود به آلمان تعریف می کنند ـ اینکه سخت گیری ها در رابطه با قانون مهاجرت، محدودیت در مورد چگونگی پیوست خانواده های پناهجویان به آنها یا چالش یادگیری زبانی جدید و اخت شدن با محیطی غریب، چه تاثیری بر زندگی آنها داشته است. آنها از نگرانی ها و آرزوهایشان در باره آینده و وضعیت اقامتشان در آلمان می گویند و همینطور از تبعیض روزمره. آنها از تجربه هایشان صحبت می کنند، از تجربه هایی که در راه فرار از کشور خود با آنها مواجه شده اند.

ما آرزو داریم که خوانندگان این کتاب با فکر باز، احترام و حس همدرری با این داستان ها رو به رو شوند. این داستان ها بازگوکننده سرگذشت زندگی فردی ، تجربیات سخت و همچنین تجربیات زیبا هستند. گاهی تقسیم کردن این داستانها با دیگران کار آسانی نیست و دقیقا به همین دلیل انجام دادن آن رسالت مهمی است، به ویژه در جامعه ای که خشونت و تبعیض بر ضد افراد با رنگ پوست متفاوت همواره بیشتر می شود. در این شرایط باید از هم یاد بگیریم و برای حفظ حقوق همدیگر تلاش کنیم.

Giriş

Polylog Kolektifi

Şunu bir hayal etmeye çalış; tüm hayatın boyunca yaşadığın yer artık yok ve sen yabancı bir yerde, hayatına tamamen yeniden başlamalısın.

Düşün ki, her zamanki giyim tarzından dolayı birden bire düşmanca karşılanıp tehdit ediliyorsun.

Düşünsene, bir daha ne zaman görebileceğini bilmediğin çocukların var.

Hayal et; daracık bir alanda iki sene boyunca hiç tanımadığın 300 kişi ile birlikte yaşamak zorundasın.

Düşün ki, hayatın insan kaçakçılarının elinde.

Düşünsene, tüm hayatın resmi bir dairede yapacağın tek bir görüşmeye bağlı.

Şunu bir hayal et; hikayeni paylaşmak istiyorsun fakat kimse seni dinlemiyor.

Bu kitap, memleketlerinden kaçmak zorunda kalan ve bir süredir Almanya'da yaşayan kadınların konuşmaları ve anlatımlarını belgelemektedir. Bu kadınlar, hayatlarını ve Berlin'e varışlarını anlatmaktadırlar. Ayrıca iltica hakları ve aile birleşimindeki kısıtlamalarının ve yeni bir dil ve çevrede yönünü belirlemenin etkilerinden bahsetmekteler. Bu kadınlar tereddütleri, geleceklerine dair istekleri, yasal oturum haklarının durumu ve idari engeller ile ilgili konuştukları gibi bir de ülkelerinden kaçarken, yolda yaptıkları deneyimlerini de dile getirmektedirler. Okurlarımızın bu hikâyelere açıklık, saygı ve empati ile yanaşmalarını diliyoruz. Bunlar hem zor

ما اعضای انجمن پولیلوگ زنانی هستیم که از کشور خود گریخته ایم، از سوریه، ایران، عراق و آذربایجان. ما دانشجویان و استادان موسسه پژوهشی مردم شناسی جامعه و فرهنگ دانشگاه آزاد برلین هستیم. ما اعضای نهاد بین المللی فضای زنان هستیم که گروهی است متشکل از زنان فعال. بعضی از آنها پیش زمینه مهاجرت دارند و بعضی ها ندارند.

اعضای انجمن ما در ابتدا در چارچوب یک سمینار طراحی شده از سوی دانشجویان دانشگاه آزاد برلین در پائیز سال ۲۰۱۷ دور هم جمع شد. چندین ماه طول کشید تا اعضای این انجمن در گروه های کوچک توانستند با همکاری نزدیک و دوستانه شان ، گفتگوهای منتشر شده در این کتاب را آماده و ضبط کنند. در جریان این گفتگوها دوستی هایی به وجود آمد که امیدواریم برای مدتی طولانی ادامه پیدا کنند. نام انجمن پولیلوگ به معنای تفکر بین فرهنگی، انتقال دهنده اهمیتی است که ما برای فراهم کردن فضای مشترک برای دیدار و تبادل تجربیات بین افرادی با پیشینه مهاجرتی یا پناهجویی و افرادی بدون این پیشینه قائل هستیم. تنها از طریق تبادل و گفت‌وگو بین شمار زیادی از افراد با تجربه های گوناگون و شرایط متفاوت (معنای پولیلوگ) می تواند هم زیستی مسالمت آمیز بر پایه درک متقابل را در جامعه آتی فراهم کند.

ما مجموعه‌ای هستیم که فارغ از اینکه هر کس چه زندگی و تجربه‌ای دارد، با هم پیوند خورده ایم. با این حال عضویت افراد حاضر در این انجمن مشروط به داشتن برخی شرایط خاص است. در حالی که تجربه گریز و پناهندگی، برخی از ما را در جایگاه شاهدان عینی در این مقطع تاریخ قرار داده است، دیگران برای انتشار این تجربیات تلاش کرده و زحمت کشیده اند.

موضوع محوری این کتاب ما هستیم: زنانی که تجربه گریز دارند

در مرکز این پروژه مشترک ، ما قرار داریم. زنانی که شخصا تجربه گریز و پناهجویی داشته اند، زنان نیرومند و شجاعی که مجبور به گریز از وطن خود شدهاند و مدتی است که در آلمان زندگی می کنند. داستان های ما قرار است کمک کند تا بتوانیم صدای خود را در جامعه به گوش مردم برسانیم. ما از ساختارهای تبعیض آمیز می گوییم که پیوند خوردن ما با جامعه و اخت شدن با زندگی در برلین را دشوار می کند. هر بخش از این کتاب تصویری است از اینکه ما چگونه با هم گفتگو می کنیم و در ارتباط مستقیم با یکدیگر داستان ها و دیدگاه هایمان را بازگو می کنیم. با اینکه ما از تجربه های خیلی شخصی صحبت می کنیم، اما موضوعاتی هستند که در صحبت هایمان مرتب تکرار می شوند.

نکته ای که ما را در این‌جا به هم پیوند می دهد، فقط تجربه های ما در راه گریز و پناه بردن به جایی دیگر نیست، بلکه مسائل مربوط به »انتگره شدن« در کشوری جدید نیز هست. به عنوان زنان پناهنده ما در آلمان با ساختارهایی روبه رو هستیم که به شدت نابرابر و تبعیض آمیز هستند. این نکته تاثیر مستقیم بر تجربه های زندگی ما در این کشور دارد. از جمله اهداف این کتاب به تصویر کشیدن نا برابری و بی عدالتی در ساختارهای جامعه است که در پیچیدگی های موجود در سیستم پناهندگی و

hem de güzel deneyimlerden bahseden hayat hikâyeleridir. Bu tarz hikâyeleri paylaşmak her zaman çok kolay olmasa da, People of Color (PoC) ve siyahi insanlara karşı, şiddetin durmaksızın arttığı bir toplumda bu hikâyelerin paylaşılması bir o kadar da önemlidir ki, birbirimizden bir çok şey öğrenip karşılıklı olarak haklarımızı koruyabilelim. Polylog Kolektifi olarak biz, Suriye, İran, Irak ve Azerbaycan'dan kaçmış olan kadınlarız. Berlin Özgür Üniversitesi, Sosyal ve Kültür Antropolojisi Enstitüsü'nde öğrenci ve doçent'leriz; biz göç deneyimi olan ve olmayan kadınların bir araya geldiği aktivist İnternational Women Space grubunun üyeleriyiz. Kolektifimiz 2017 yılının sonbaharında, öğrenciler tarafından organize edilmiş bir seminer kapsamında bir araya geldi. Aylar boyunca, küçük gruplar şeklinde samimi ve yakın çalışmalar yaparak bu kitapta okuyabileceğiniz konuşmaları hazırlayıp kaydettik. Bu süre içerisinde, çok uzun ömürlü olmasını dilediğimiz ilişkiler ve arkadaşlıklar kurduk. Kolektif ismi burada, bu tarz ortaklaşa şekillendirdiğimiz, göç/iltica deneyimi olan veya olmayan insanlarla karşılaşma ve deneyim alanlarına verdiğimiz önemin, merkezi anlamını tanımlamaktadır; ancak birçok farklı deneyime ve konuma (Polylog) sahip olan insanlar arasında gerçekleşen, karşılıklı aktarımlar ve diyaloglarla, toplumsal bir birlikteliğin ve anlayışın geleceğini kurmanın temelini atabiliriz.

Biz bir kolektifiz, yani biz tek bir grubuz ve kökenlerimizin dayandığı yerlere göre bölünmek istemiyoruz. Buna rağmen katılımcıların dahil olması, onların özel konumlarına bağlıydı. Bazılarımız, onları günümüzde olup bitenlerin önemli birer şahidi konumuna getiren göçmen olmayı deneyimlemişken, bazılarımızın görevi ise öncelikle bu deneyimlerin yayınlanmasına katkıda bulunmaktı.

Bu kitabın odak noktasında biz varız: göç deneyimi olan kadınlar

Ortak projemizin merkezinde biz varız; doğrudan göç deneyimi olan, memleketlerinden kaçmak zorunda kalıp bir süredir Almanya'da yaşayan güçlü kadınlar. Tüm kolektifin taleplerinin kamuoyu tarafından

شرایط غیر قابل تحمل کمپ های اضطراری و خانه‌های اشتراکی برای پناهجویان بازتاب پیدا می کند. ما هر روز نژادپرستی را در برخورد های روزمره در جامعه و در ادارات دولتی حس می کنیم. در این میان دشواری های مربوط به یادگیری و کاربرد زبان جدید نیز به تمام این مشکلات افزوده می شود. به طور خلاصه ما هر روز با موانع بی شماری دست و پنجه نرم می کنیم که زندگی کردن در مکانی جدید را برای ما دشوار می کنند.

بنابراین داستان های بازگو شده در این کتاب بخشی از واقعیت سیاسی جامعه‌ای هستند که در آن زنان پناهنده در کشوری مانند آلمان از جانب طیف وسیعی از جامعه پذیرفته نمی شوند و در فضایی پر از انزوا رها شده و مورد خصومت قرار می گیرند. این کتاب همچنین می خواهد سیاست های غیرانسانی اروپا در برابر افرادی را محکوم کند که ناگزیر بوده اند به اروپا پناه بیاورند، انسان‌هایی که آلمان و اروپا در سال های اخیر با آنها در درجه اول با بدبینی و نامهربانی برخورد کرده است. این سیاست ها در ساختارهای استعمارگرایانه، سرمایه‌داری و سلسله مراتب تحکیم شده تاریخی ریشه دارد. سیاستهای غیرمنصفانه مهاجرت که در حال حاضر در اروپا حاکم است باعث می شوند که این ساختارهای ذکر شده به همین شکل باقی بمانند و به این ترتیب حق طبیعی انسان ها در ارتباط با آزادی جا به جا شدن نادیده گرفته شود.

رسیدن در آلمان و اروپا با وجود سیاست های غیرمنصفانه مهاجرت

آلمان و اتحادیه اروپا در معرفی سیاست های مهاجرت و پناهندگی خود ، همواره آنها را انسان دوستانه و مطابق با حقوق بشر معرفی می کنند. اما در واقع سیاست های آلمان و اتحادیه اروپا در برابر زنان و طبقات مختلف جامعه مملو است از سلسله مراتب نژادپرستانه، وطن پرستانه و تبعیض آمیز. در این سیاست ها و قوانین، حفاظت از مرزها همواره بالاتر از حفاظت از جان انسان ها قرار گرفته است.

سخت گیری های موجود در قوانین مربوط به پناهندگی و سیاست های تبعیض آمیز در آلمان و اروپا باعث مرگ بیش از ۳۲ هزار نفر در بین سال های ۲۰۰۰ و ۲۰۱٤ شده است. این افراد کسانی بوده اند که در راه گریز به سمت اروپا جان خود را از دست داده اند.[۱] از آن پس شرایط همچنان وخیمتر شده است. بنا بر گزارش های منتشر شده از سوی کمیساریای عالی سازمان ملل متحد برای پناهندگان تنها در سال ۲۰۱٦ بیش از پنج هزار نفر در دریای مدیترانه در مسیر گریز به سمت اروپا کشته یا مفقود شده اند.[۲]

در حال حاضرحرکت های پوپولیستی راستگرایانه در سطح اروپا رو به افزایش است و شرایطی به وجود آورده که تعرض های فیزیکی و لفظی بر ضد انسان هایی که پیش زمینه مهاجرت و یا پناهندگی دارند،

[1] Pro Asyl (2014): Neue Schätzung: Mindestens 23.000 tote Flüchtlinge seit dem Jahr 2000. Online: https://www.proasyl.de/news/neue-schaetzung-mindestens-23-000-tote-fluechtlinge-seit-dem-jahr-2000/ (05.01.2019).
[2] UNHCR (2018): Arrivals in Europe – Mediterranean. In: *Europe Key Data Q1+Q2 2018*. Online: http://data2.unhcr.org/en/situations/mediterranean (05.01.2019).

duyulmasını sağlayacak olan bizim hikayelerimizdir. Sosyal hayata katılımımızı zorlaştıran ırkçı yapılara rağmen, Berlin'e nasıl varmaya çalıştığımızı anlatmaktayız. Her başlık, diyalog içerisinde, yani doğrudan karşılaşmalarımızda kendi hikayelerimizi ve bakış açılarımızı nasıl algıladığımızı gösteren görsel bir kayıttır. Konuştuklarımız çok bireysel deneyimler olsalar da, sürekli tekrar eden ve paylaştığımız bir çok konu da var.

Çünkü özellikle bir konu aramızda bir bağ kurmakta; sadece kaçarken yaptığımız deneyimler değil, aynı zamanda yeni bir ülkeye varmak; Almanya'da göçmen kadınlar olarak, kemikleşmiş sistematik haksızlıklara maruz kalıyoruz. Bu haksızlıklar deneyimlerimizin çoğunun ana unsuru haline gelmektedirler ve bu haksızlıkların sürekli tekrar ettiklerine dikkat çekmek bilhassa bu kitabın amacıdır; devlet yapısına ne bağlı olan bu ayrımcılıklar kendilerini iltica sisteminin uyguladığı baskılarda, acil toplu konaklama yerlerindeki durumlarda, bizim resmi daireler ve sosyal karşılaşmalarda günlük ve düzene bağlı ırkçılıkla ilgili yaptığımız deneyimlerimizde ve dile bağlı sayısızca zorluklarda kendini göstermekteler. Kısaca; tüm bu haksızlıklar bizim için yabancı olan bu ülkede, yeni bir hayatı bağımsız bir şekilde kurmayı fazlasıyla zorlaştırmaktadırlar. Sonuç olarak bu kitapta aktarılan hikâyeler kapsamlı olarak, göçmen kadınlarının Almanya gibi bir ülkede hoşgörü ile karşılanmadıkları, tam tersine gittikçe yükselen bir tecrit ve ayrımcılık durumuna maruz bırakıldıkları siyasi durumun bir parçasıdırlar.

Bundan dolayı, bu kitap Avrupa'nın, Avrupa'ya kaçmış ve iltica etmiş olan insanlara karşı uyguladığı baskıcı göç politikasının acımasızlığını ve son yıllarda onların zor durumlarına herşeyden önce tecritle verdikleri cevabı da yargılamayı hedeflemektedir. Bu politikaların temeli, neo kolonyal bağlar, kapitalist yönetim düzenlerinin ve bir çok bölgenin ve devletin tarihte yerleşmiş olan hiyerarşi düzenlerinin temeline dayanmaktadır. Avrupa'nın, güncel baskıcı iltica politikaları bu düzeni ayakta tutmakta ve bununla birlikte, temel bir hak olan evrensel seyahat etme özgürlüğünü de kalıcı bir şekilde kısıtlamaktadırlar.

همواره تبدیل به امری روزمره شده است که وقاحت آن در جامعه و در حوزه سیاست بیشتر و بیشتر در حال از بین رفتن است. دولت ها نیز موضع چندان انتقادآمیزی در برابر این گونه افکار و برخوردها نمی گیرند. بسیاری از سیاست مداران و حزب ها حتی از برخی از خواسته ها و ایدئولوژی های گروه های راست گرا الگوبرداری می کنند و با به کار بردن اصطلاحاتی مانند »گردشگری پناهندگان« افکار عمومی را تحریک می کنند.

از سال ۲۰۱۵ به بعد، زمانی که آلمان تلاش می کرد در جریان »بحران پناهجویی« چهره ای »امدادگر« و »نجات دهنده« از خود ارائه دهد، همواره سخت گیری های بیشتری در رابطه با قوانین پناهجویی در حال اجرا بود. در داخل و خارج اتحادیه اروپا همواره قرارگاه های جدیدی در شرف شکل گرفتن هستند که تحت عنوان های مختلفی معرفی می شوند، از جمله »هات اسپات ها«، »مراکز ترانزیت«، »آنکر سنترها« و »کمپ های سومی«. این مراکز وظیفه گلچین کردن و اخراج احتمالی افراد را در راه گریز بر عهده دارند. هدف سیاسی بسیاری از کشورهای اروپایی این است که اقدامات در زمینه جلوگیری از ورود پناهجویان به اروپا در برابر دید شهروندان صورت نگیرد، بلکه از سوی کشورهای دیگر در خارج از اروپا و یا در کشورهای هم مرز انجام شود. اینگونه اقدامات همزمان شده است با بی تفاوتی و عدم احساس مسئولیت بسیاری از شهروندان اروپایی در برابر سرنوشت این انسان ها و نقض حقوق بشر.

در بحث عمومی پیرامون پناهندگان خیلی وقت ها این نکته نادیده گرفته می شود که اروپا در جریان موج های مهاجرتی و هم زیستی انسان ها با فرهنگ های مختلف و با بینش‌های گوناگون، هیچ وقت جامعه ای با ارزش های مشترک نبوده و با پیشینه استعمار، سوابق تسلیحاتی و سیاست های اقتصادی استثمارگرایانه اش در دهه های اخیر، مسبب بدبختی و وخیم شدن شرایط زندگی بسیاری از انسان ها در نقاط مختلف جهان بوده است. همچنین به ندرت این واقعیت ذکر می شود که پیشرفت جامعه ها در زمینه ی فرهنگی، اجتماعی و اقتصادی هیچ گاه بدون تبادل بین فرهنگ ها و درگیری دائم با افکار و ارزش های جدید، امکان پذیر نبوده است.

انسان های پناهجو در سال های اخیر در رسانه های عمومی زیاد مورد توجه قرار گرفته اند، اما معمولا آنها به ندرت فرصت این را پیدا می کنند که شخصا راجع به شرایط خود صحبت کنند. واژه ی خشکی مانند »پناهجو«، موجب می شود که انسان هایی که مجبور به فرار از شرایط غیرانسانی حاکم در کشورهای خود شده اند، از سوی افکار عمومی به صورت مجموعه ای یکسان و بسیار شبیه به هم برداشت شوند. تصور اینکه پناهجویان معمولا مذکر هستند یکی دیگر از ذهنیت های کلیشه ای است که در مورد این انسان ها وجود دارد. در بیشتر گزارش های خبری، زنان پناهنده یا اصلا ذکر نمی شوند یا به عنوان قربانیانی در بند ساختارهای مردسالارانه معرفی می شوند که برای اولین بار در آلمان با موضوعاتی مانند حقوق زنان و تساوی حقوق زن و مرد آشنا می شوند. در رسانه ها تقریبا هیچ گاه فرصتی برای طرح داستان های شخصی و دیدگاه هایشان درباره موضوع »پناهجویی« به آنها داده نمیشود.

Baskıcı iltica politikaları bağlamında Almanya ve Avrupa'ya varmak

Almanya ve Avrupa Birliği'nin kendilerini kamuya anlatma biçimlerinde, insan haklarına uygun, göç ve iltica politikalarının genel insan hakları beyannamesine dayanan çağdaş devletlerin profillerini görmek mümkün. Fiilen ise Almanya ve Avrupa'nın iltica politikaları, ırkçı, klasik, milliyetçi ve cinsiyetçi iktidar ilişkileri ile doludur. Bununla birlikte, gittikçe daha da sert bir şekilde insan hayatının korunmasını, sınırların korunmasından daha önemsiz bir hale getirmektedirler. 2000 ile 2014 yılları arasında, Almanya ve Avrupa düzeyinde iltica haklarının keskinleştirilmesi ve tecrit politikalarından dolayı, 23.000 den fazla insan Avrupa'ya kaçmaya çalışırken hayatlarını kaybettiler[1]. O dönemden beri durum gittikçe sertleşti; United Nations High Commissioner for Refugees (UNHCR) bilgilerine göre, sadece 2016 yılında 5.000 insan Avrupa'ya ulaşmaya çalışırken Akdeniz sularında öldüler veya halen daha kayıplar[2].

Güncel olarak, Avrupa genelinde sağ popülist hareketler güç kazanmakta ve göçmen ve/veya iltica kimliğine sahip insanlara fiziksel ve sözlü saldırılarının, hem toplumsal hem de siyasi düzeyde gittikçe sıradan bir hal aldıkları bir iklim yaratmaktadırlar. Bu saldırılara karşı, ülke yönetimleri ya hiç ya da yetersiz bir karşı duruş sergilemektedirler. Siyasetçiler ve partiler daha çok sağ grupların istek ve ideolojilerini üstlenip, »İltica Turizmi« gibi kelimeleri kullanarak, medyatik dili ve toplumsal iklimi fişeklemektedirler.

Almanya'nın kendisini, sözümona »Göçmen Krizi«'nin doruk noktasında »yardımcı« ve »kurtarıcı« olarak sahneye koyduğu 2015 yılından beri, iltica haklarında kısıtlamalar durmaksızın çoğaldı. 2015 yılından beri,

---

[1] Pro Asyl (2014): Neue Schätzung: Mindestens 23.000 tote Flüchtlinge seit dem Jahr 2000. Online: https://www.proasyl.de/news/neue-schaetzung-mindestens-23-000-tote-fluechtlinge-seit-dem-jahr-2000/ (05.01.2019).

[2] UNHCR (2018): Arrivals in Europe – Mediterranean. In: *Europe Key Data Q1+Q2 2018*. Online: http://data2.unhcr.org/en/situations/mediterranean (05.01.2019).

ما داستان های خود را می گوییم

این کتاب در درجه اول صدای ما و تجربه های شخصی ما زنان انجمن در مورد گریز از وطن را بازتاب می دهد. ما نشان می دهیم که مجموعه ای همگن نیستیم، بلکه پیش زمینه های کاملا متفاوتی از یکدیگر داریم و هر کدام تجربه های خاص خود را در راه تلاش برای اخت شدن با جامعه آلمان کسب کرده ایم. با انتشار این کتاب ما خود از فرصت استفاده می کنیم تا نشان دهیم که زنانی هستیم با اعتماد به نفس و فعال و نه افرادی خطرناک. ما قصد داریم ثابت کنیم که تنها ارقامی در آمارهای منتشر شده در مورد »موج مهاجرتی بی سامان« نیستیم و یا تنها »پناهنده ای« کلیشه ای که در گزارش های خبری معمولا به مردم انتقال داده می شود. ما به عنوان شاهدان عینی در این مقطع از تاریخ با اعتماد به نفس بالا، تجربه های خود در مواجه شدن با سیستم پناهجویی در آلمان را بازگو می کنیم و از امیدها، آرزوها و همینطور مشکلات خود می گوییم. ما این گونه بر چگونگی به تصویر کشیدن تجربه ها و واقعیت زندگیمان در برابر افکار عمومی جامعه تسلط پیدا می کنیم. به عنوان انسان های مستقل ما با یکدیگر وارد گفت‌وگو می شویم و در شرایطی برابر با هم صحبت می کنیم. ما نمی خواهیم که صدایمان در میان جنجال و هیاهوی مردان ناشنیده بماند و اجازه نمی دهیم که نقش قربانی به ما تحمیل شود. چون ما قویتر و فعالتر از آن تصاویری هستیم که همواره از سوی رسانه ها به مردم انتقال داده می شود.

ما موضوعات گفت‌وگوهای منتشر شده دراین کتاب را خود انتخاب کرده ایم و خود تعیین کرده ایم که گفته هایمان به چه شکل منتشر شوند. تمام این داستانها به زبان آلمانی و همینطور به زبانهای مادری ما یعنی فارسی، ترکی و عربی منتشر می شوند. به این ترتیب ما تجربیاتمان را هم برای یکدیگر تعریف می کنیم و هم برای دیگر انسان هایی که تجربه پناهندگی داشته اند و همچنین برای مردم آلمان.

چگونگی و روند پیشبرد کار در مرکز این پروژه قرار دارد

هر داستان همراه با یک طراحی از هدی تکریتی منتشر می شود. تکریتی در دمشق متولد شده است و در حال حاضر به عنوان هنرمند در شهر وین زندگی و فعالیت می کند. کارهای اخیر او بر روی مسائل اجتماعی تمرکز دارند و رابطه بین انسان ها، تاریخ و زمان حال را مورد بازبینی قرار می دهند.

ایده طراحیها در لحظه و در حین مصاحبه‌ها شکل گرفته است و هر کدام از آنها شرح احساساتی هستند که این هنرمند در جریان گفت‌وگوها شاهد آنها بوده است. به این ترتیب برای تکریتی و همینطور در جریان پروژه، چگونگی و روند پیشبرد کار در کانون توجه قرار دارند: به این صورت که شکل و جهت هر داستان در روند گفت‌وگوها شکل گرفته است. طراحی های هدی تکریتی نیز دقیقا به همین صورت شکل گرفته اند. ترکیب داستان ها و طراحی ها بازگو کننده نکاتی هستند که این کتاب قصد انتقال آن‌ها را دارد:

Avrupa Birliği'nin (AB) dışında ve içinde, göç eden insanları olabildiğince erken seçip, icabında sınır dışı edilebilecekleri, ve »Hot-Spots«, »Transit Merkezi«, »Karaya Çıkarma Platformu« veya »Çapa Merkezi« gibi isimlere sahip yeni konaklama yerleri oluşmakta. Savunma ve tecrit tedbirlerini AB üyesi devletlerinin kenarlarına – veya hatta AB dışı üçüncü ülkelere taşıyarak, bu tedbirleri Avrupa vatandaşlarının gözü önünde hayata geçirmemek, birçok avrupa devletinin siyasi amaçla gerçekleştirdiği eylemdir. Bu mekansal yer değişimi genellikle birçok Avrupalı'nın bu insan hakları ihlalleri ile ilgili sorumluluk hissetmemesi ve mağdur olanların durumları karşısında yeterince merhamet göstermeme eğilimi ile birlikte ilerlemektedir.

Kamusal alanda şunu görmek mümkün; Avrupa'nın hiç bir zaman tek bir kültüre dayanan değerleri olan bir toplum olmadığı ve aslında bakılırsa tüm geçmişinin göç dalgalarına ve farklı kültürlere sahip insanların bir arada yaşıyor olmasına bağlı olarak şekil aldığı, çoğu zaman göz ardı edilmektedir. Ayrıca bu tartışmalarda, toplumsal, kültürel ve ekonomik kalkınmanın, sadece global bir alışveriş hali ve yeni fikirler ve değerler ile muhatap olarak mümkün olabileceğine yeterince dikkat çekilmemektedir. Özellikle Avrupa'nın, sömürge geçmişi ile birlikte son yıllarda uyguladığı silahlanma politikaları ve sömürücü ekonomi politikaları ile birlikte, dünyanın birçok bölgesindeki yaşam koşullarını kötüleştirdiği de dikkate alınmamaktadır.

Son yıllarda toplumsal ve medyatik tartışmalarda göçmenlere büyük bir ilgi gösterilse de, kendilerine çok nadiren söz hakkı verilmektedir. Göçmenler gibi cinsiyet bilgisi içermeyen, kişisel olmayan kelimelerin kullanımı, göç etmiş insanların çoğu zaman, her şeyden önce erkek ve homojen bir grup olarak algılanmalarına sebebiyet vermektedir. Haberlerin büyük bir kısmında kadınlardan ya hiç bahsedilmemekte ya da onlar, Almanya'da ilk defa kadın hakları ve onların özgürleşmesi ile temasa geçen, ataerkil bir toplumun ezilen birer kurbanı olarak gösterilmektedirler. Göç konusu ve kendi hayatlarına olan bakış açıları ile şahsi hikayelerine burada çok nadiren yer verilmektedir.

این داستان ها داستان زنانی است که دست در دست هم تلاش می کنند تا راه خود را پیدا کنند.

این داستان ها داستان زنانی است مستقل و مدرن که امید خود را از دست نمی دهند.

این داستان ها داستان زنانی است که اجازه نمی دهند دیگران برای آنها تعیین کنند که چگونه باید زندگی کنند، بلکه خود تصمیم می گیرند.

این داستان ها داستان زنانی است که اجازه نمی دهند که تنها در چارچوب پیش داوری های موجود در جامعه تعریف شوند، بلکه هر کدام خود تصویری منحصر به فرد از شخصیت، شرایط و تجربه های خود شرح می دهند.

این داستان ها داستان زنانی است که دوستی های به دست آمده برای آنها ارزشمند است.

این داستان ها داستان زنانی است که شاد هستند و می خندند.

این داستان ها داستان زنانی است که قدرت واژه ها را یافته اند.

Biz kendi hikâyelerimizi anlatıyoruz

Bu kitabın merkezini bizim, yani kolektifte bulunan ve ülkelerinden kaçma deneyimini yapmak zorunda kalan kadınların kendi sesleri ve deneyimleri oluşturmaktadır. Bununla birlikte, bizim homojen bir grup olmadığımız, çok farklı sosyal çevrelerden geldiğimiz ve Almanya'ya varmak ile ilgili şahsi olarak farklı şekillerde başa çıkmaya çalıştığımız görünür hale gelmektedir. Bu kitap aracılığı ile kendi kararlarımızı vererek, ne pasif kurban ne de »tehlikeli ötekiler« olan, aktif birer birey olarak kendimizi gösterme hakkını elimize almaktayız. İstatistiklerdeki »düzensiz göç« rakamlarından veya kısa haber bültenlerinde çoğu zaman gösterilen göçmen stereotipi'nden çok daha fazlası olduğumuzu göstermekteyiz. Alman iltica sistemi ile doğrudan olan deneyimlerinden, hayallerinden, umutlarından ve sıkıntılarından bahseden, özgüveni yerinde birer şahit olarak meydana çıkmaktayız. Böylelikle büyük bir kolektifin bir parçası olarak, toplumsal alanda deneyimlerimizin ve hayat gerçekliklerimizin anlatım şekillerini kontrol altına almaktayız. Bağımsız kişiler olarak karşı karşıya gelip, göz hizasında görüşmeler yapmaktayız. Yüksek sesle konuşan erkekler tarafından bastırılmak istemiyoruz, kurban rollerine itilmek istemiyoruz çünkü biz, medya'da gösterildiğinden çok daha güçlü ve aktifiz.

Bu kitaptaki hikayeler ve deneyimleri biz birbirimize anlattık. Konuşmalarımızın konularını kendimiz seçtik ve hikayelerimizin ne şekilde yayınlanacağına karar verdik. Bu metinler Almanca çevirisinde yayınlandığı gibi, anadillerimiz olan Farsça, Türkçe ve Arapça'da da yayınlanacaktır. Bu şekilde hikayelerimizi hem karşılıklı olarak birbirimize anlatıp hem de Almanya'ya gelen ve göç deneyimleri olan diğer insanlara ve topluma da aktarmaktayız.

Projenin merkezinde oluşum süreci durmaktadır

Hikâyelerin her birine sanatçı Huda Takriti'nin illüstrasyonları eşlik etmekte. Takriti Şam'da doğmuş, şimdi ise Viyana'da yaşayıp

Yeni Bir Şehre Geliş / در شهری جدید فرود آمدن
Ankommen in einer neuen Stadt / الوصول الى مدينة جديدة

çalışmakta. En son çalışmaları sosyal konulara adanmış ve insanlar, tarih ve şimdiki zamanın arasındaki ilişkiyi sorgulamaktadırlar. Kitaptaki illüstrasyonlar çok spontane oluştular. Mülteci kadınlarının hikâyelerinin ortaya çıkardıkları ve Takriti'nin kendisini yönlendirmelerine izin verdiği duyguların anlık birer görüntüleriler. Yani tüm projede olduğu gibi Takriti'nin çalışmalarında da doğrudan oluşum süreci merkezde bulunmaktaydı; Nasıl ki anlattıklarımızın gideceği yönleri konuşmalarımız sırasında belli olduysa, Takriti'nin çizimleri de ancak hikâyeler ile ilgilendiği anda oluştular. Hikâyelerin ve illüstrasyonların karşılıklı etkileşimi, bu kitapla birlikte aktarmak istediklerimizi ifade etmektedir:

Bunlar, birlikte güçlenip bir yolunu bulan kadınların hikâyeleridir.

Bunlar, umudunu yitirmeyen özgür kadınların hikâyeleridir.

Bunlar, hayatlarının başkaları tarafından yönlendirilmesine izin vermeyip, ona kendileri şekil veren kadınların hikâyeleridir.

Bunlar, aynı kefeye konulmayı kabul etmeyip, kendilerinin tüm çeşitlilikleri ile çizilmiş resmini çizip, göstermekte ısrar eden kadınların hikâyeleridir.

Bunlar, dostluğa önem veren kadınların hikâyeleridir.

Bunlar, gülmeyi seven kadınların hikâyeleridir.

Bunlar, kelimelerden güç alan kadınların hikâyeleridir.

»اینجا زن بودن من تبدیل شد به بزرگترین مشکل زندگی ام«

سارا ب ف. در ایران به دنیا آمده است. پس از فارغ التحصیل شدن از رشته فیزیک در مقطع فوق لیسانس، به عنوان معلم فیزیک در یک مدرسه مشغول به کار شد. او گیتار می نوازد و علاقه به طراحی دارد.

زندگی کردن در کشور غریب شبیه به سوار قطار شدن بدون بلیط است. احساس بی هویتی است. من دوازده فوریه سال ۲۰۱٦، دقیقا دو سال پیش آمدم برلین. در ایستگاه قطار کیف ام را دزدیدند. قصد داشتم از آنجا به فرودگاه و به انگلیس نزد یکی از خویشاوندانم سفر کنم. اصلا قرار بر این نبود که در برلین بمانم. در واقع برای من آلمان تنها کشوری بود که تا آن وقت برای گذران زندگی ام به آن فکر نکرده بودم. اما کیف ام را دزدیده بودند، بنابراین نمی توانستم به سفرم ادامه بدهم. پلیس موقتا من را به پناهگاه بی خانمان ها فرستاد. آنها (ماموران پلیس) با من طور دیگری برخورد می کردند، چون ظاهر من با تصویری که آنها از یک دختر ایرانی داشتند مطابقت نداشت: »تو ایرانی نیستی. تابعیت ات مشخص نیست.« پلیس به من اتهام می زد که من ملیت دیگری دارم و آن را پنهان می کنم. ده روز به من فرصت دادند تا مادرم در ایران مدارکم را جمع آوری کند و از طریق امیل برایم بفرستد. تازه پس از اینکه توانستم ثابت کنم که واقعا ایرانی هستم به من در کمپ پناهجویان جا دادند ـ تازه پس از ده روز. درطول این ده روز من هیچ پولی نداشتم. هیچ چیز نداشتم. مجبوربودم بدون بلیط سوار اتوبوس شوم تا بتوانم از جایی به جای دیگر حرکت کنم. پول نداشتم و زبان آلمانی بلد نبودم. حس بدی بود، حس بی پناهی، درماندگی، بیچارگی، حس سرخوردگی بود.

بعد از ده روز اداره ایالتی امور اجتماعی و بهداشت (لاگزو) به من یک جا در کمپ پناهندگان، ۱۰۰ یورو پول نقد و یک بلیط سه ماهه برای استفاده از وسایل نقلیه عمومی داد. هنگامی که برای اولین بار با این بلیط سوار اتوبوس شدم، متوجه شدم که در زندگی ما انسان ها چیزی وجود دارد به اسم متعلق بودن. هویت. هنگامی که ما به جامعه ای که در آن زندگی می کنیم احساس تعلق نمی کنیم، راه اشتباه را در پیش می گیریم. ما راه دیگری پیش رو نمی بینیم به جز اینکه خلاف قانون عمل کنیم و به جای اینکه خود را در این سردرگمی بیابیم، در بی هویتی خود بیشتر غرق می شویم. می گویند که

»En mühim olanı, umudunu yitirmemektir«

Djamila Valiyeva Azerbaycanlı, 23 yaşında ve şu an sosyal pedagojik eğitmen olarak yarı zamanlı bir üniversite eğitimi almakta.

Sozan İbrahim, 17 yaşında, Suriyeli Kürt ve üç yıldan beri ailesi ile birlikte Berlin'de yaşamakta. Bir yıl boyunca »Willkommensklasse« (karşılama sınıfı)'na gitmiş ve şu an bir meslek lisesinin onuncu sınıfına gitmekte.

Djamila: Yaklaşık iki sene önce acil barınma yerinde tanıştık. Arkadaş olmamız dört beş ay sürdü, hemen olmadı çünkü ikimiz de çok meşguldük. Fakat bir süre sonra sohbet etmeye başladık ...

Sozan: ... mutfakta. Birlikte yemek yemiştik.

Djamila: Ve o günden sonra sürekli iletişim halinde kaldık. Her gün birlikteydik, mutfakta veya odalarımızda vakit geçiriyorduk. Dışarıya da çok çıkıyorduk, parkta gezmeye çıkıyorduk ve çok iyi arkadaş olduk. Sozan artık ailesi ile bir daireye taşınmış olsa da, arkadaşlığımız halen sürmekte. Burada olmaması sorun değil çünkü WhatsApp veya İnstagram üzerinden sürekli iletişim halindeyiz. Bazen birbirimizi arayıp »Selam nasılsın?« diye soruyoruz ve boş günlerimizde birlikte bir şeyler yapıyoruz.

Sozan: Djamila ile tanıştıktan bir kaç ay sonra yurttan taşındım. Şu an iki odalı bir evde altı kişi kalıyoruz ve tekrardan taşınmak zorundayız çünkü bu ev çok küçük. Ama ev çok güzel. Yurttan çok daha hoşuma gidiyor çünkü kız kardeşlerimle birlikte kendi odamız var. Eskisi gibi değil, o zamanlar hiç özel alanlarımız yoktu.

Djamila: Senin için yurt ile ev arasındaki farklar nelerdir?

Sozan: Evdeki en güzel şey nihayet kendi mutfağımızın olması ve

همیشه تازه پس از اینکه چیزی را از دست می دهیم، متوجه ارزش آن می شویم. این اتفاق برای من در مورد حس تعلق رخ داد.

پیش از مهاجرت آدمی بودم که به هیچکس احتیاج نداشتم. استقلال داشتم. ولی پس از این‌که به آلمان آمدم اتفاقی برای من افتاد. انگار سارای جدیدی متولد شده بود که به دنیایی که در آن زندگی می کند تعلق ندارد. زبان آلمانی را متوجه نمی شدم. هیچکس را نداشتم. هیچکس را نمی شناختم. خودم را کاملا گم کرده بودم. نکته ای که از هر چیز بیشتر آزارم می داد این بود که علی رغم تمام توانایی هایی که داشتم نمی توانستم روی پای خودم بایستم. تصور کنید شما کسی هستید که در جامعه جایگاه مشخصی دارد و خود را پیدا کرده و زندگی معمولی دارد. وضعیت من اینگونه بود که انگار به طور ناگهانی زندگی ام را از من گرفته باشند. انگار ورشکست شده باشم. حتی اصلا اینطور نبود که احساس کنم دارم زندگی ام را دوباره از صفر شروع می کنم. چون هنگامی که آدم از صفر شروع می کند، یک پیش زمینه ذهنی ندارد و شخصیت اش شکل نگرفته است. راحتتر می تواند شروع کند. اما من پیش زمینه ذهنی و شخصیت شکل گرفته داشتم و همین موضوع خیلی انرژی من را می گرفت. ترک کردن همه اینها و دوباره از نو ساختن زندگی بسیار تلخ بود.

من در تهران بزرگ شده ام. تحصیلات دانشگاهی دارم و سرگرمی ام طراحی چرم بوده است. در کشور خودم جایگاه ثابتی داشتم و زندگی ام شکل مشخصی داشت. تحصیلاتم را در رشته فیزیک تا مقطع فوق لیسانس ادامه دادم و معلم فیزیک بودم. رشته فیزیک روی نگاه من به زندگی خیلی تاثیرگذار بود. در دانشگاه زمانی که درس می خواندم باید پروژه ای تحویل می دادم در مورد «نظریه کوانتومی،عرفان و مولانا». این پروژه در مورد پدیده ای بود در علم فیزیک به نام پدیده فرکانسی ـ به این معنا که هنگامی که به طور مثال روبه روی کوهی می ایستی و حرف می زنی بازتاب صدایت را می شنوی. مولانا این را بسیار زیبا بازگو کرده است. او می گوید: «این جهان کوه است و فعل ما ندا، سوی ما آیند نداها و صدا». بنابراین پدیده ی فرکانسی همه جا وجود دارد. بعد در ایران اتفاقی برایم افتاد. بیرون از شهر بودم. خوردم زمین و پایم شکست. خوشبختانه در آن وضعیت کسی بود که به من کمک کند. این برای من موقعیتی بود شبیه به نوسانی به آن صورت که در پدیده فرکانسی تعریف می شود. احساس کردم که چیزی گرفته ام و می خواستم که من هم چیزی به دنیا بدهم. وقتی که به تهران برگشتم، در صلیب سرخ دوره ای دیدم. از زمانی که این راه را انتخاب کرده ام، سعی می کنم که هر قدمی که برمی دارم در این جهت باشد که بتوانم به انسانها کمک کنم. این را رسالت و هدف خودم می دانم و تنها چیزی است که به من حس آرامش می دهد. تصمیم دارم از طریق وارد شدن به حوزه پرستاری، پزشکی یا روانشناسی به آدم ها کمک کنم.

با توجه به شرایطی که به عنوان یک پناهجو داشتم، دوران سختی را پشت سر گذاشتم و همین سختیها باعث شد دچار مشکلات روحی بزرگی شوم. بنابراین من خودم در این زمینه تجربه شخصی دارم و فکر می کنم که بسیاری از آدم ها قادر نیستند به تنهایی از وضعیت سخت روحی بیرون بیایند. برای همین

istediğimiz zaman istediğimiz yemekleri pişirebilmemiz. Tıpkı eskiden Suriye'de olduğu gibi. Yurtta bu çok farklıydı, orada mutfağı herkes ile paylaşmak zorundaydık. O kadar insanla tanışıp birlikte yemek yemek de güzeldi ama kendi mutfağımızın olması bana göre çok daha iyi. Ve artık yaşadığımız odaları tanımadığımız insanlarla paylaşmak zorunda kalmamamız da bence çok iyi. Senin için yurtta kalmak nasıl Djamila ?

Djamila: Yani yaşadığımız bölge güzel, çok merkezi Ku'Damm'da. Charlottenburg'u çok seviyorum ve bu bölgeden taşınmayı istemiyorum. Ama çalıştığımdan dolayı ve üstelik bir de Sosyal Pedagoji Enstitüsü'nde derse girdiğimden dolayı çevreyi keşfetmek için maalesef pek vaktim kalmıyor. Yurda sadece uyumak için gidiyorum. Zorunlu yemek saatleri, çalışma saatlerim ile çakışmakta ve bu benim için bir sorun teşkil etmekte. Akşamları eve aç geliyorsunuz ve yemek yapmak yasak. Yemek pişirmek için veya ders çalışmak için olsun, sakinliğe ve zamanımızı plamlamaya ihtiyacımız oluyor. Bazen, önceki akşam saat sekiz buçukta eve geldiğimden dolayı, sabah saat sekizde kahvaltı yapmak zorunda kalıyorum. Saat sekizde bir şey yemezsem kahvaltı yapamıyorum ve aç karnına ödevlerimin başına oturmak zorunda kalıyorum. Bu mümkün değil. Kendim yemek yapabilseydim her şey çok daha kolay olurdu. Şu sıralar ev bulmak için çok çaba sarf ediyorum fakat ev bulmak çok zor.

Sozan: Okula gittiğim dönemlerde benim de durumum seninkinden pek farklı değildi. Örneğin yemeğe saat bir buçukta inmek zorundaydık. Daha sonra yemek için ise odamıza bir şeyler alıp götüremiyorduk. Ayrıca saat iki buçuğa kadar yemeğe inmediyseniz eğer bir şey kalmıyordu.

Djamila: Aynen! Şu an durum bundan ibaret ama eskiden çok farklıydı, hastalandığımızda veya aşağıya inemediğimizde aileden birini yollamamız mümkündü. Artık ekmek veya meyve suyunu bile odaya götürmek yasak.

Sozan: Çamaşır makineleri ile ilgili de benzer bir durum var. Randevu kartı almamız gerekiyor ...

Djamila: Çamaşırlarımızı ne zaman yıkamak istediğimize kendimiz karar veremiyoruz. Orası kendi evin değil ve bundan dolayı çamaşırlarını ne

من قصد دارم به یاری کسانی بروم که شرایطی دارند شبیه به شرایطی که من داشتم. چون راهی که من پشت سر گذاشتم، از لحاظ روحی راه طاقت فرسا و خطرناکی بود.

بخاطر شرایط سختی که در آلمان داشتم، نگاهم به همه چیز به شدت منفی شده بود. بسیار خسته بودم، چون احساس می کردم تمام دیدگاه هایم درباره زندگی زیر سؤال رفته اند و من باید همه چیز را دوباره از نو بسازم. به خودم می گفتم »ببین قبلا چه طور بودی؟ حالا در آلمان هیچ چیز نداری. خدایا آیا واقعا در این دنیا تبدیل به موجودی اضافه شده ام؟« اوایل واقعا احساس می کردم که موجودی اضافه هستم و این حس بسیار وحشتناکی بود. ذهنم تمام مدت درگیر این موضوع بود. خیلی شرایط بدی بود، چون من با دیگران، به خصوص آلمانی ها ارتباط نداشتم و زندگی در کمپ پناهجویان این مشکلات را دوچندان کرد. در مجموع در سه کمپ مختلف زندگی کردم. در اولین کمپ بیست روز را گذراندم. در کمپ دوم سه ماه زندگی کردم و بعد از این سه ماه من را فرستادند به کمپ سوم. در کمپ اول هنوز همه چیز خوب بود. کمپ در ساختمان یک مدرسه بود. آنجا با دختری به اسم سیلویا هم اتاقی بودم. او زبان عربی و انگلیسی را روان صحبت می کرد و داشت آلمانی یاد می گرفت که بتواند در رشته پزشکی تحصیل کند. سیلویا دختر باملاحظه ای بود و ورود من به کمپ را آسان کرد. ما با هم رابطه ی خوبی داشتیم. با یک خانم بسیار مهربان دیگر هم آشنا شدم که مثل من مسیحی بود.

در مدت زمانی که در این هایم مستقر بودم، کار می‌کردم. مسئول هایم پرسیده بود که من چه پیش زمینه شغلی ای دارم. من برای او گفتم که در کشور خودم فیزیک خوانده ام و کمی انگلیسی متوجه می شوم. پس از آن مسئولیت بخش شستشو را سپرد به من. وظیفه ی من مرتب کردن ملحفه ها و پتوها و توزیع آنها بین پناهجویان بود. در ضمن باید در یک لیست، آمار ملحفه ها و پتوهای دریافت شده از ساکنان کمپ و همینطور رختهای تحویل داده شده به آنها را ثبت می کردم.

اما پس از بیست روز به کمپ دیگری فرستاده شدم. آنجا مشکلات من شروع شد. اصلا احساس راحتی نمی‌کردم. کمپ از لحاظ بهداشتی وضعیت نامناسبی داشت و من حریم خصوصی نداشتم. در اتاق من هشت خانم دیگر هم زندگی می کردند. آنها مرتب غذای خود را به اتاق می آوردند و آنجا می خوردند. به نظافت اتاق اصلا توجه نمی کردند. علاوه بر این بارها اتفاق افتاد بود که وقتی حدود ساعت یازده شب از کلاس زبان آلمانی برمی گشتم و می خواستم بخوابم، می دیدم که مامورهای نگهبان کمپ در اتاق ما هستند. آنها با چند تا از هم اتاقی های من دوست بودند. برای من خیلی سخت بود که فضای خصوصی اصلا نداشتم و نمی توانستم خودم تعیین کنم که چه وقت تنها باشم و چه وقت با آدمهای دیگر.

نکته جالب این بود که در این کمپ مامور نگهبان زیاد بود اما مددکار اجتماعی ثابت وجود نداشت که برای اینگونه مشکلات بشود به او مراجعه کرد. از این نظر این کمپ شرایط بسیار بد و نامرتبی داشت. تنها دو هفته یک بار زمان محدودی در نظر گرفته شده بود برای صحبت کردن با یک مشاور اجتماعی. پس از سه ماه رنج کشیدن به کمپ سوم رفتم. تمام تلاش خودم را کرده بودم که از کمپ پیشین بیرون بیام. بعد از اینکه جابه‌جا شدم، فکر کردم که همه ی سختی ها بر طرف خواهد شد، اما آنجا متوجه

zaman istersen yıkayıp asamazsın. Mesela çamaşırlarını çamaşırhaneye asmışsan ve kızının ertesi gün işe gideceğinden dolayı onlara ihtiyacı varsa, çamaşırhanenin anahtarını ödünç almaya da hakkın yok …

– Öğrenmeyi çok istediğim başka bir şey daha var. Almanya'ya geldiğinde durumun nasıldı? İyi adapte olup hızlıca bağ kurabildin mi?

Sozan: Berlin'e geldiğimde ilk olarak yolumuzu daha iyi bulabilmek için erkek kardeşimle birlikte Almanca kursuna yazıldık. Alman dili ikimiz için de çok zor bir dildi. Sonrasında bir sene boyunca Gymnasium'da (yüksek dereceli lise) karşılama sınıfına (Willkommensklasse) gittim. Oradaki öğretmenler çok iyiydiler. Ama başörtüsü olan bir arkadaşımın durumu o kadar da kolay değildi çünkü bir çok insan ona başörtüsünden dolayı kötü davranıyordu. Bir öğretmenimin tavsiyesi üzerine meslek okuluna geçiş yaptım. Nisan'da turizm alanında bir otelde staja başlayacağım. Sende üniversitede durumlar nasıl?

Djamila: Benim için çok uzun bir yoldu ve çok çaba sarf ettim. Almanya'ya ilk geldiğimde amacım meslek yapmaktı. Bir huzurevinde bakıcı olarak staj yaptım fakat sonradan kendimi bu mesleğe ait hissedemeyeceğimi fark ettim. Ev ekonomisi alanı benim için daha uygun olacaktı. Bunun için bir eğitim sözleşmesi de aldım ama o dönemde oturumuma sadece müsamaha gösterildiği için meslek eğitimime başlayamadım. Müsamaha bu durumda şu anlama geliyor; belki bazı insanların bundan haberi yoktur, her an sınır dışı edilebilirsiniz ve bir çok şey için izin alamıyorsunuz. Mesela çalışma izninin olmaması gibi benzer şeyler. Bu durumda bir sene boyunca sabredip beklemekten yapacak başka hiçbir şeyim olmamıştı. Ama ben halen daha bir meslek veya üniversite eğitimine başlamayı çok istiyordum. Buna dair düşüncelerim hiç bir zaman yok olmadı. Sonunda 5 Şubat 2017'de, saat onyedi kırkdört'te oturum iznimi aldığımı haber veren o arama geldi [gülüyor]. Bu benim için o kadar önemli ki, asla unutamam.

Şu an sosyal pedagojik eğitmen olmak için üniversite okuyorum. Bunun yanı sıra çocuklarla da çalışmaktayım. Yedi ay önce kaldığım yurttaki çocuklarla gönüllü olarak çalışmaya başlayınca, eğitmen mesleğinin ne kadar hoşuma gittiğini fark ettim. Bundan dolayı mutlaka resmi

شدم که دچار مشکلات روحی شده ام.

دلیل اش این بود که با گذشت زمان احساس تنهایی بیشتری می کردم. من تنها آمده بودم آلمان. خانواده ام همراهم نبود و در این مدت موفق نشده بودم دوستی پیدا کنم. نمی دانم دقیقا دلیل اش چه بود که نتوانسته بودم با کسی ارتباط برقرار کنم. به هر حال این وضعیت شخصیت من را دچار تزلزل کرده بود. من فکر می کنم ما به آدمهای دیگر احتیاج داریم تا احساس اطمینان بکنیم و پی ببریم که چه راهی را می خواهیم در پیش بگیریم.

دوستان و اطرافیان به آدم حس آرامش و اطمینان می دهند، ولی من کسی را نداشتم. مسئله این بود که در کمپ هر کسی خودش درگیر مشکلات فراوانی بود، و دیگر زمانی باقی نمی ماند تا بشود با کسی ارتباط برقرار کرد. البته بیشتر آنها متاهل بودند و حداقل همدیگر را داشتند. ولی من تنها بودم.

علاوه بر این مشکل دیگر این بود که من یک دختر ایرانی مجرد بودم. اینجا زن بودن من تبدیل شد به بزرگترین مشکل زندگی من. دیگران تصور می‌کردند که اگر من با یک پسر صحبت کنم، حتما توقع خاصی از او دارم. خیلی از مردهای کمپ فکر می‌کردند که اگر با من ارتباط برقرار کنند، باعث دردسر آنها میشوم. ولی من اینطور فکر نمیکردم. من اعتقاد داشتم که یک دختر ایرانی میتواند تنها زندگی کند، یک دختر ایرانی می تواند آزادانه زندگی کند.

ولی با گذشت زمان بیشتر دچار تردید شدم، چون در مورد تجاوز و آزار و اذیت زنان بین پناهجویان زیاد شنیده بودم و می خواستم خودم را در برابر این خطرها حفظ کنم. در کمپ ما چندین مرد مجرد هم زندگی میکردند. احساس می کردم مجبورم وقتی وارد اتاق غذاخوری می شوم حتما کلاه سرم بگذارم که کسی به من نگاه نکند. آنقدر از لحاظ روحی تحت فشار بودم که تصمیم گرفته بودم بروم عمل جراحی کنم و مرد شوم. یعنی بزرگترین معضل من در این دوران زنانگی من بود.

در این زمان بود که متوجه شدم وضعیت روحی‌ام بد است و کاملا به آخر خط رسیده ام. مشکلات روحی پیدا کرده بودم. افسرده شده بودم. برای همین رفتم پیش مددکار اجتماعی کمپ. او یک خانم ایرانی بود. او مسئول امور پناهجویان فارسی زبان بود. من گفتم: »من تا به حال هیچ کمکی از تو نخواستم و همیشه تلاش کرده‌ام تا جایی که می توانم کارهایم را خودم انجام بدهم، برای اینکه نمی‌خواستم استقلال و توانایی‌ام را برای حل مشکلات از دست بدهم. ولی بعضی مسائل هستند که آدم به تنهایی از پس آنها برنمی‌آید. من در حال حاضر احتیاج به کمک دارم.«

او به من پروژه »ایپسو« (سازمان بین المللی روانشناسی) را معرفی کرد که در زمینه مشکلات روحی کمک می‌کند. من به عنوان سارای نوعی موفق نشده بودم اینجا در زندگی‌ام به خودم علاقه بورزم، با وجود اینکه خیلی تلاش می‌کردم. در چارچوب پروژه ایپسو دوباره یاد گرفتم علاقه به خودم را پیدا کنم. خانم ایرانی مددکار همچنین به من پروژه تدوین کتاب زنان پناهجو را معرفی کرد. در حال حاضر در این

anlamda onaylı bir diploma sahibi olup pedagojik bilgilerimi geliştirip, bu mesleği icra etmek ve çocukların hayatlarına dair onlara güzel şeyler öğretmek istiyorum. Bu lisans eğitimini yaptığım için çok mutluyum! Almanya'da geçirdiğim çocukluğumda eğitmenlerim ve öğretmenlerim tarafından hep çok sevildim ve bundan dolayı da kendimi bu mesleğe ait hissettim. Çocukluğumdaki deneyimlerim beni çok etkiledi.

Sozan: Ne kadar güzel! Çocukluğundan bahsetsene biraz ... Almanya'da mı büyüdün?

Djamila: Aynen, üç ile oniki yaşlarım arasında Almanya'da yaşadım, tam tamına dokuz sene ve sekiz ay. Yani çocukluğumu Azerbaycan'da değil Almanya'da geçirdim. Çocukken sadece Almanca biliyordum.

Sozan: Peki seni oniki yaşındayken neden Azerbaycan'a geri döndünüz?

Djamila: Çünkü annem memleket özlemi çekiyordu. Kız kardeşim ve annemle birlikte geri döndük ama babam burada kaldı. Havalimanındaki dramı görmeliydin, herkes ağlıyordu ve kardeşim ile ben Almanya'da kalmak istiyorduk. O zaman bile bir gün geri döneceğimi biliyordum. Azerbaycan'da Alman dili ağırlıklı bir bölümde üniversite okudum. Sonra da kardeşimin üniversiteden mezun olmasını bekledim ve birlikte Almanya'ya geri döndük. Azerbaycan'da yaşadığımız sekiz veya dokuz senelik süreçte, kreşteki eğitmenlerimiz, öğretmenlerimiz veya okul arkadaşlarımızla sürekli iletişim halindeydik. Annem bile bir süre sonra Almanya'ya geri dönmek istediğini anladı ve sonuç olarak birlikte geri döndük. Peki buraya geldiğinde Almanlar ile bir iletişimin var mıydı Sozan?

Sozan: Evet, Almanlar ile yoğun ilişkilerim vardı. Karşılama sınıfımdaki öğretmenim bana »Sen çok sempatiksin, bundan dolayı herkesle kolayca iletişim kurabiliyorsun« Farklı ülkelerden gelen birçok insanla da iletişim halindeyim ama: Afganistanlı, İranlı, Türkiyeli vs. ...

Djamila [fısıldıyor]: Azerbaycan.

Sozan: ... Azerbaycan aynen [gülüyor], ve Kürtlerle de çünkü ben de Kürdüm. Suriyeli Kürt. Okulda bayağı Alman arkadaşım da var ama bunların hepsi bana veya göçmen olan başka insanlara çok da iyi davranmıyorlar. Bazıları göçmenlerle arkadaşlık kurmak istemiyor.

پروژه همکاری می کنم، با آدمها در ارتباط هستم و می توانم با آنها تبادل نظر کنم. این پروژه از لحاظ روحی خیلی به من کمک کرد، برای اینکه من در محیط دانشگاهی بزرگ شده ام و بودن دوباره در چنین محیطی تاثیر مثبتی روی من داشت. احساس کردم با آدم‌هایی آشنا شده ام که شبیه به من فکر می کنند.

دو سال پیش بزرگترین آرزوی من این بود که خودم را پیدا کنم. برای همین تصمیم گرفتم با این دو پروژه همکاری کنم. خوشحالم که امروز می توانم با قاطعیت بگویم که خودم را پیدا کرده ام و فکر می کنم که بزرگترین آرزوی هر کس این است که خودش را بشناسد و پی ببرد به اینکه واقعا چه اهدافی را می خواهد دنبال کند. چون هر فردی نیاز به داشتن هدف دارد. انسان بدون هدف، مرده است. حتی یک فرد معتاد هم این هدف را دارد که از خواب بیدار شود و مواد مصرف کند. حتی کسی که احساس خوشبختی نمی کند هم هدف دارد. همه هدف دارند. در طول این دو سال با آدم هایی زندگی کرده و معاشرت داشته ام که واقعا در این جامعه همواره مورد تبعیض قرار گرفته اند. در این مدت تجربه های زیادی کسب کرده ام و توانسته ام خودم را بهتر بشناسم. این افراد به من ثابت کرده اند که هر کس در زندگی نیاز دارد هدفی را دنبال کند [سارا می خندد]: »آرزوهایت را دنبال کن« ـ آدم باید خواسته هایش را دنبال کند.

من اعتقاد دارم که ما آدمها باید برای دستیابی به آرزوهایمان تلاش کنیم. اما با این حال نباید در این مسیر خودمان را گم کنیم. خیلی وقتها هنگامی که ما داریم تلاش می کنیم تا به اهداف و آرزوهایمان برسیم، خودمان را فراموش می کنیم و یادمان می رود که چه کسی هستیم و خواسته قلبیمان در واقع چیست. هر انسان باید به این توجه کند که خواسته قلبی‌اش در نگاه به زندگی چیست. چیزی که من در زندگی میخواهم این است که به آرامش برسم. خانه، ماشین، پول، خانواده، فرزند، همسر ـ اینها همه جزء آرزوهای ما انسانها هستند. اما خیلی وقتها در زندگی می‌بینیم که آدمها با وجود داشتن همه چیز باز هم احساس خستگی و نارضایتی می‌کنند. چون ما این حس را نداریم که به آرامش رسیده‌ایم.

من خودم مدتها این بینش را نداشتم. به طور مثال یک بار در گفتگو با یک دوست گفتم: »من در زندگی به دنبال رسیدن به یک سری هدفها هستم.« اما او گفت: »این ها هدف هایی نیستند که من می خواهم حتما به آنها برسم.« پرسیدم: »چرا؟« گفت: »چون در وجودم آنها را دارم.« شنیدن این حرف برای من یک مقدار سخت بود. چون وقتی به این موضوع فکر کردم، متوجه شدم که شاید در وجود خودم حس خوشبختی ندارم، حس آرامش ندارم و این را از آدمها و یا اشیاء می‌خواهم بگیرم. آرامش چیزی است که نمی‌توان آن را با طمع بدست آورد و باید بتوان به آن حتی با یک چای خوردن و از طریق چیزهای جزئی دست یافت.

من قبلا هم گفتم که کمک کردن به آدم های دیگر به من حس آرامش می دهد، چون شرایط آنها را درک می‌کنم. من همچنین اعتقاد دارم که نمی توان بدون حس امنیت به حس آرامش رسید. این چیزی است که همه ما به دنبال آن هستیم. به همین دلیل می خواهم در آلمان بمانم، چون اینجا این امکان را دارم که در امنیت زندگی کنم. منظورم امنیت روانی، امنیت جسمی و امنیت مالی است ـ امنیت انواع مختلف دارد.

Sınıfımdaki bir çocuk Almandı ama Almancası çok iyi değildi çünkü Almanya'da yaşamamıştı. Bu çocuk sürekli şöyle diyordu »Ben Almanım ve siz göçmensiniz. Babam Alman, burası benim ülkem ve ben dilini çabuk öğreniyorum. Siz öyle değilsiniz, siz sadece göçmensiniz.« Onun yardımına ihtiyacımız olduğunda hep şöyle derdi »Bunu kendi başınıza da öğrenebilirsiniz. Size sürekli her şeyi anlatmak istemiyorum«. Bir keresinde bundan dolayı sınıfımızdan başka bir çocukla kavga etmişti. Ben yine de her zaman derim ki »Tüm Almanlar aynı değil, çok iyi olanlar da var.«
Çoğu yurtta mesela çalışanlar bize çok iyi davranırlardı, bazıları ile halen iletişim halindeyiz. Yaşadığımız bir tane yurt öncesinde bir hastaneymiş. Bir kreş ve bir de doktor vardı ve benim dört dil – Almanca, Kürtçe, Arapça ve Türkçe – bildiğimden oradaki çalışanlar bana »Ne zaman istersen gelip bize tercümanlık yapmakta yardımcı olabilirsin«, o zaman da ben tabi ki şöyle cevap veriyordum »Ne zaman isterseniz, seve seve.« Sürekli tercümanlık yapıyordum çünkü durmadan yeni göçmenler geliyordu.
Birçok farklı yurtta kaldık. Bazılarında durum çok kötüydü ondan dolayı bir kaç defa taşındık. Bir defasında Landesamt für Gesundheit und Soziales (Sağlık ve sosyal işleri yerel dairesi) tarafından Spandau civarlarına, çok uzak ve ıssız bir bölgeye gönderildik. Kalacağımız yer 13. kattaydı ama üç aydır asansör arızalıymış. Yurt o kadar kötüydü ki, sadece bir gece kalabildik. Sonra eşyalarımızı toparlayıp tekrardan LaGeSo'ya geri döndük. Nihayetinde onlar da bizi Ku'Damm'daki yurda yerleştirdiler ve orada Djamila ile tanıştım. Kendi evimize taşınmadan önce, toplamda üç yıl boyunca göçmen yurtlarında kaldık.
Djamila: Evet, anlattıkların bana çok tanıdık geliyor. Almanya'ya yeni geldiğinizde çok fazla zorlukla karşı karşıya kalıyorsunuz. Burada kalmak istediğimden ama oturum iznim olmadığından dolayı mesela, eğitim ve ev arayışımda çok zorlandım. İltica başvurumuzdan dolayı öncelikle bir acil konaklama yurduna taşınmamız gerekiyordu. Şu an, eve çıkma iznimizin olmasına rağmen yer bulamıyoruz. Oturum iznimle ilgili yaşadığım zorluklar ve red edilmemden dolayı çok fazla

این به این معنا است که ابتدا باید نیازهای اولیه آدم برآورده شده باشد ـ طبق هرم »مازلو« که خیلی مشهور است. بر اساس این هرم هنگامی که احتیاجات ابتدائی ما برآورده می شوند ـ خورد و خوراک، خواب، پوشاک، مسکن، روابط جنسی ـ تازه پس از آن می توان به سطح بعدی صعود کرد. مثلا ما وقتی گرسنه هستیم، نمی توانیم درست تصمیم بگیریم. هنگامی که تمایل جنسی داریم، باید حتما راهی پیدا کنیم که این تمایل برآورده شود تا بتوانیم آرام بشویم. تازه بعد از اینکه این خواسته ها برآورده شد، به سراغ خواسته های ثانوی می رویم، مانند امنیت شغلی.

به همین دلیل من نمی خواهم به ایران برگردم. من در کشور خودم به عنوان یک زن احساس امنیت نمی کنم. به طور مثال پنج سال پیش حجاب من یک کم عقب بود و یک آدم خیلی تندمذهبی آمد، قفل عصایی را از داخل ماشین برداشت و زد شیشه ماشین من را شکست و رفت. الان فضای بازتری در ایران برقرار است. اما با این وجود این مسائل همچنان وجود دارد و به طور علنی راجع به آن صحبت نمی شود، حتی وقتی که اینگونه اخبار مکرر به گوش ما می رسد. همین اواخر اخبار ناگواری منتشر شد درباره پسری که از دختری خوشش می آمد، اما این دختر با پسر دیگری دوست بوده و به همین دلیل به این پسر جواب رد می دهد. همین باعث می شود که پسر به صورت دختر اسید بپاشد. یا اصلا به طور کلی دختری را در نظر بگیریم که تحصیل کرده است و به پسری علاقه مند می‌شود. این دختر خانم چون از این پسر خوشش می‌آید باید هوای مادر پسر را داشته باشد، باید هوای پدر پسر را هم داشته باشد، هوای همه را باید داشته باشد. اگر این کار را نکند زندگی‌اش از بین میرود.

در مجموع در کشور من تبعیض جنسیتی زیاد وجود دارد و برای زن ارزش قائل نیستند. انگار زن موجودی است که فقط آفریده شده برای اینکه آشپزی کند، بچه‌داری و خانه‌داری کند ... حتی اگر موفقترین زن هم باشی، اگر آشپزی نکنی، زن خوبی نیستی، چون این به این معنا است که وظایف زنانگی‌ات را درست انجام نمیدهی. اصلا مهم نیست که تو خود در زندگیات چه دستاوردهایی داری. شهرت تو به عنوان یک زن به این مربوط است که آیا مردی که با او ازدواج میکنی ثروتمند است یا نه. این وضعیت چنان است که من به عنوان یک دختر جوان شاید مردی را انتخاب کنم که طرز فکرش با طرز فکر من تفاوت زیادی داشته باشد. چرا؟ چون در این صورت در برابر دوستان و آشنایان حفظ آبرو کرده‌ام.

نکته دیگری که من هیچ وقت متوجه نشدم این است که چرا زنان در همه جا باید خودشان را با شرایط وفق بدهند. به طور مثال اگر من در ایران سر کار بروم، باید همیشه به عنوان یک زن وقتی با مردی صحبت می کنم، سر به زیر باشم. اگر در تیمی که کار می کنم همه بگو و بخند هستند، من هم باید خودم را تطبیق دهم. اگر همه مذهبی باشند من هم باید خودم را مذهبی نشان دهم. من در این بین هیچ نقشی ندارم. مثلا اگر حوصله نداشته باشم با کسی سلام علیک کنم حتما دچار مشکل می شوم.
اینها مسائلی هستند که دولت ایران و جامعه ایرانی نمی خواهند آنها را مطرح کنند. من نمی خواهم فقط منفی صحبت کنم، نکات مثبت هم وجود دارد. اما این مسائلی که ذکر کردم به هر حال مهم هستند. من در ایران در این حوزه خیلی فعال بودم. به همین دلیل من در کشورم آدمی بودم که پذیرفته نمی‌شدم

stres yaşayıp depresyona girdim. İyi ki ailem de burda, memleketimde benimle birlikte. Almanya benim memleketim. Ama oturum durumumdan dolayı kendimi çok yabancılaşmış hissediyorum. Bu benim için gerçekten çok zor bir süreçti. Almanya'da kendimi Azerbaycan'da olduğundan daha iyi hissettiğim için. Burada büyüdüğüm için. Burada yabancı olmadığım için. Tüm ailem burada olduğundan kendimi asla yabancı hissedemem. Şu an hayatımı daha sağlama alabilmek için, öncelikle Üniversite eğitimimi tamamlamak istiyorum. İyi bir diploma ortalaması alıp, iyi bir eğitmen olmak istiyorum. Bana göre en önemlisi, insanın hep bir amacının olması ve asla umudunu yitirmemesidir. Ayrıca en kısa zamanda bir ev bulmayı umuyorum.
Sozan: Aynen, insanın kendi evinin olması çok fazla avantajı var. Nihayet misafir ağırlayabilecek duruma geldik, bunu sürekli önceden bildirmemiz gereken bir yer yok. Babam Köln'de yaşıyor ve bizi yurttayken sadece üç günlüğüne ziyaret edebiliyordu. Erkek kardeşim Leipzig'de yaşıyor. Herkes ayrı bir yerde yaşıyor [gülüyor]. Bu durumda birbirini ziyaret edebilmek çok önemli. Hep birlikte Almanya'ya gelmediğimizden dolayı, hepimizi başka bir şehire yerleştirdiler. O zamanlar Türkiye sınırında sorun yaşadığımızdan dolayı, babam bizimle birlikte gelememişti. Erkek kardeşim ise beş yıldır Almanya'da ve şu an 20 yaşında. Onun geldiği dönemde, ülkeye giriş yapmak çok daha kolaydı. Biz ise Türkiye üzerinden denizi gemiyle geçerek Yunanistan'a geçmek zorunda kaldık. O yolculuktan çok korkuyorduk. Türkiye'de de kalamıyorduk. Erkek kardeşim, sakatlığı yüzünden doktora gitmeliydi ama bunun için gerekli olan evraklar elimizde olmadığı için, Türkiye'de tedavi olamayacaktı. Daha üç yaşındaydı ve doktorların söylediğine göre tedaviye küçükken en iyi şekilde cevap verebilirdi. Toplamda Türkiye'de dört yıl yaşadık ama çok zordu çünkü babam yoktu ve annem tek başına yedi çocukla başa çıkmak zorundaydı. Tek başına yeterince para kazanamıyordu, biz ise daha okula gittiğimizden dolayı para kazanamıyorduk.
Djamila: Yeterince destek görmüyorduk ki!
Sozan: Evet, orası Almanya gibi değildi. Her şeyi kendi başına yapmak zorundaydın. Türkiye'de İş ve İşçi Bulma Kurumu yoktu. Annem ilk olarak

و مدام تحت فشار بودم. من در ایران چیزی به اسم امنیت در زندگی نداشتم. بنابراین می‌خواهم در آلمان بمانم. اما هنوز جواب درخواست پناهندگی‌ام را نگرفته‌ام.

فکر می‌کنم کسانی که در مصاحبه‌ی من برای درخواست پناهندگی حضور داشتند، حرفهای من را خوب متوجه نشدند. چون رشته تحصیلی من فیزیک بوده است، یک مقدار متفاوتتر صحبت می‌کردم و طرز بیانم برای آنها عجیب بود. اینطور بود که مثلا من یک معادله ریاضی یا فیزیک را در نظر می‌گرفتم که الف را اینجا داریم و ب را آنجا و اینها را به هم ربط می‌دادم. توضیحاتم برای خود من کاملا منطقی بود. اما مصاحبه کننده حرفهای من را متوجه نشد. پس از مدتی جواب منفی برای من آمد. این واقعا برای من ضربه بدی بود. من را از لحاظ روحی دوباره به عقب کشید، انگار که دوباره باید همه چیز را از اول شروع کنم.

من باید دو سه هفته بعد امتحان زبان ب آینس را می‌دادم، اما جواب منفی که برای درخواست پناهندگی گرفتم، آنقدر در روحیه من تاثیر بد گذاشت که دیگر در امتحان شرکت نکردم و تا همین الان در شرایطی نبودم که بخواهم امتحان بدهم. در ذهنم دائما از خودم می‌پرسیدم: »ای وای، چرا من؟ چرا من که در کشورم از هر لحاظ تحت فشار بودم و واقعا یک پناهنده بودم؟ چرا برای من این اتفاق میافتد؟« جواب منفی به من صدمه‌های مختلف زد. من یک شغل کوچک پیدا کرده بودم، ولی به‌خاطر جواب منفی، به من اجازه کار ندادند. در مورد پیدا کردن آپارتمان هم به دلیل جواب منفی در شرایط بسیار محدودتری قرار گرفتم. تمام صاحبخانه‌ها اول از من می‌پرسند که وضعیت اقامتم چگونه است. آنها نمی‌خواهند به من خانه بدهند چون فکر می‌کنند که بعد از سه یا چهار ماه باید به کشور خودم برگردم. با این وضعیت نم‌یتوانم برای زندگی‌ام برنامه طولانی مدت بریزم.

دوباره دچار افسردگی شدم. در وجودم احساس اضطراب و ترس از آینده داشتم. به همین دلیل اصلا نمی توانستم روی یاد گرفتن زبان تمرکز کنم. اما الان به این نتیجه رسیده‌ام که نباید با این احساسات منفی زندگی خودم را خراب کنم و باید بر آنها غلبه کنم. متوجه شدم که در صورتی موفق خواهم شد که به خودم اعتماد داشته باشم و باور داشته باشم که از پس مشکلاتم برمی‌آیم.

زندگی برای من مثل یک کوانتوم می‌ماند: اینکه در زندگی چه پیش می‌آید برای همه ما نامعلوم است و ما کنترلی روی آن نداریم. اما من در حال حاضر در این دنیا هستم و جایگاهی دارم. شاید جایگاه خوبی نباشد و من شرایط خوبی نداشته باشم، اما میتوانم تلاش کنم روی روند شرایط تاثیر بگذارم. می‌توانم درس بخوانم، می توانم زبانم را بهتر کنم. در این صورت شاید کم کم وضعیتم بهتر شود. در نهایت باید انعطاف پذیر و صبور باشم. من در آلمان ارزش کلمه »صبر« را متوجه شدم. صبر یکی از عناصر مهمی است که در آلمان به آن احتیاج دارم تا بتوانم احساس خوشبختی کنم. و از همه بیشتر احتیاج به شانس دارم مثلاً می توانم از شانس صحبت کنم وقتی الان دیگر مجبور نیستم در کمپ زندگی کنم و در عوض چهار ماه است که در یک آپارتمان مشترک با یک خانم آلمانی زندگی می‌کنم. اما متاسفانه زندگی کردن با او سخت است. او دوست دارد همه چیز را کنترل کند و میخواهد همه به شیوه او زندگی کنند. به

erkek kardeşim ve kız kardeşim ile birlikte buraya gelmiş. Ben abim ile birlikte Türkiye'de kalmıştım o sıralar. Sonra okulu da bırakmak zorunda kaldım çünkü para kazanmak için çalışmalıydım. İstanbul'a gidip tekstil atölyelerinde çalıştık. Çok ağır bir işti ... Ama şimdi buradayım ve tekrardan okula gitmeye başladım. Çok aktifim, yazı yazmayı çok seviyorum, basketbol oynuyorum, dans ediyorum, dağcılık yapıyorum. Göçmen yurtlarına yardıma gitmeye devam edeceğim çünkü ben de orada yaşadım ve bunun ne kadar zor olduğunu biliyorum. Almancayı çok iyi öğrenip, çok iyi bir ortalama ile okulu bitireceğim. Sonra bir de meslek yapmaya başlayacağım. Ama en çok istediğim şey, erkek kardeşimin iyi olması!

نظر من این درست نیست. مثلا من همیشه سعی میکنم که از کسی توقعی نداشته باشم و طرز تفکر و سبک زندگی دیگران را هر چند متفاوت بپذیرم. من به آدمها به عنوان وسیله برای رسیدن به آرزوهایم نگاه نمی‌کنم. به آدمها اینطور نگاه میکنم که آیا دوست دارم با آنها اوقات خوبی داشته باشم یا نه. این باارزشترین نکته در زندگی ما آدمها است. در آلمان در کلیسا با آدمهای جالب و مهربانی آشنا شدم. به طور مثال یکی از آنها مرد شصت ساله‌ای است که خیلی مهربان است و علاقه دارد از من زبان فارسی یاد بگیرد. یک خانم آلمانی دیگر هم هست که من با او رابطه‌ی خوبی دارم.

من می‌خواهم به تمام خواننده‌های این کتاب بگویم که چقدر خوب است که ما کتاب بخوانیم و با هم با فکر باز رو به رو شویم، با هم راجع به مسائل صریح صحبت کنیم، یعنی خودمان را سانسور نکنیم. وقتی که من از مشکلاتم بگویم و تو از مشکلات خودت بگویی، متوجه می‌شویم که چقدر هم حس و همدرد هستیم. برای همین من در اینجا راجع به افکارم صحبت می‌کنم و به اینگونه قدم مثبتی در جهت گفتگو و تبادل افکار و تجربیات برمی‌دارم. من همچنین در این مدت یاد گرفتم که وقتی که قادر باشم آدمها را ببخشم ،می‌توانم زندگی بهتری داشته باشم. برای همین سعی میکنم دیدگاه آدم‌ها به زندگی را درک کنم.

ما همه نمی توانیم پیشبینی کنیم که راهمان در زندگی چه راهی خواهد بود. مهم این است که تسلیم نشویم و همواره به پیش رویمان نگاه کنیم و دنبال آرزوهایمان برویم. من بسیاری از مسائل موجود در زندگی را از زبان برخی شاعران ایرانی خیلی خوب متوجه شدم. یکی از آنها می‌گفت که زندگی همانند حس غریبی است که یک مرغ مهاجر دارد. من یک مرغ مهاجر هستم که دارم با احساساتم زندگی می‌کنم. وقتی که احساساتمان را با اطرافیان خود تقسیم نمی‌کنیم، شاید آنها فکر کنند که مثلا من از آنها خوشبخت‌تر هستم. ما همیشه خود را با دیگران مقایسه می‌کنیم. وقتی که ما از شرایط دیگران اطلاع نداریم و نمی‌توانیم مشکلات و درد آنها را درک کنیم، به هم صدمه میزنیم. من خودم را شبیه به یک شیشه می بینم. وقتی کسی من را ناراحت می‌کند، من مثل شیشه می‌شکنم و تبدیل می شوم به یک آدم زخمی که هر کسی را هم که به من نزدیک می‌شود زخمی می‌کنم. اینطوری بین آدمها درگیری به وجود می آید. این مسائل در تمام فرهنگ‌ها وجود دارد.

Warten / انتظار
Bekleme / صبر کردن

واژه نامه

منابع این نقل قول‌ها ـ که بعضی از آنها کمی تغییر کرده و یا تکمیل شده اند ـ در آخر واژه نامه به زبان آلمانی آمده اند. مفاهیمی که در این واژه نامه ذکر و توضیح داده شده اند، به اینگونه ⇐ علامت گذاری شده اند.

اخراج:

که به آن »بازگرداندن« نیز گفته می شود، خارج شدن اجباری از آلمان تحت نظر پلیس و یا اداره دیگر است که گاهی با استفاده از خشونت هم اجرا می گردد. اخراج معمولاً زمانی عملی می شود که اجازه اقامت دیگر تمدید نشود و یا در حالتی که افراد اجازه اقامت نداشته باشند.

اداره ایالتی امور اجتماعی و بهداشت (لاگزو):

اداره ایالتی امور اجتماعی و بهداشت (لاگزو) مسئولیت ثبت، تأمین، مراقبت و اسکان پناهجویان را در برلین داشت. به دلیل وضعیتِ بحرانی در اداره ایالتی امور اجتماعی و بهداشت در اواسط سال ۲۰۱۷، اداره جدید التأسیسی به نام اداره ایالتی در امور پناهجویان (لاف) این وظایف را به عهدهِ گرفت.[23]

اقامت تحمل شده:

اقامت تحمل شده با توجه به قانون خارجیان در آلمان به همان برگه تاییدیه ای گفته می شود که به صورت موقت حکم ⇐اخراجِ خارجیانی که برگه ترک خاک گرفته اند را ابطال می کند(⇐اخراج). اقامت تحمل شده برای افراد در آلمان اقامت قانونی شمرده نمی شود. فردِ تحمل شده متعاقباً باید خاک آلمان را ترک کند، اما به طور موقت کسی را با زور اخراج نمی‌کنند. اقامت تحمل شده ممکن است برای چند روز و یا چند ماه صادر گردد. با ختم تاریخ برگه اقامت تحمل شده و یا ابطالِ آن، فرد باید بلافاصله منتظراخراج باشد در سه ماه اول ممنوعیت شغلی وجود دارد، در مواردی خاص، گرفتن کار بدون موافقت اداره کار مجاز نیست. افرادی که بیش از سه ماه اقامت تحمل شده دارند، می توانند کار کنند، اما اجازه اداره مربوط به امور اتباع خارجی را لازم دارند. افرادی که اقامت تحمل شده دارند، در سه ماه اول فقط اجازه دارند در داخل یک ایالت مسکن اختیار کنند، در صورتی که اداره امور خارجیان اقامتشان را محدود نکرده باشد (⇐یعنی

Terim Sözlüğü

Bu alıntıların, kısmen uyarladığımız, yazılı dilde cinsiyetini düzelttiğimiz veya tamamladığımız kaynakçası Almanca terim sözlüğünün sonunda sıralanmıştır. Terim sözlüğünde bağımsız bir maddede açıklaması yapılan terimler, şu şekilde ⇒ işaretlendirilmiştir.

Acil Barınma Yerleri:
Acil Barınma Yerleri, özellikle 2015 yılında çok sayıda oluşan ve göç etmiş insanlar için geçici olarak kurulan sığınaklardır. Aslında sadece geçici olarak, ilk etapta İltica sürecinin (⇒İltica) başında veya tam içinde bulunan insanlar için kurulacaklardı. Bunun için okullar, spor salonları, balon çadırlar, eski havaalanı binaları, eski alışveriş merkezleri ve tek tük de olsa eski hostel ve oteller, gerekli altyapılar olmadan, yüzlerce bazen de binlerce insanın barınması için kısa sürede sözde uygun hale getirildiler. Aslında sadece kısa süreliğine kurulmuş olsalar da, bir çok insan kısmen yıllarca bu acil barınma yerlerinde yaşadı. Hatta bazıları düzenli ⇒Toplu Barınma Yerleri kabul edildikten sonra tekrar bir Acil Barınma Yerine geri gönderildiler.

Aile Birleşimi:
Aile Birleşimi, evlilik ve ailenin Almanya'da devletin özel koruması altında olduğunu söyleyen Anayasanın altıncı maddesinin mantıklı bir sonucudur. Bu koruma aynı şekilde göçmenler için de geçerlidir. Peşinden taşınma hakkı sadece çekirdek ailenin üyelerinin sahip olduğu bir haktır, yani Almanya'da sadece eş, Medeni Birliktelikler, reşit olmayan bekar çocuklar ve refakatçisiz, reşit olmayan çocukların velileri. [10]
Yeterince erken zamanda Aile Birleşimi başvurusunda bulunan ve ⇒resmi olarak ›tanınmış mülteci‹ oturum iznine sahip şahıslar için,

سکونت اجباری) استثناء و در موارد خاصی، ممکن است محدودیت مکانی اقامت نداشته باشند. [9]

اقامتگاه های اضطراری/موقتی:
اقامتگاه های اضطراری اسکان موقتی اند که برای افرادِ پناهجو به ویژه در سال ۲۰۱۵ به تعداد زیاد تأسیس شدند. این اقامتگاه ها به دلیل کمبود خانه های مسکونی اجتماعی برای افرادی که در آغاز و یا در جریان روند پناهندگی (⇐پناهندگی) قرار داشتند، برای مدت کوتاهی ایجاد شدند. برای این هدف مدرسه ها، سالن های ورزشی، سالن های ساز های بادی، ساختمان قدیمی فرود گاه ها، مراکز قدیمی خرید و گاهی خوابگاه های قدیمی و هتل هایی که امکانات زیرساختی نداشتند، در مدت کوتاهی به محل اسکانِ صد ها و گاهی هم هزار ها انسان تبدیل شدند. هرچند که این اقامتگاه ها برای مدت زمان کوتاه در نظر گرفته شده بودند، اما باز هم بعضی سال ها در این اقامتگاه های اضطراری سکونت کردند و حتی بعد از پذیرش در ⇐اقامتگاه های مشترک عادی دوباره به اقامتگاه اضطراری منتقل شده اند.

اقامتگاهِ مشترک:
اصطلاح اقامتگاه مشترک اولین بار در قانون روند تصمیم گیری در مورد پناهندگی (⇐پناهندگی) سال ۱۹۸۲ به کار رفته است. دلیل مهم به کارگیری این کلمه بار معنایی مثبت واژه »مشترک« است. [15] در واقع این گونه اقامتگاه ها اکثراً کاستی های زیرساختاری دارند، از جمله تفاوت بین گروه ها و در عین حال انزوای ساکنان اقامتگاه، ⇐حضور افرادِ امنیتی کم آموزش دیده و یا نژادپرست، ⇐وجود تبعیض جنسیتی، تقلیل دادن استاندارد های زندگی، کنترل مداوم ساکنان اقامتگاه و همچنین دسترسی ادارات دولتی به این افراد که هر زمانی می توانند آن‌ها را ⇐اخراج کنند. واژه »مشترک« با درنظرداشت این پیش زمینه کمتر مناسب به نظر می آید.

انسان شناسی اجتماعی و فرهنگی:
موضوع بحث علم انسان شناسی اجتماعی و فرهنگی، تنوع شیوه های زندگی انسان است که عمدتاً عصر حاضر را بررسی می‌کند. موضوعات این رشته علمی عبارتند از اشکال سازمان های اجتماعی، اقتصادی، سیاسی و مذهبی و هم چنین سیستمهای هنجارها و ارزش هایی که باعث ایجاد فعالیت های انسانی می شود. تمرکز بیشتر بر نقشِ ایده‌ها، نمادها ها، زبان (ها)، شیوه ها و اشیاء و همچنین در زمینه روابط سیاسی، اقتصادی و مذهبی و موضوعاتی قرار دارد که همزیستی اجتماعی و فرهنگی را شکل می دهد. [34]
در نتیجه موضوع به اشکال نابرابری های اجتماعی می‌پردازد. [35]

آنکر سنتر (آنکر= ورود، تصمیم‌گیری، توزیع منطقه ای و بازگرداندن):
این واژه به اقامتگاه هایی در آلمان اطلاق می شود که برای اسکان و ⇐اخراج پناهجویان در نظر گرفته شده اند. قرار بر این بوده است که اولین مراکز آنکر در پائیز سال ۲۰۱۸ آغاز به فعالیت کنند. آنکر سنتر ها به عنوان مراکز اصلی پذیرش، تصمیم گیری و بازگرداندن پناجویان برنامه‌ریزی شده اند. تصمیم گیری در باره تقاضای پناهندگی (⇐پناهندگی) در این مراکز باید »سریع، فراگیر و قانونی صورت گیرد«، این

kolaylaştırılmış koşullar geçerlidir. Bundan dolayı bu durum, ›Ayrıcalıklı Aile Birleşimi‹ olarak adlandırılmaktadır. Geçim masraflarının teminatı ve Almanca bilgisinin belgelenmesi gibi önkoşullar bu durumda iptal olur. [11] ⇒İkincil koruma oturum iznine sahip olan şahıslar için Mart 2016 yılından beri Aile Birleşimi imkanı ortadan kaldırıldı. [12] Bu askıya alma durumu o zamandan beri bir kaç defa uzatıldı. 1 Ağustos 2018'den beri ikincil koruma hakkına sahip şahısların en yakın aile bireylerinin, Aile Birleşimi kapsamında o şahısların peşinden taşınmaları tekrardan mümkün kılındı. Fakat sadece sınırlı sayıda, aylık 1.000 kişi için. [13]

Ankerzentrum (AnKER = Varış, Karar, yerel dağılım veya geri gönderme):
Bu terim ile Almanya'da göç etmiş insanların barındırılma ve ⇒ sınır dışı edilmeleri için bulunan konaklama yerleri adlandırılmaktadır. İlk merkezlerin aslında 2018 sonbaharında faaliyete geçmeleri gerekirdi. »AnKER-merkezleri« göç etmiş insanların merkezi kabul, karar ve sınır dışı edilme merkezleri olarak planlanmışlardı. CDU/CSU ve SPD 2018 ittifak sözleşmesine göre, burada iltica prosedürleri (⇒İltica) ›hızlı, kapsamlı ve hukuki güvenlikle işleme alınacaklardı‹. Bu merkezlerin amacı, iltica süreçlerindeki kararları belirgin bir şekilde hızlandırıp, oturum hakkı tanınmayan insanları daha hızlı ve sorunsuz bir şekilde sınır dışı etmek olacaktır. Bunun sonucunda şehirlere ve yerel yönetimlere artık sadece »AnKER-merkezi'nde« yapılan denetim sonrasında ›pozitif kalma perspektifi‹ verilen sığınmacılar ›dağıtılacaktır‹. Planlanmış merkezler, göç eden insanların hare-ketliliklerini ve toplumsal varlıklara olan ulaşımlarını engelleyen, tecrit ve kontrol politikalarının bir göstergesidir. ›Anker‹ (çapa) terminolojisi insanlara güven veriyormuş algısını yaratmakta, ancak bu merkezler göçmenlerin asıl ihtiyaçları karşısında umursamaz gibi görünmektedirler. [2]

beyaz/Beyaz olmak:
›beyaz‹ ve ›beyaz olmak‹ tıpkı ›Siyahi olmak‹ gibi biyolojik bir özelliği veya hatta sözümona ten rengini belirlememektedir, politik ve sosyal bir tasarımı adlandırır. Beyaz olmak ile ⇒ırkçılık olgusundaki güç

نکته در قرارداد حکومت ائتلافی میان حزب دموکرات مسیحی آلمان و حزب سوسیال دموکرات آلمان در سال ۲۰۱۸ ذکر شده است. اهداف این مراکز عبارت است از سرعت تصمیم گیری در مورد روند پناهندگی افراد و نیز اخراج سریعتر و آسانتر آنانی که اجازه اقامت دریافت نکرده‌اند. در نتیجه فقط آنهایی در شهرها و بخش‌ها اسکان داده می شوند که بعد از بررسی در »آنکر سنترها« در مورد آنها »امیدواری پذیرفته شدن در آلمان« وجود داشته باشد. این مراکز برنامه‌ریزی شده نشان دهنده سیاست انزوا و کنترل است که آواره گان را از تحرک و از دسترسی به امکانات اجتماعی محروم می سازد. واژه »آنکر« در ظاهر نشان دهنده امنیت برای افراد است، اما در حقیقت به نظر می رسد که این مراکز نسبت به نیازهای واقعی پناهجویان کاملا بی تفاوت هستند. [2]

پدرسالاری/پدرسالارانه:

واژه پدرسالاری بیان کننده ساختار های اجتماعی است که در آن تسلط مردان وجود دارد و به سطح جهانی سیستم برتری جویانه فشار و بهره کشی مبتنی بر جنسیت اعمال می شود. این ساختارها پدیده های طبیعی و بدیهی نیستند، بلکه توسط انسان ساخته شده اند. نظام پدرسالارانه از طرف ساختار های دیگر قدرت حمایت می شوند، از جمله توسط سرمایه داری، ⇐نژاد پرستی، دگرجنس گرایی و تصور اینکه فقط دو جنسیت وجود دارد و این جنسیت ها »طبیعی« هستند

پناهنده پذیرفته شده:

منظور، اجازه اقامتی است که افراد آن را بر أساس کنوانسیون ژنو در ⇐مورد پناهندگان (گفک) به دست می آورند. بر این اساس افرادی به عنوان پناهنده پذیرفته می شوند که در خارج از کشور اصلی خویش اقامت دارند، از طرف کشور اصلی شان حفاظت نمی شوند و یا بدلیل ترس از تعقیب و پیگرد توسط عوامل دولتی و غیر دولتی نمی خواهند از حمایت کشور مبداء شان برخوردار شوند. ترس ازتحت تعقیب قرار گرفتن به دلیل ⇐نژاد پرستی و ⇐ملی گرایی و یا به دلیل تعلق به دین و مذهب، اعتقادات سیاسی و تعلق به برخی گروه های اجتماعی (خصوصاً به دلیل گرایش جنسی) از طرف دولت به عنوان دلایل موجه برای ترکِ کشور مبداء تلقی می گردد. افرادی که کارت اقامت »پناهنده پذیرفته شده« را دارند، اجازه اقامت سه ساله دریافت می کنند. و پس از سپری شدن سه الی پنج سال می توانند درخواست برای اجازه اقامت دائمی ارائه دهند. اما به دلیل شرایط متعدد این اقامت به سختی به دست می آید. عنوان اقامتی »پناهنده پذیرفته شده« برای شما اجازه کار را فراهم می کند. (در این مورد تفاوت آن را با ⇐اجازه اقامت تحمل شده مقایسه کنید). پناهندگان پذیرفته شده تحت شرایط خاص حق تقدم در رابطه با پیوست به خانواده را دارند (⇐الحاق خانوداه). [1]

پناهندگی:

به معنی محل اقامت امن، در زبان یونانی به معنی »محلی که فرد بوسیله زور و فشار از آنجا منتقل نگردد«. قانون اساسی آلمان به پناهندگان سیاسی حق پناهندگی اعطا می کند. (ماده ۱۶ الف قانون اساسی). این حق اقامت در آلمان تنها به افرادی تعلق می گیرد که نتیجه بررسی در مورد آنها نشان دهد که آنها به

ilişkisinde, dominant ve ayrıcalıklı konum anlatılır. Bu konum normalde dile dökülmez ve adlandırılmaz. [39] Beyaz olduklarından dolayı ayrıcalıklı olan insanlar iş dünyasına, emlak piyasasına, eğitim sistemine, sağlık sistemine ve siyası katılıma ⇒PoC ve ⇒Siyahi insanlara göre daha kolay erişebiliyorlar.

Cinsiyetçilik/cinsiyetçi:
›Cinsiyetçilik‹ kavramı 1960'lı yıllarda, ABD kadın hareketi kapsamında ortaya çıkmıştır. Başlarda bu terim dişil olarak kategorize edilmiş veya edilen insanların aşağılanmasına işaret ederdi. Cinsiyetçilik, cinsiyetlerinden dolayı aşağılanan ve haksız yere eşit davranılmayan insanların maruz kaldığı durumu tanımlamaktadır. Bu esnada insanlar, zaten çok farklı değerlendirilen belli başlı kalıplara sokulurlar. Farklı cinsiyetlere sahip çeşitli insanlar cinsiyetçi aşağılanmaya maruz kalabilirler, ancak doğumunda ›eril‹ cinsiyet ile tanımlananlar ve kendilerini de erkek olarak tanıyanlar (sözgelimi cis-Erkekleri) buna dahil değillerdir. Cinsiyetçilik ⇒Irkçılık, Homo ve Trans birey düşmanlığı gibi aşağılama şekilleri ile kesişmektedir. Bu duruma göre, cinsiyetçi anlamda aşağılanan insanların hepsi aynı sonuçları yaşamamaktadırlar. ⇒Siyahi Kadınlar örneğin ⇒beyaz kadınlardan daha farklı türlü aşağılanma şekillerine maruz kalmaktadırlar. [32]

Hot-Spot:
Hot-Spot'lar Yunan Adalarındaki Toplama Kamplarıdır (⇒Kamp) Bu terim kulağa çağdaş ve etkili gelmektedir Fakat Yunanistan'daki ›Hotspot'lar‹ bunun tam tersidirler: İnsan Hakları Savunucuları belli aralıklarla berbat hallerinden şikayetçi olurlar, çoğu zaman şiddete kadar varır bu durum. [18]

Irkçılık/ırkçı:
Irkçılık şahısları ve grupları gerçek veya atfedilmiş fiziksel veya kültürel özellikleri (örneğin ten rengi, köken, dil, din) yüzünden homojen bir grup olarak resmeden, olumsuz değerlendiren, aşağılayan ve dışlayan bir ideoloji, süreç ve uygulamadır. [26] Bu esnada gerçek veya atfedilmiş

دلیل تعقیب و پیگرد سیاسی کشور خویش را ترک کرده اند.[3] پناهندگی سیاسی (حق پناهندگی سیاسی) طبق ماده ۱۶ الف قانون اساسی به حفاظتی گفته می شود که نسبت به پناهندگی سیاسی طبق کنوانسیون ژنو در ⇐مورد پناهندگان (گفک) محدود تر است و صرفاً به افرادِ خیلی محدود اعطا می گردد. حق پناهندگی در آلمان - مثل سایر کشور ها - نه تنها به دلیل تعهدات حقوق بین المللی بر أساس کنوانسیون ژنو در مورد پناهندگان از سال ۱۹۵۱ اعطا می گردد، بلکه در آلمان این حق به عنوان یکی از حقوق اساسی در قانون اساسی جا دارد. این حق به منظور حفاظت از کرامت انسانی به مفهوم جامع تر آن به کار می رود. در اصل تنها تعقیب توسط دولت مد نظر گرفته می شود، یعنی هنگامی که فرد از طرف حکومت مورد پیگرد قرار گیرد. در صورت سفر از طریق کشورِ امن سومی اعطای حق پناهندگی سیاسی طبق ماده ۱۶ الف قانون اساسی [آلمان] رد می شود.

تبعیض جنسیتی:

واژه »تبعیض جنسیتی« در سال های ۱۹۶۰ به عنوان بخشی از جنبش زنان آمریکایی به وجود آمده است. در آغاز این واژه بیان کننده تبعیض به جنس زن بود. تبعیض جنسیتی نشان دهنده تبعیض، برخورد و رفتار ناعادلانه به دلیل جنسیت است. در اینجا افراد مبنی بر خصوصیات مشخص و منحصر به فرد رده بندی می شوند و این خصوصیات به صورت جداگانه ارزیابی می گردند. افراد مختلف با جنسیت های متفاوت می توانند تجارب تبعیض جنسیتی را پشت سر بگذرانند، اما کسانی که در زمان تولد جنسیت شان »مرد« باشد و همینطور کسانی که خود را متعلق به جنسیت مردانه می دانند (به اصطلاح همسوجنسی)، چنین تجاربی را عملاً مشاهده نمی‌کنند. تبعیض جنسیتی با سایر تبعیض ها مانند ⇐نژادپرستی، همجنسگرا ستیزی و تراجنسی ستیزی وغیره، همپوشانی می‌کند. در نتیجه تمامی افرادی که با تجربه جنسی تبعیض آمیز برخورد داشته‌اند، عواقب مشابهی را تجربه نمی‌کنند. مثلاً ⇐زن های سیاه تبعیض متفاوتی را نسبت به ⇐زن های سفید تجربه می کنند.[33]

تبعیض طبقاتی:

تبعیض طبقاتی بیان کننده تبعیض به دلیل موقعیت اجتماعی افراد در یک جامعه است. این تبعیض متوجه طبقه کارگر و به اصطلاح »طبقه فقیر« و نیز شامل نگرش و رفتار ها نسبت به این طبقات اجتماعی اقتصادی است.[20]

توریسم پناهندگی:

واژه هایی مانند »توریسم پناهندگی« و یا »سوء استفاده از پناهندگی« بازی با کلمات سیاسی اند و از سال های ۱۹۸۰ و زمانی مورد استفاده قرار گرفتند و مواقعی مورد استفاده قرار می گیرند که حق پناهندگی در شرف محدود شدن باشد. واژه گان جدید مثل این کلمه برای راستگرا های افراطی به عنوان کلمات مبارزه عمل میکند تا آنها کلا ⇐حق پناهندگی را زیر سوال ببرند و یا دلایل پناهندگی پناهجویان را به صورت کلی غیر قانونی بخوانند. اصطلاحات گمراه کننده هستند، زیرا این یک سوءاستفاده از ادعای یا درخواست حق نیست حتی اگر درخواست ناموفق باشد.[5]

özellikleri ve bunlara bağlı olan vasıflar değiştirilemez ve aşağılanan kolektifler değersiz olarak gösterilmektedirler. [27] Irkçılık tarihsel olarak büyümüş, Avrupa Kolonyalizmi'nden ayrı görülemeyecek, ekonomik sömürü ve ⇒ beyaz üstünlüğünün fikri ile bağı olan bir yönetim sistemidir. Irkçılık günlük hayatta vardır ve bireysel, yapısal ve kurumsal düzeylerde görülür. [28]

İkincil Korunma Hakkı:

İkincil Korunma Hakkı, Anayasa Maddesi 16a ⇐Mültecilerin Statüsüne İlişkin Cenevre Sözleşmesine göre ne mülteci korunmasını ne de iltica hakkını (⇒İltica) alamamış, fakat geldikleri ülkede ciddi zarar görme tehdidi ile karşı karşıya olup kendi ülkelerinin korumasını talep edemeyen veya bir tehtit yüzünden talep etmek istemeyen insanlara verilen oturum iznidir. Bu ciddi zarar görme tehdidi hem resmi hem de resmi olmayan aktörler tarafından gelebilir. İkincil Korunma Hakkına sahip olan insanlar, bir yıllık bir oturum izni alırlar. İkincil Korunma Hakkının uzatılma durumunda ise her defasında iki yıllık izin alırlar. Ancak beş yıl geçtikten sonra süresiz oturum iznine geçme imkanları olur bu ise bir çok önkoşulu (geçimi garanti altına almak gibi) olduğu için çok zor erişilebilir bir durumdur. ›İkincil Korunma Hakkı‹ oturum izni iş piyasasına engelsiz erişim de sağlamaktadır (⇒Müsamaha'dan farklı olarak). [36] 2016 yılından beri, İkincil Koruma Cenevre Sözlemesi Korunması yerine, özellikle suryeli göçmenlere verilmektedir. ⇒Aile Birleşimi konusunda bununlar birlikte sınırlanmalar da oluyor.

İltica:

Korunaklı ikamet, yunancada ›bir şahsın şiddetle alınıp götürülemeyeceği yerdir‹. Alman anayasası siyasi göçmenlere iltica hakkı tanımaktadır. (Art. 16a GG). Almanya'da süresiz oturum izni sadece bir denetleme sonucunda, siyasi kovuşturmadan dolayı ülkesini terk ettiği kanıtlanan şahıslara verilir. [3] Federal Almanya Cumhuriyeti Anayasası Madde 16a'ya göre siyasi iltica (iltica hakkı), ⇒Cenevre Sözleşmelerine göre daha sınırlı olan ve son derece az sayıda sığınmacıya tanınan ulusal bir koruma şeklidir. Almanya'da iltica hakkı, çok sayıda farklı devletlerde

حمایت تکمیلی:

حمایت تکمیلی نوعی اجازه اقامت است و به افرادی تعلق می گیرد که طبق کنوانسیون ژنو در مورد ⇐پناهندگان (گفک) نه حق حمایت پناهندگی و نه حق حیثیت پناهندگی (⇐پناهندگی) را طبق ماده ١٦ الف قانون اساسی به دست آورده باشند، اما خطر جدی در کشور های مبداء شان متوجه انها است و از حمایت کشور مبداء خویش برخوردار نیستند و یا به دلیل تهدید نمی خواهند از حمایت کشور مبداء خویش برخوردار شوند. این خطر جدی ممکن است از طرف حکومت و یا عوامل غیر دولتی نشات گیرد. افرادی که از حق حمایت تکمیلی بر خوردار می شوند، اجازه اقامت یکساله دریافت می کنند، بعداً در زمان تمدید، این اقامت به مدت دو سال دیگر تمدید می شود. بعد از سپری شدن پنج سال این افراد حق دارند تا اقامت دایمی را دریافت کنند، چیزی که بدلیل شرایط زیاد (مثلاً تأمین مخارج زندگی) مشکل بدست می آید. اجازه اقامتِ »حمایت تکمیلی« حق دسترسی نا محدود به بازار کار را فراهم می کند (به گونه مثال متفاوت از ⇐اقامت تحمل شده). [37] از سال ٢٠١٦ به ویژه به مهاجران سوری اغلب حق حمایت تکمیلی به عوض حق حمایت پناهندگی طبق کنوانسیون ژنو در مورد پناهندگان داده می شود. زیرا این حمایت مثلاً در ارتباط به حقوق محدود شده ⇐الحاق خانواده پیوند دارد.

رنگین پوست/ رنگین پوست ها:

رنگین پوست/رنگین پوست ها کلمه‌ای است که معمولاً توسط افرادی به کار می‌رود که خود نژاد پرستی را تجربه می کنند. این کلمه بار اول در حرکت حقوق مدنی در ایالات متحده امریکا استفاده شده و هدف آن متحد کردن افرادِ مخلتفی است که ⇐نژاد پرستی را تجربه می کنند. تا اینکه نیرو های خود را متحد و به صورت مشترک در برابر نژاد پرستی مبارزه کنند.[25]

سفید/سفید بودن:

»سفید« و »سفید بودن« همانند »سیاه بودن« بیان کننده خصوصیات بیولوژیکی مشخص و در اصطلاح رنگ پوست نمی باشد، بلکه نشان دهنده ساختار سیاسی و اجتماعی است. منظور از سفید بودن موقعیتِ برتر و با امتیاز مناسبات قدرتِ ⇐نژادپرستی است که این نوع موقعیت اکثراً سربسته و نا گفته می ماند. [40] افرادی که به دلیل سفید بودن از امتیازات ویژه ای برخوردار هستند، معمولا دسترسی آسانتر به بازار کار، بازار خانه، سیستم آموزشی، تأمین بهداشتی و اشتراک سیاسی دارند، به ویژه در مقایسه با افراد ⇐رنگین پوست و ⇐سیاه پوست.

سیاه:

سیاه یک توصیف شخصی است و موقعیت اجتماعی کسی را که تحت تاثیر نژادپرستی قرار دارد، توصیف می کند. سیاه بزرگ شده است تا تأکید کند که این از یک الگوی نقشه برداری ساخته شده است و به دلیل رنگ پوست، یک ویژگی واقعی نیست بنابراین سیاه بودن به این معنی نیست که به یک گروه قومی واقعی یا مورد قبول اختصاص داده شود، بلکه به تجربه مشترک نژادپرستانه نیز مربوط می شود که به نحوی از نظر اجتماعی به وجود می آید. [31] »سیاه« نیز کلمه صحیحی برای افراد سیاه پوست است که منشا آفریقایی

olduğu gibi sadece 1951 Cenevre Sözleşmelerine olan taahhütten dolayı tanınmamaktadır; ondan ziyade temel hak olarak anayasal güvence altındadır da. Insan onurunu daha kapsayıcı bir şekilde koruma görevini görür. Esasen sadece devlet kovuşturmaları, yani devlet tarafından yapılan kovuşturmalar dikkate alınmaktadır. Güvenli üçüncü bir ülke üzerinden yapılan girişlerde anayasa maddesi 16a'ya göre oturum izni alınması mümkün değildir. [4]

İltica turizmi:
›İltica turizmi‹ veya ›İltica istismarı‹ gibi terimler, 1980'li yıllardan beri özellikle iltica hakkını kısıtlamalar söz konusuysa kullanılan siyasi anahtar kelimeleridir. Bunun gibi yeni terimler radikal sağ gruplar tarafından, ⇒iltica hakkını sorgulamak veya mültecilerin iltica nedenlerini toptan yasa dışı kılmak için savaş terimleri olarak kullanılmakta. Bu terimler yanıltıcıdır çünkü hak talep etmek veya buna başvurmak, bu istek başarız sonuçlansa da bir istismar değildir. [5]

İş Ve İşçi Bulma Kurumu:
İş Ve İşçi Bulma Kurumları, işsizlik parası II (ALG II) – yani temel bir güvence – alan insanların yönetildiği, kamuya açık bir kuruluştur. Bu kuruluşlar Federal İş ve İşçi Bulma Kurumu (BA) ve yerel taşıyıcılar tarafından desteklenmektedirler. İş ve İşçi Bulma Kurumları, meslek eğitimlerinin ve (iş piyasasına) dahil etme etkinliklerinin gerçekleşmesini olanak sağlıyorlar ama aynı zamanda bunları zorunlu da kılabiliyorlar. Bununla birlikte ALG II alan insanlar ile potansiyel iş verenler arabuluculuğunu yapmaktalar. [19]

Kaçakçılar:
Kaçakçılar kelimesi bu kitapta göçmenleri para karşılığında sınırdan geçiren ve onların çaresizliklerinden faydalanan insanlara veya organizasyonları tanımlamak için kullanılır. Kaçakçılar çoğu zaman yasadışı ve sorumsuz hareket etmektedirler, örneğin insanları kullanılmaya müsait olmayan şişme lastik botlarla Akdeniz'e yollayabiliyorlar. Ayrıca kaçakçıların göçmenlere karşı fiziksel ve piskolojik şiddet uyguladığına

دارند یا به این معنی است که مردمی در تاریخ خود، ریشه و روابط خانوادگی با قاره آفریقا دارند در زبان آلمانی کلمه »افرودویچه« »افریقایی-آلمانی« نیز وجود دارد. [32]

قاچاقچیان:

کلمه قاچاقچی در این کتاب به افراد و یا سازمان هایی اطلاق می شود که افراد مهاجر را در مقابل پول از مرز ها رَد می کنند و از حالت درماندگی آنها سود می برند. قاچاقچیان اغلب جنایتکارانه و خطرناک عمل می کنند، مثلاً آنها افراد را در قایق های غیر مطمئن در دریای مدیترانه رها می کنند. گذشته از آن گزارشات فراوانی در مورد خشونت فیزیکی و روانی قاچاقچیان نسبت به افراد مهاجر وجود دارد. باید روشن بیان کرد که در اینجا منظور افرادی نیستند که (به طور رایگان) به مهاجران کمک می کنند، جان افراد را در آب نجات می دهند و یا در بخش کمک به پناهجویان مشغول اند.

قانون پیوست به خانواده:

قانون پیوست به خانواده از جمله پیامد معقول ماده ٦ قانون اساسی آلمان محسوب می شود که بر طبق آن زوج و خانواده در آلمان از حمایت خاصِ دولت برخوردار هستند. این حمایت برای پناهجویان نیز هست. حق الحاق صرفا به اعضای هسته‌ی خانواده تعلق می گیرد، یعنی در آلمان این حق صرفا مربوط به زوجین ، زوج ثبت شده، اطفالِ زیر سن قانونی و مجرد و پدر و مادر اطفال زیر سن قانونی است. [10] افرادی که ⇐اجازه اقامت »پناهنده پذیرفته شده« را دارند، در صورتی که درخواست برای پیوست به خانواده رادر زمان معین ارائه کنند، شرایط آسانتری برای درخواست آنها در نظر گرفته می شود. به همین دلیل به آن »امتیاز پیوست به خانواده« گفته می شود. در چنین موقعیتی، داشتن شرایط تأمین مایحتاج زندگی و هم چنین مدرک آشنایی با زبان و شرط داشتن مسکن برای تمامی افرادی که ملحق می شوند، الزامی نیست. [11] افرادی که ⇐حمایت تکمیلی را دارند، امکان پیوست به خانواده در مورد آنها از ماه مارس ۲۰۱٦ لغو گردیده است.[12] شرایط ملغا شده از آن زمان چندین بار تمدید شده است. از تاریخ ۱ ماه آگست ۲۰۱۸ پیوست به خانواده که شامل نزدیکترین افراد خانواده است، در مورد افرادی که حمایت تکمیلی دارند، دوباره امکان پذیر شده است. اما برای یک گروه محدود ۱۰۰۰ نفر در ماه. [13]

قرارگاه:

کلمه قرارگاه به اقامتگاه های کمکی موقتی که برای اسکان جمعی در نظر گرفته شده اطلاق می شود. ⇐اقامتگاه های مشترک نیز مشمول طبقه بندی کمپ می شوند. هرچند که طرح کمپ به عنوان راهِ حل کوتاه و موقتی تا زمان تصمیم گیری سریع در مورد درخواست پناهندگی (⇐پناهندگی) در تضاد با واقعیت های اسکان قرار دارد که سال ها و یا دهه ها دوام پیدا می کند. در اینجا این یک تصمیم سیاسی است که کمپ ها به عنوان اقامتگاه های موقتی صرفاً با استاندارد های پائین تجهیز شده اند. با ایجاد چنین کمپ ها در چارچوب تغییرات جدید در قانون روند پناهندگی در سال ۱۸۹۱ می بایست پناهجویانی که هنوز هم در حال فرار هستند، با شرایط سختِ زندگی در آلمان مانع فرار آنها شد. کاربرد اصلی اسکان در کمپ ها انزوا سازی افرادِ ساکن در کمپ ها و پائین آوردن استاندارد های زندگی به منظور راندن مردم از آلمان است.

dair raporların sayısı artmakta. Şunu kesin bir şekilde belirtelim ki, bu kelime insanlara (para almadan) yardım eden, denizde kurtarma ve yardım operasyonları yapan veya göçmenleri destekleyenler için kullanılamaz.

Kamplar:
⇒İltica bağlamında, çeşitli barındırma biçimleri için kullanılan terim. (⇒Toplu Barınma Yerleri, ⇒Lager, ⇒Acil Barınma Yerleri).

Karaya çıkarma platformu (toplama noktası):
Bürokrat Almanca'sında ›Anlandeplattformen‹ (karaya çıkarma) diye de adlandırılır. İltica politikalarında (⇒İltica) bunlar, Avrupa Birliği dışında oluşması planlanan toplama kamplarıdır (⇒Kamp). Amaç şu; Akdeniz'de toplanan insanlar bu kamplara gönderilecek. Bu kamplarda Birleşmiş Milletler Mülteciler Yüksek Komiserliği ve uluslararası iltica organizasyonları gelen insanları ›ilticacı‹ veya ›göçmen‹ olarak kayıt altına alacaklar. İlticacı olarak kabul edilen (⇒Resmi olarak tanınmış mülteci), Avrupa Birliğine götürülme şansına sahip olacaktır. [6]

Kürdistan:
Aslında Fars dilinden gelen Kürdistan terimi onikinci yüzyılda oluşmuştur (miladi takvime göre) ve ›Kürtlerin ülkesi‹ anlamına gelir. Genel olarak kabul görmüş bir tarifi olmadığı için, Kürdistan konuya bağlı olaraktan farklı şekillerde kullanılır; bu küçük düşürmek için kullanımdan siyasi slogan kullanımına kadar kapsar. Fakat her kavrayış biçiminde, bu terim ile ulusal devlet sınırlarını aşan İran, Irak, Suriye ve Türkiye'deki bölge adlandırılır. Kürdistan bölgesi, bilhassa su zenginliği ve petrol kaynaklarından dolayı tarihi anlamda uğruna çok savaşılmış bir bölgedir. Bu bölgede yaşayan Kürtler devlet talebine karşı ve komşu ülkelerin homojenleştirme çabalarına karşı mücadele etmekteler. Kürdistan kelimesi, hiç bir zaman net ve sürekli sınırları olan resmi politik bir birlik ile denk düşmediği için, farklı aktörlerin toprak mutabeleleri çeşitli bir şekilde tanımlanmakta. [21]

عدم چشم انداز آینده و نداشتن اقامت باید شرایط را برای پناهجویان دشوارتر سازد. همزمان کمپ ها زمینه کنترل مستقیم بر مهاجران را فراهم نموده و همیشه دسترسی إدارات را برای ⇐اخراج آنها ممکن می سازد. [22]

کنوانسیون ژنو در مورد وضعیت پناهندگان (گ ف ک):
کنوانسیون ژنو مهمترین توافق‌نامه بین‌المللی حقوق پناهندگان است که به واسطه آن مشخص می شود چه کسی به عنوان ⇐پناهنده پذیرفته و از حمایت بین المللی برخوردار می شود. »معاهده حقوقی وضعیت پناهندگان« که نام اصلی کنوانسیون ژنو است، در سال ۱۵۹۱ تصویب شد. بیش از ۱۰۰ کشور، از جمله آلمان کنوانسیون ژنو را امضا کرده اند. در قانون اقامت آلمان آمده است که هیچ فردی را که شرایط پناهندگی طبق کنوانسیون ژنو را داشته باشد، نمی توان اخراج کرد.[16]

کمپ های سومی:
به زبان بوروکراسی آلمانی به آن »محل رسیدن« نیز گفته می شود. در سیاست پناهندگی (⇐پناهندگی) این کلمه به قرارگاه نگهداری (⇐قرارگاه) اطلاق می شود که باید خارج از خاک اتحادیه اروپا ایجاد شود. برنامه طوری ترتیب شده است که افرادی که در دریای مدیترانه نجات داده می شوند، باید به آنجا فرستاده شوند. تا حالا این گونه افراد به اروپا فرستاده می شدند. در کمپ ها این افراد باید توسط کمیساریای عالی سازمان ملل متحد در امور پناهندگان و سازمان بین المللی مهاجرت یا به عنوان »پناهنده« و یا به عنوان »مهاجر« ثبت نام شوند. هر فردی که به عنوان پناهنده پذیرفته می شود (⇐پناهنده پذیرفته شده)، شانس این را دارد که به اتحادیه اروپا برود. [6]

کمپ ها:
این کلمه در روند ⇐پناهندگی برای أنواع مسکن به کار می رود. (⇐اقامتگاه های مشترک، ⇐کمپ مهاجران، ⇐اقامتگاه موقتی).

گواهینامه (مدرک) زبان:
چارچوب مشترک سطوح زبان اروپایی، سطح زبان زبان آموزان را به شش سطح مختلف زبانی طبقه بندی کرده که از »آ۱« (A1) (سطح مقدماتی) شروع و به »سی ۲« (C2)(سطح پیشرفته عالی) ختم می شود. [36] سطح های پیشرفته زبان توسط تست های یکسان زبان مشخص می گردند. به منظور درخواست برای کار و یا آموزش فنی حرف های مشخص، سطح های ویژه زبانی الزامی اند. (به طور مثال »سی ۱« (C1) برای ورود به دانشگاه در آلمان).

مراکز کاریابی (جاب سنتر):
مراکز کاریابی (جاب سنتر) امکانات عمومی برای مدیریت افراد است و مسئولیت رسیدگی به افرادی را دارند که حقوق بیکاری دوم یعنی - حقوق امنیت اجتماعی عمومی - را دریافت می کنند. این نهاد ها از طرف اداره فدرال کار و (هر کدام) توسط اداراتِ محلی اداره می شوند. مراکز کاریابی می توانند زمینه

Lager:

Kamp olarak, destekleyici, geçici ve çok sayıda insan için kurulan barınma yerleri tarif edilir. Kamp olarak kategorize edilmesi, ⇒Toplu barınma yerleri ile denk düşer, ama İltica başvurusunun (⇒İltica) sonucunu alana kadar, kısa süreli ve geçici bir çözüm olan kamp konsepti, yıllardır veya on yıllardır süregelen barınma yerlerinin gerçekliği ile zıt durmakta. Kampların geçici donanımının çok düşük seviyede bir yaşam standardına imkan tanıması, siyası olarak amaçlanmış bir durumdur. İltica davaları yasasının 1981 yılında yenilenmesi ile birlikte kurulan bu kamplar sayesinde, göç halinde olan mülteciler Almanya'daki kötü yaşam koşullarından dolayı korkup, iltica etmekten vaz geçeceklerdi. Kamp barınaklarının en önemli görevleri, mağdurların toplumsal tecridi ve hayat standardının düşürülmesidir ki insanlar Almanya'dan kaçsın. Burada ikamet etmenin perspektifsizliği hissedilir olsun. Aynı zamanda bu kamplar mültecilerin doğrudan kontrol edilmesine hizmet eder, ⇒Sınır Dışı için resmi dairelerin bu insanlara anında ulaşabilmesi sürekli mümkün olmalı. [22]

Milliyetçilik/milliyetçi:

Milliyetçilik kelimesi altında, merkezi referans noktası ulusal devlet olan bir ideoloji anlanmalıdır. Kapsayıcı ve de hariç tutan bir milliyetçilik olarak ayrım gözetilir. Kapsayıcı milliyetçilik, toplumun siyasi ve kültürel gruplarını kapsayan ve böylelikle tamamlayıcı bir etkisi olan milli bilincin daha ölçülü olduğu bir şekildir. Bunu örneğin, Afrika veya Asya'nın, sömürgesizleştirme esnasında milliyetçiliğin sosyal entegrasyon aracı olarak resmi bir kimlik oluşturmak için araç olarak kullanıldığı bazı ülkelerinde görmek mümkün. Bu kitapta sadece hariç tutan milliyetçilikten bahsedilmekte. Bunlar, kendi ulusunu yücelten ve ilahlaştıran, aynı zamanda başka ulusları ve ⇒ırkçı ayrımcılığa uğramış insanları ve azınlıkları kendi ülkelerinde küçük düşüren bir ideolojiyi tanımlamaktalardır. Hariç tutan milliyetçiliğin tarihi ve güncel etkileri örneğin şunlardır; sömürgecilik, nasyonal sosyalizm, sözgelimi etnik temizlikler ve soykırımlar. Avrupada milliyetçilikler çoğu zaman radikal sağ hareketinin ideolojik temelini oluşturmaktalardır. [24]

آموزش های تکمیلی و برنامه های ادغام (در بازارِ کار) را فراهم کنند - و یا دستور اجرای این بر نامه ها را به صورت جبری صادر کنند – و افرادی را که حقوق بیکاری نوع دوم دریافت می کنند، به کارفرماهای بالقوه معرفی می کنند. [19]

مرکز ترانزیت:

واژه »ترانزیت« طبق تعریف [فرهنگ لغت] دودِن به معنی »انتقال کالا ها و یا عبور افراد از یک کشور سوم است«. امروزه واژه منطقه ترانزیت در درجه اول از فرودگاه ها شناخته می‌شود، جایی که در آن از یک هواپیما سوار هواپیمای دیگر می شوند. در آینده در آلمان آن عده متقاضیان پناهندگی (⇐پناهندگی) که در حقیقت مسئولیت روند پناهندگی شان را یک کشور دیگر به عهده دارد، در مرز اتریش در مراکز ترانزیت نگهداری می شوند. این گونه مراکز باید از نظر حقوقی خارج از خاک اصلی محسوب شوند، انگار که این مراکز خارج از این کشور قرار گرفته‌اند. بر اساس این منطق ⇐اخراج سریعتر ممکن می شود، چون افراد در واقع وارد این کشور نشده اند – اصطلاح آن: »داستان عدم ورود به کشور«. [38]

مرکز عمومی پذیرش (هات اسپات):

هات اسپات ها مراکز پذیرش اولیه (⇐قرارگاه) در جزایر یونان هستند. این اصطلاح مدرن و موثر به نظر می رسد اما »هات اسپات« ها در یونان وضعیت کاملا متفاوتی دارند. فعالان حقوق بشر مکرر از شرایط بد شکایت می کنند، در چنین جاها اغلب خشونت رخ می‌دهد. [18]

ملی گرایی/ملی گرا:

واژه ملی گرایی بیان کننده ایدئولوژی است که مرجع آن دولت ملی می باشد. در اینجا بین دولت ملی گرای فراگیر و ملی گرای بسته و منحصر به فرد تفاوت وجود دارد. ملی گرایی فراگیر شکلی از آگاهی ملی متعادل است که گروه های سیاسی و فرهنگی یک جامعه یک پارچه و در هم ادغام می شوند. می توان در کشورهایی در آفریقا و یا آسیا کشورهایی را دید که در آنها ملی گرایی در فرایند استعمار زدایی به عنوان وسیله یک پارچه سازی اجتماعی با هدف ایجادِ هویت ملی بکار گرفته شده است. در این کتاب صرفا از ملی گرایی بسته صحبت می شود. این نوع ملی گرایی نشان دهنده ایدئولوژی است که ملت خود را برتر شمرده و اعتلاء می دهد و همزمان با سایر ملت ها و همچنین اقلیتها در کشور خودشان رفتار نژادپرستانه و تبعیض آمیز دارد و آنها را حقیر می شمارند. تاثیراتِ تاریخی و فعلی ملی گرایی بسته و منحصر به فرد به عنوان مثال استعمار، نازیسم، پاک سازی قومی و نسل کشی در اروپا می باشند. در اروپا ملی‌گراها اکثراً اساس ایدئولوژی راستگراهای تندرو را تشکیل می دهند.[24]

نژادپرستی/نژادپرستانه:

نژادپرستی یک ایدئولوژی، یک پروسه و یک شیوه است که افراد و گروه ها را به دلیل خصوصیات ظاهری بدنی/فیزیکی و یا فرهنگی (بطور مثال رنگ پوست، منشاء، زبان، مذهب) به عنوان گروه های هم نوع تقسیم بندی کرده، قضاوت منفی می‌کند، در برابر ایشان تبعیض قائل شده و آنها را منزوی می سازد.[27]این خصوصیات عینی و یا فرضی و صفاتی که به آنها نسبت داده می شود، غیر قابل تغییر و مردمی که به آنها

Mültecilerin Statüsüne İlişkin Cenevre Sözleşmesi:
Mültecilerin Statüsüne İlişkin Cenevre Sözleşmesi, kimin Mülteci olarak kabul görüp uluslararası korunma altına alınacağına dair en önemli uluslararası sözleşmedir. Asıl açılımı ile ›Mültecilerin Statüsüne İlişkin Cenevre Sözleşmesi‹, 1951 yılında çıkarılmıştır. Bu süre içinde 100'den fazla devlet bu sözleşmeyi imzaladı. Bunların arasında Almanya da var. Alman oturum izni yasalarına göre Cenevre Sözleşmesinin mülteci tanımına uyan hiç kimse sınır dışı edilemez. [16]

Müsamaha:
Alman Yabancılar Kanunu'na göre, müsamaha, ülkeden çıkış yapmak zorunda olan şahısın ›⇒sınır dışı işleminin geçiçi olarak durdurulması‹'na denir. Müsamaha bu şahısa yasal bir oturum izni tanımaz. Müsamaha edilen şahıs yine de federal bölgeyi terk etmek zorundadır, ancak ülkeden çıkışı, geçici bir süre için bile olsa sınır dışı etmenin zorlaması ile yapılmaz. Müsamaha belgesi bir kaç gün veya bir kaç aylığına verilebilir. Belgenin süresinin dolması veya iptali ile birlikte, şahıs doğrudan sınır dışı edilmeyi hesaba katmalıdır. İlk üç ay boyunca çalışma yasağı konulur, eğer ki mevzubahis olan işe başlamak istisnaen İş ve İşçi Bulma Kurumu'nun onayı olmadan geçerli değilse. Üç aydan beri Müsamaha belgesine sahip olan şahıslar, ancak yabancılar dairesinin izni ile esas olarak bir işe girebilirler. Müsamaha sahibi olan şahıslar ilk üç ay boyunca tek bir eyalette bulunma hakkına sahipler, eğer ki Yabancılar Dairesi ikametgâhlarını daha fazla kısıtlamadıysa. İkâmetgah konusundaki mekânsal kısıtlamalarının bazı durumlarda istisnalar mümkündür. [9]

Patriarki/ataerkillik:
Patriarki terimi eril baskınlığının sosyal yapılarını ve dünya çapında hakim olan cinsiyete dayalı baskı ve sömürü sistemini ifade etmektedir. Bu yapılar doğal veya tartışmasız bir fenomen değillerdir. Aksine insan eliyle yaratılmışlardır. Patriarki sistemi çeşitli güç yapıları tarafından desteklenmektedir. Örneğin kapitalizm, ⇒ırkçılık, heteroseksüel norm ve de sadece iki tane ›doğalında‹ var olan cinsiyetin olduğu fikri.

تبعیض روا می شود را کم ارزش نگاه می کنند. [28]نژادپرستی یک سیستم حکمروایی تاریخی و رشد کرده است که بدون شک با استعمار اروپایی، برده داری، بهره‌کشی اقتصادی و دیدگاه برتریت سفید ها ارتباط دارد. نژادپرستی در زندگی روزمره قابل درک است و می تواند در سطوح فردی، ساختاری و تشکیلاتی اتفاق بیافتد.[29]

Person/People of Color (PoC):
Person/People of Color (PoC), ırkçılığa maruz kalmış insanların kendilerini tanımlamak için kullandıkları terimdir. Bu terim ABD'nin yurttaşlık hakları hareketi süresinde oluşmuştur ve ⇒ırkçılığa maruz kalan çeşitli grupları bulup birleştirmeyi hedefler ki güçleri birleştirip birlikte ırkçılığa karşı mücadele edilebilsin. [25]

Resmi olarak tanınmış mülteci:
Mülteci Statüsüne İlişkin Cenevre Sözleşmesi temelinde şahısların kazandığı oturum izni. Bu sözleşmeye göre, ülkeleri dışında bulunan, ülkelerinin korumasını talep edemeyen veya hükümetin veya hükümet dışı aktörlerin korumasını haklı sebeplere dayanan takip edilme korkularından dolayı talep etmek istemeyen insanlar, mülteci olarak kabul görür. ⇒Irkçı ve ⇒milliyetçi sebeplere dayanan veya dini kimlik, siyasi görüş ve belli sosyal gruplara aidiyet (örneğin cinsel yönelimden) dolayı görülen hakiki zulüm veya bu zulmü görme endişesi, devlet tarafından memleketini terk etmek için haklı sebepler arasında görülmektedirler. Resmi olarak ›tanınmış mülteci‹ ünvanını kazanmış şahıslar, üç yıllık bir oturum izni alırlar. Ancak üç ile beş yıl arası bir süreden sonra süresiz oturum iznine başvurma imkanları olur. Ancak bu konuma erişmek fazlasıyla önkoşulu olmasından dolayı zor. ›Tanınmış mülteci‹ oturum izni, şahısların çalışmasına müsaade etmektedir (örneğin bakınız; ⇒Müsamahalı oturum izni ile fark). Kabul görmüş mülteciler belli koşullar altında imtiyazlı aile birleşimi için hak kazanırlar (bakınız ⇒Aile birleşimi). [1]

Sağlık Ve Sosyal İşler Dairesi (LaGeSo):
Sağlık ve Sosyal İşler Dairesi, Berlin'de göçmenlerin kaydı, bakımı ve barınmasından sorumluydu. 2017 yılının ortalarında, LaGeSo'daki korkunç durumdan dolayı yeni kurulan Mülteci İşleri Dairesi (LAF) bu görevleri üstlendi. [23]

Sınıfçılık/sınıfçı:
Sınıfçılık, toplumlar içerisinde sosyal statüden dolayı yapılan bir

قدردانی

در کنار انجمن پولی لوگ افراد زیادی بودند که در انتشار این کتاب نقش بسزایی ایفا کرده اند. ما در اینجا از تمام آنها سپاسگزاری می کنیم. ما بویژه از کسانی قدردانی می کنیم که تنها با همکاری آنها این کتاب فرصت انتشار پیدا کرد. بدون کار مترجمان زیادی که با ما در چارچوب این پروژه همکاری کرده‌اند، انتشار این کتاب امکانپذیر نمی بود و فعالیت مشترک ما به عنوان یک انجمن صورت نمی گرفت. برای ترجمه و مکتوب کردن گفتگوها به زبان عربی، فارسی و ترکی به ترتیب حروف الفبا از حنین ابو الروس، زلیخا افضالی، امانی السقاف، حشمت الله امین، آیدا آذرنوش، ازگی بیاض گل، ریم ماهر، هنریته راداتس، فادی صالح و همینطور انجمن ترجمه ماهارا. برای ترجمه های همزمان هنگام سمینارها از زهرا غفارا قره بلاق، هایدی تلقبینی، نیره عبدل الرحمان، و دانا حداد سپاسگزاری می کنیم. از فریده زبرجد و آناهیتا موسیزاده نیز برای ترجمه های متون لازم برای سمینارها در فرصت کوتاه سپاسگزاریم. از اسما اساکوتی و اوش اشم یتس (Usch Schmitz) بابت بازبینی دقیق متن عربی و آلمانی کتاب تشکر می کنیم. همچنین از نیکولا فردرما و فریده زبرجد برای بازبینی و اصلاح متن ترکی و فارسی متشکریم. همچنین از دنیا خوری برای مقایسه متن آلمانی و عربی متن کتاب تشکر می کنیم.

مراقبت از کودکان برای اینکه والدین آنها بتوانند در پروژه شرکت کنند معمولا دست کم گرفته می شود. است که هنگام سمینارها مراقبت از (Püncktchen) سپاسگزاری ویژه ما متعلق به موسسه پونکتشن کودکان شرکت کنندگان را به عهده گرفت. حمایت مالی این بخش از سوی برنامه »به دانشگاه آزاد برلین خوش آمدید« صورت گرفت. هدف این برنامه تسهیل کردن ورود پناهندگان به دانشگاه و فراهم کردن فرصت تحصیل برای آنها است.

برای طراحی و ارائه کارگاه های آموزشی پربار در مورد همکاری چند زبانه در چارچوب یک سمینار، از مارگو ریچت (Margaux Richet) سپاسگزاری می کنیم. همینطور از سیان اوماتیک (Siân O'matic) نیز برای ارائه کارگاه آموزشی در مورد راه و روش مکتوب کردن گفتگوها قدردانی می کنیم.

از بریگیته رایسن کاستودیز(Brigitte Reysen-Kostudis) از دفتر مشاوره روانشناسی دانشگاه آزاد برلین برای همراهی ما در حین سمینار و دادن مشاوره روانشناسی سپاسگزاریم. از هدی تکریتی برای حضور در

ayrımcılık şeklini tasvir eder. Bu ayrımcılık şekli işçi sınıfına karşı ve ›yoksulluk sınıfı‹ denilen sınıfa ayrıca da bu sosyo-ekonomik sınıflara atfedilen icraatlar ve fikirlere yapılmaktadır. [20]

Sınır Dışı Etme:
Masumlaştırmak için ›geri gönderme‹ olarak da adlandırılır. Kısmen şiddetle gerçekleştirilen, polis veya resmi görevli eşliğinde yaptırılan Almanya çıkışı. Sınır dışı etme durumu genelde oturum izni uzatılmadığında veya şahısların hiç oturum izni olmadığında gerçekleşir.

Siyahi:
Siyahi bir kendini tanımlama şeklidir ve ⇒ırkçılığa maruz kalan toplumsal bir konumu tanımlar. ›Siyahi‹ büyük harfle yazılır ki bunun kurgulanmış bir sınıflandırma örneği olduğu ve ten rengine bağlanabilecek gerçek bir özellik olmadığı belli olsun. Siyahi-Olmak, hakikaten var olan veya varsayımsal bir ›etnik grubun‹ parçası olmak anlamına gelmez, aynı zamanda toplumsal olarak belli bir şekilde algılanmak da ortak ırkçılık deneyimleri ile bağlantılıdır. [30] ›Siyahi‹ ayrıca Afrikalı veya Afrodiasporal bağları olan siyahi insanlar için doğru bir tabirdir. Afrodiasporal, Afrika kıtasına geçmişinde akrabalık ilişkileri olan insanlara denir. Almanca bağlamında ›Afroalman‹ terimi de mevcut. [31]

Sosyal ve Kültür Antropolojisi:
Sosyal ve Kültür Antropolojisi, ilk olarak şimdiki zamana bağlı olan bir perspektiften, insan yaşam şekillerinin çeşitliliği ile ilgilenmektedir. Bu disiplinin konu alanları sosyal, ekonomik, politik ve dini organizasyon şekillerini ve de insan faaliyetini motive eden Kural ve değerler sistemini kapsamaktadır. Odak noktası burada hem fikirlerin rolü, semboller, dil(ler), pratikler, objelerde hem de sosyal ve kültürel birlikteliğe şekil veren, daha geniş politik, ekonomik ve dini bağlantılardadır. [33] Bu sebepten bu bilim dalı aynı şekilde sosyal eşitsizliklerin formları ile de ilgilenmekte. [34]

Toplu Barınma Yeri:
›Toplu Barınma Yeri‹ kelimesi ilk defa 1982 yılındaki İltica davası

جلسات مختلف سمینار و معرفی کارهایش، همینطور از به تصویر کشیدن هنرمندانه ی لحظه های مختلف از گفتگوها در قالب طراحی هایش سپاسگزاریم. این کتاب تازه با تکمیل شدن طراحی ها، چهره ای را پیدا کرد که ما در نظر داشتیم.

موسسات و سازمان های متعددی در برلین تلاش می کنند از طریق پروژه های مختلف به انسان هایی که در شرایط سخت قرار دارند، کمک کنند. در اینجا ما از موسسات و نهادهایی که در جلسه معرفی این پروژه در ژانویه سال ۲۰۱۸ برای معرفی کارها و فعالیت های خود شرکت کردند بسیار سپاسگزاریم و برای برقرار کردن تماس فردی با شرکت کنندگان سمینار تشکر می کنیم، از جمله آریوو برلین(Arivo Berlin)، هینبون (HÎNBÛN)، اینتوتو (in2TU)، نهاد بین المللی فضای زنان، (StadtRand) مرکز محلی لولو و شتاتراند، ردی موسسهی انتگره شدن در فضای مجازی (ReDI)، نهاد تیو (TIO) و تیریکسیویتس (Trixiewiz). از روکان مالس (Rukan Malas) برای ترجمه همزمان هنگام دیدارها سپاسگزاریم.

نیکلا لاره السمارایی (Nicola Lauré al-Samarai) با حمایت ارزشمندش در تمام روند فعالیت همواره همراه ما بود. ازصمیم قلب از در اختیار گذاشتن تجربیات و حمایتش از کار گروهی و همینطور برای توصیه ها و پیشنهادهای مفید و متعدد او سپاسگزاریم.

از مریم ولمار(Miriam Wollmer) و ماری پیپر(Marie Piper) برای بازبینی دقیق واژهنامه کتاب قدردانی می کنیم. برای برقرار کردن تماس های ارزشمندی که توفی نخله و رامی سیریانی و مددکارها و مدیرهای کمپ ها برای ما انجام دادند بسیار سپاسگزاریم. بدون کمک آنها این انجمن امکان رشد به سبک فعلی را نمی داشت. در اینجا برای حفظ ناشناس ماندن برخی از شرکت کنندگان از ذکر نام آنها خودداری می کنیم.

نهایت سپاس را به مرکز مارگاریتا فون بنتو (Margherita-von-Brentano) از دانشگاه آزاد برلین برای حمایت مالی این پروژه در قالب جایزه مارگاریتا فون بنتو ابراز می داریم. از بخش سیاست و جامعه شناسی دانشگاه برلین نیز به پاس فراهم آوردن فرصت برابر برای زنان و مردان برای شرکت در این پروژه قدردانی می کنیم. تشکر و تقدیر ما همچنین برای موسسه پژوهشی مردم شناسی جامعه و فرهنگ دانشگاه آزاد برلین است که با حمایت های مالی به پیشبرد انتشار این کتاب کمک کردند.

از بربل شیلر(Bärbel Schiller) برای فراهم کردن مکان مناسب برای برقراری جلسات سمینار و نگهداری از فرزندان شرکتکنندگان تشکر می کنیم. از دستاندرکاران نشر اونراست (Unrast)، مارتین شوریگ (Martin Schürig) و اورزولا اشمیتس(Usch Schmitz) تشکر می کنیم برای اعتماد و برخورد بردبارانه ی آنها با سوال های مکرر ما.

در پایان می خواهیم از تمام کسانی که در کراودفاندینگ (جذب سرمایه جمعی) این پروژه سهیم بوده اند، تشکر کنیم. هر یورو که آنها در این پروژه سرمایه گزاری کرده اند، نقش موثری برای پیشبرد فعالیت های ما داشته است. همان طور که هزینه این پروژه از طریق کمک های خیرخواهانه تامین شده است، ما نیز قصد

yasasında (⇒İltica) kullanıldı. Kelime seçimindeki etkin sebep, ›Toplu‹ kısmının olumlu çağrışımları olmuştur. [15] Hakikatte ise bu barınma yerlerinin altyapısal bir çok eksikliği vardır, hem fazlasıyla heterojen aynı zamanda da ikamet edenleri izole eder, var olan güvenlik personeli kısmen kötü eğitim görmüş veya ⇒ırkçı ve/veya ⇒cinsiyetçidir, hayat standardının düşürülmesi, burda yaşayanlarının sürekli gözetlenmesi ayrıca da devlet dairelerinin her an burada yaşayanlara ulaşma imkanına sahıp olup onları sınır dışı edebilmesi. Toplu kelimesi bu gerçekler göz önünde bulundurulursa pek de uygun sayılmaz.

Transit Merkezleri:
›Transit‹ terimi Duden'e (Alman Dil Kurumu Sözlüğü) göre ›Ürün taşımacılığı veya üçüncü ülkeden geçen şahısların geçişi‹ anlamına gelir. Günümüzde transit bölgelerini öncelikle hava limanlarından biliriz, yani bir uçaktan diğer uçağa ulaşılan bölge. İleride Almanya'da, aslında başka bir ülkenin sorumlu olduğu İlticacıların (⇒İltica) Avusturya'daki transit merkezlerinde tutulmaları planlanmaktadır. Bu bölgeler yasalara göre diplomatik dokunulmaz bölgeler olarak, yani ülke dışındaymış gibi işleyecekler. Bu mantığa göre, ⇒Sınır dışı etme eylemi daha hızlı gerçekleşebilecektir, çünkü bu insanlar aslında gerçek anlamda ülkeye giriş yapmış olmayacaklardır. Bunu terimi ise ›Ülkeye giriş yapmamanın kurgusu‹. [37]

داریم با درآمد فروش این کتاب، کمک مالی خود را به موسسه هایی تقدیم کنیم که با ترویج تبعیض های نژادپرستانه و نابرابری های جنسی در جامعه مقابله می کنند و برای داشتن جامعه ای یکپارچه و حقوق برابر شهروندان تلاش می کنند.

Teşekkürler

Polylog Koletifi'nin yanı sıra, bu noktada teşekkürlerimizi sunmak istediğimiz daha bir çok insan bu kitabın hayata geçirilmesinde oldukça etkili oldu.

Herşeyden önce, sayelerinde bu kitabın basılması mümkün olanlara teşekkür etmek istiyoruz. Bunlar özellikle Unrast Yayınevindeki danışmanlarımız, Martin Schürig ve Ursula Schmitz. Bize gösterdikleri güven ve sorularımıza daima açıklıkla yanıt verdikleri için onlara teşekkür etmek istiyoruz.

Eğer yüksek sayıda yapılan çeviriler olmasaydı, ne bu kitap son haline ulaşırdı ne de kolektif olarak çalışmalarımız mümkün olurdu. Alfabetik sırasıyla diyalogların Arapça, Farsça ve Türkçe çevirileri ve transkripsiyonları için Haneen Abualrous, Zulaikha Afzali, Amani Al-Saqaff, Aida Azarnoush, Ezgi Beyazgül, Reem Maher, Henriette Raddatz, Fadi Saleh ve Mahara tercüme kolektifi.

Seminer toplantılarımız sırasında yapılan simultane çeviriler için Zahra Ghaffara Gharehbolagh, Haidy Talgbbini, Nayera Abdelrahman ve Dana Haddad'a teşekkür ediyoruz. Seminer için son anda çevirilmesi gereken belgeler ve broşürler için de Farideh Zebarjad ve Anahita Musazadeh'ye teşekkür etmek istiyoruz. Arapça ve Almanca metninin detaylı ve özveri ile yaptığı redaksyonunden dolayı, Asmaa Essakouti ve Usch Schmitz'e çok teşekkür etmek istiyoruz. Aynen, Nicola Verderame ve Farideh Zebarjad Türkçe ve Farsça metinin dikkatli redaksyonu için

teşekkür etmek istiyoruz. Dunja Khoury'ye ise Almanca ve Arapça taslaklarının metnini karşılaştırarak düzelttiği için teşekkürü borç biliriz. Velilerin projelere katılmasını mümkün kılan, iyi ve güvenilir bir çocuk bakıcılığının önemi çoğu zaman hafife alınmakta. Bundan dolayı Pünktchen Ajansına seminerimiz sırasında üstlendikleri ve Özgür Berlin Üniversitesi'ndeki Welcome@FU'nun ekonomik desteği ile mümkün olabilen çocuk bakıcılıkları için özellikle teşekkür etmek istiyoruz.

Çok dilli işbirliği ile ilgili heyecan verici atölyesiyle bir seminer oturumuna sunduğu katkısından dolayı Margaut Riche'e teşekkür ederiz. Ayrıca transkripsiyon konusu ile ilgili tasarladığı workshop için de Siân O'matic'e de teşekkür borçluyuz. Berlin Özgür Üniversitesi Piskolojik Danışmanlık biriminden Brigitte Reysen-Kostudis'e seminer süresince verdiği piskolojik destek için teşekkür ederiz.

Seminer oturumlarımızın bir tanesine katılıp, işlerini sunduğu için ama özelliklede bu kitaptaki çizimlerinin yardımı ile konuşmalar arasında yaptığı sanatsal müzakereler için Huda Takriti'ye içten teşekkürlerimizi dile getirmek isteriz. Ancak bu çizimler sayesinde, kitabın karakteri istediğimiz şekli aldı.

Berlin'de çok sayıda dernek ve organizasyon, farklı durumlarda bulunan insanlara çeşitli projelerin yardımı ile destek olmak için sürekli çalışmaktalar. Ocak 2018'de gerçekleşen ağ kurma buluşmamıza zaman ayırıp, çalışmalarını ve sunduklarını tanıtıp bazı katılımcılarla teker teker temasa geçtikleri için: Arrivo, Hinbun, in2TU, International Women Space e.V., LouLou Frauentreff ve StadtRand GbR, ReDI School of Digital Integration'e büyük teşekkür borçluyuz. TIO e.V. ve Trixiewiz e.V. Rukan Malas'a buluşma sırasında yaptıkları simültane çeviri için teşekkür ederiz.

Tüm çalışma süresi boyunca bize eşlik eden Nicola Laure al-Samarai'nin desteği çok değerliydi. Bizimle deneyimlerini paylaştığı, grupa verdiği dinamik desteği, tavsiyeleri ve teşvikleri için ona çok teşekkür ederiz. Tüm bunlar projeyi çok ilerletti.

Son anda büyük bir özveri ile terimler listemizi gözden geçirdikleri için Miriam Wollmer ve Marie Piper'e teşekkür ederiz.

Kolektifin şu son haliyle oluşumunu sağlayan bağlantıları kurmamıza yardımcı oldukları için Tofi Nakleh, Ramy Syriani ve bazı katılımcıların anonimliğini koruma adına isimlerini açıklamayacağımız bir çok yurt yöneticisi ve sosyal hizmet uzmanlarına teşekkür ederiz.

Berlin Özgür Üniversitesi Margherita-von-Brentano Merkezine, Margherita-von-Brentano Ödülünü projeye vererek yapmış olduğu mali desteği için ayrıca da Berlin Özgür Üniversitesi'nin Siyaset ve Sosyal Bilimler bölümüne, projeyi eşitlik fonları ile desteklediği için büyük teşekkür borçluyuz. Sosyal ve Kültür Antropolojisi Enstitüsüne de kitap projesini mali anlamda desteklediği için ve toplantıların yapıldığı mekanları ve çocuk bakımı organizasyonundaki destekleri için de özellikle Bärbel Schiller'e teşekkür ederiz.

Son olarak kitle fonlamamızı destekleyen herkese en içten duygularımızla teşekkür etmek isteriz. Her bir Euro bize çok yardımcı oldu!

Bu proje nasıl bağışlarla desteklendiyse, biz de bu kitabın satışından elde edilen geliri ırkçı ve cinsiyete yönelik ayrımcılığa karşı mücadele edip, dayanışma içerisinde bulunan bir toplum oluşturmak için çalışan organizasyonlara bağışlayacağız.

Polylog Kolektifi | انجمن پولی لوگ

Amal	امل
Amanda Jiaqi Lee	آماندا جیاکی لی
Avin	آوین
Camila von Hein	کامیلا فون هاین
Clara von Hirschhausen	کلارا فون هیرش هازن
Daniel Rakosi	دانیل راکوسی
Djamila Valiyeva	جمیله والیوا
Entesar	انتصار
Farah	فرح
Hansjörg Dilger	هانس یورگ دیلگر
International Women Space	نهاد بین المللی زنان
Jenny Miriam Fitz	جنی مریم فیتس
Katharina Epstude	کاتارینا اپستوده
Klaudia Sandra Lagozinski	کلادیا سندرا لاگوسینسکی
Kristina Mashimi	کریستینا ماشیمی
Laura Strott	لارا اشتروت
Lea Suhasini Leutiger	لی سوهاسینی لویتیگر
Lee Lilith Zoé Jogwer	لی لیلیت زویی یوگور
Lena Nahrwold	لنا نارولد
Leslie Jorinde Fried	لسلی یورینده فرید
Lola Zeller	لولا سلر
Mara Erlenmaier	مارا ارلنمایر
Mariana Karkoutly	ماریانا کارکوتلی
Maya Perusin Mysorekar	مایا پروسین میسورکار
Miriam Bräu	مریم بروی